"十三五"江苏省高等学校重点教材
（编号：2018-2-249）

乡村教育伦理引论

殷有敢　宋　敏　葛中儒　编著

南京大学出版社

内容简介

乡村教育振兴是实施乡村振兴战略的基础。乡村教育伦理作为乡村教育发展的新理论论域，跨越学科边界，以乡村教育的伦理自觉为逻辑起点，探寻伦理视域下的乡村教育问题和价值诉求。本书以乡村振兴战略下乡村教育振兴及乡村教育改革发展趋势为背景，结合乡村教育的新时代要求，围绕什么是乡村教育伦理、如何实践乡村教育伦理展开。主要包括：乡村教育伦理概述、中外乡村教育伦理思想、乡村教育发展基本伦理问题以及乡村学校、教师与学生等主体伦理问题。本书融理论与实践研究于一体，既有深入的理论研究又有丰富的实践探索，具有思想性、学术性和应用性等特点，可作为高校师范生相关课程教材，也可作为乡村教师培训用书，对乡村教育研究也具有参考价值。

图书在版编目(CIP)数据

乡村教育伦理引论/殷有敢，宋敏，葛中儒编著．—南京：南京大学出版社，2022.11
 ISBN 978-7-305-26270-8

Ⅰ.①乡⋯　Ⅱ.①殷⋯　②宋⋯　③葛⋯　Ⅲ.①乡村教育—伦理学—研究　Ⅳ.①G725②G40-059.1

中国版本图书馆 CIP 数据核字(2022)第 220260 号

出版发行	南京大学出版社
社　　址	南京市汉口路 22 号　　邮　编　210093
出 版 人	金鑫荣
书　　名	乡村教育伦理引论
编　　著	殷有敢　宋　敏　葛中儒
责任编辑	曹　森　　　　　编辑热线　025-83686756
照　　排	南京开卷文化传媒有限公司
印　　刷	丹阳兴华印务有限公司
开　　本	787 mm×960 mm　1/16　印张 14.5　字数 255 千
版　　次	2022 年 11 月第 1 版　2022 年 11 月第 1 次印刷

ISBN 978-7-305-26270-8

定　　价　46.00 元

网　　址：http://www.njupco.com
官方微博：http://weibo.com/njupco
微信服务号：njutumu
销售咨询热线：(025)83594756

＊版权所有，侵权必究
＊凡购买南大版图书，如有印装质量问题，请与所购
　图书销售部门联系调换

目 录

第一章　乡村教育伦理概述 …………………………………… 001
  第一节　教育伦理与乡村教育伦理 ……………………………… 001
  第二节　乡村教育伦理的基本价值与特征 ……………………… 020
  第三节　乡村教育伦理的新时代要求 …………………………… 023

第二章　乡村教育伦理思想 …………………………………… 031
  第一节　传统乡村教育伦理思想 ………………………………… 031
  第二节　近代民国乡村教育伦理思想 …………………………… 043
  第三节　早期共产党人乡村教育伦理思想 ……………………… 056
  第四节　国外乡村教育伦理思想 ………………………………… 064

第三章　乡村教育伦理的基本问题 …………………………… 074
  第一节　乡村教育伦理基本问题 ………………………………… 074
  第二节　乡村教育的公正发展 …………………………………… 087
  第三节　乡村教育的优质发展 …………………………………… 096

第四章　乡村学校发展与改革伦理 …………………………… 107
  第一节　乡村学校发展主体性自觉 ……………………………… 107
  第二节　乡村学校发展资源分配公正 …………………………… 118
  第三节　乡村学校教学改革伦理 ………………………………… 127

第五章　乡村教师职业伦理 …………………………………… 145
  第一节　乡村教师职业伦理的基本内容 ………………………… 145
  第二节　乡村教师职业道德困境 ………………………………… 155

第三节　乡村教师职业道德修养 ························· 158
　　第四节　乡村定向师范生伦理教育 ······················· 163

第六章　乡村学生发展伦理 ································· 169
　　第一节　乡村学生的发展空间转换 ······················· 170
　　第二节　乡村学生的身心健康 ··························· 175
　　第三节　乡村学生的学习伦理 ··························· 182
　　第四节　关注乡村学生中的特殊群体 ····················· 186

第七章　乡村校园伦理与文化建设 ··························· 195
　　第一节　乡村校园伦理 ································· 195
　　第二节　乡村校园文化 ································· 210
　　第三节　乡村校园文化与乡村文化建设 ··················· 220

后　记 ··· 226

第一章
乡村教育伦理概述

> **【内容提要】** 界定教育伦理与乡村教育伦理的内涵,阐释乡村教育伦理的主要特征,从伦理视角分析乡村教育及其发展价值、乡村学校师生教学生活实践中伦理秩序和精神秩序构建,树立乡村教育的精神价值认同和伦理文化自信。

第一节 教育伦理与乡村教育伦理

一、从本源看教育

从词源看,教育以使人知善、向善、为善为本体价值。"教育"一词,中国最早见于《孟子·尽心上》,"得天下英才而教育之"。"教",荀子说:"以善先人者谓之教。"(《荀子·修身》)《礼记》中说:"教也者,长善而救其失者也。"(《礼记·学记》)《中庸》讲:"天命之谓性,率性之谓道,修道之谓教。"(《礼记·中庸》)"育",甲骨文字形像妇女生孩子,上为"母"及头上的装饰,下为倒着的"子"。由此,许慎《说文解字》讲:"教,上所施,下所效也;育,养子使作善也。"西方语言中的"教育"一词源于古拉丁语 Educare 一词(英文 Education、法文 Éducation、德文 Erziehung),本义为引出或导出。教育是人对人的一种影响性、导向性、培养性的理性活动,它蕴含着一种特定的目的、方向和价值引领。教育的原始功能是由外在引导主体导向一种方向,这个方向就是引人向善。"教育是使儿童(或每个人)都变成善良的各种活动。"[1]"教育"辞源学的分析表

---

[1] 陈桂生.略论"教育"概念的演变轨迹[J].杭州师范学院学报,2005(1):87.

明,"善"是"教育"的题中应有之义。尽管在不同的历史时期,人们对"善"的理解是纷繁多样的(诸如道德至善、人性完满、人格健全等),但教育的本真意蕴是恒久不变的。"教育"概念的本义内蕴了"使人从善"的伦理特质。

(一) 教育起源说

教育起源问题是教育学基本理论和教育史研究的重要内容之一。在现代教育起源论中,有神本起源论、生物起源论、心理起源论、劳动起源论和需要起源论等主要观点。神本起源论来自各类宗教,认为教育为人格化的神(上帝或天)所创造,人的教育就是要体现神或上天的意志,使人理解神意、顺从天意;生物起源论以法国社会学家利托尔诺和英国教育家沛西·能为代表,认为人类教育起源于动物界各类动物的生存本能活动,"是扎根于本能的不可避免的行动";心理起源论以美国教育史专家孟禄为代表,认为教育起源于儿童对成年人"单纯的无意识的模仿";劳动起源论以苏联教育史专家麦丁斯基和巴拉诺夫为代表,他们从恩格斯的"劳动创造了人本身"出发,推导出教育源起于劳动;需要起源论是劳动起源论的逻辑延伸,它从人活动的内在动机出发,包括三种略有区别的主张,即生产劳动的需要说、社会生产和生活的需要说以及社会生活和人类自身发展的需要说。从研究视角来看,上述五种观点是从教育学(教育史)的角度来分析和考察教育起源问题的。

(二) 伦理视角看教育起源

中西方古代教育哲学摆脱了原始神话或宗教话语后,多从伦理理性视角看教育,主张教育起源的道德教化说。早在夏商时期,尊重四时政教之命,使人劝事乐功。《礼记》提出"夏道尊命,事鬼敬神而远之,近人而忠焉,先禄而后威,先赏而后罚,亲而不尊"(《礼记·正义》),即注重天时之教、崇尚功利,注重接近人情而崇尚忠诚。统治者将"水、火、金、木、土、谷"六种生产治理的善政和"正德、利用、厚生"三项治道原则,作为"六府三事",称为"九功"编辑成"九歌",流布四方,进行广泛教育。在治国人才培养方面,《史记·夏本纪》记载夏禹尤其注重"知人",提出"知人则智,能官人;能安民则惠,黎民怀之",后皋陶又发展为治术人才的九项道德标准,即"宽而栗,柔而立,愿而共,治而敬,扰而毅,直而温,简而廉,刚而实,强而义。"商代提出"神道设教",注重以音乐教化贯通天人关系,以乐造士,以乐育德。周人提出"敬德保民",西周从中央到地方初步形成了"学在官府"官师一体的学校教育体系,通过制礼作乐、尊崇礼法、贵尚施惠的办法,以"修德""节性",加强道德教化。春秋末期孔子开办私学,首提"有教无类",促进了教育的庶民化。孔子认为教育之本在于教人学习为人之道,培养理想道德人格,"君子务本,本立而道生"(《论语·学而》)之道,即是为人之道。在他德行、言语、政事、文学四科教学之中,德行为先。在西方,柏拉图把培养人理性能力、教化启发人回忆心中固有理念知识的过程看作是一种教育的过程。在现代教育哲学理论中也多有传承这一观点,认为教育源起于人的道德教化和启迪,即教者对学者的人自身的完善和发展的责任与爱,使人的本性得到最完善和最理想的发展。如康德认为,天意(人先天)为所有人配备了善的天赋能力,但这种能力不是"作为完成了的东西放在他里面"的,人希望自己从自身中把"善"的能力产生出来。其唯一途径就是教育,"人是唯一必须受教育的被造物"。康德说:"人应该首先发展其向'善'的禀赋……人只有通过人,通过同样经受过教育的人,才能被教育。"[①]雅斯贝尔斯认为,教育缘起人的灵魂的教育。即使是被称为"教育职业技术"流派的圣·本尼迪克特也认为,技术教育的理想是培养喜爱自己职业的人,让每个人从事的工作应该是智慧的和道德的,而非枯燥乏味和劳累痛苦。伦理视角下教育具有以下三方面的内涵。

首先,突出教育立德树人之"立德"。教育源自人之成为人的目的和动机的本能。教育是人对他人(或同类群体)以及对子女的关怀,看作是一种类本能。[②] 教育即使人摆脱纯粹自然冲动的支配,成为一个道德理性存在的需要。教育"是指一个人或一群人以道德上可以接受的方式善意地对另一个人或另一群人施加的积极的精神影响"[③]。教育就是要教会受教育者信仰和遵守一定的伦理道德规范和准则。赫尔巴特认为,从教育的本质来看,统一的教育目的是不可能产生的。但是,可以将教育的唯一任务和全部任务概括为一个概念:道德,并以此作为教育的最高目标。赫尔巴特在《一般实践哲学》中系统阐述了内心自由、完美性、友善、正义和公正这五种道德观念。在《教育学讲授纲要》中将培养五种道德观念视为教育的目的,也就是教育的最高目的。[④]

其次,突出教育立德树人之"树人"。教育起源于"成人"的需要。儒家经典《大学》的开篇就说:"大学之道,在明明德,在亲民,在止于至善。"表明传统

---

① [德]伊曼努尔·康德.论教育学[M].赵鹏,等译.上海:上海人民出版社,2005:3-7.
② 陈桂生.教育学视界辨析[M].上海:华东师范大学出版社,1997:1.
③ 瞿葆奎.元教育学研究[M].杭州:浙江教育出版社,1999:123.
④ 李其龙.赫尔巴特文集[M].杭州:浙江教育出版社,2002:177.

儒家教育的目的在于让人成为道德完美、济世救民的人。人是自然存在物的同时，又是具有思想性和能动性的社会存在物。第一批从动物界脱颖而出的原始人，无论是生产还是生殖，其行为仍然在很大程度上依赖自己的本能和原始的冲动，与大自然中的其他动物并没有明显而又清晰的界限。因此，第一批原始先民只能是"正在形成中的人"，而非一个"真正大写的人"。人之所以配得上作为超越一般动物的存在，不在于固守其自然性，而是对自然性的扬弃和超越。实现这种超越的力量就是教育。这里所谓的"教育"首先不是一部分人对另一部分人的教育，而是人类整体与个体的自我教育。教育在起源的意义上首先应是人类的自我教育，即人的道德和理性自觉。人类既是教育者，也是受教育者。德国哲学家雅斯贝尔斯认为："真正的教育绝不容许死记硬背，也从不奢望每个人都成为有真知灼见、深谋远虑的思想家。在我看来，全部教育的关键在于选择完美的教育内容和尽可能使学生之'思'不误入歧路，而是导向事物的本源。"①他主张教育是在每个人身上都要重演的过程，受教育者通过教育"获得了通过他自己的存在的活动所凝聚成的文化，这文化可以说成了他的第二本性"②。

最后，突出教育立德树人活动之实践精神。人类教育活动本质上是伦理精神活动，以知识符号的文化传承为手段，促使受教育者道德自主自觉、立人成人、追求美好。这种伦理精神活动又具体表现在以下四个方面：

第一，教育是使人获得道德主体自觉性的生命活动。教育是人对道德的自觉追求，是教育者启发受教者获得道德主体性的活动。儒家孔子强调"学而优则仕"，认为教育的根本和目的在于成人，在于成为替国家和社会服务的人。而成人的前提和途径则是要通过自身"己立立人"和"己达达人"的努力，超越"小人"成就"君子"的道德主体人格。康德认为，教育中最重大的问题之一是"人们怎样才能把服从于法则的强制和运用自由的能力结合起来。应该让儿童习惯于忍受对其自由所施加的强制，并应同时指导他去良好地运用其自由。离开了教育的人就不知道如何运用其自由"③。人之成为人，是由于人追求自由而全面发展的本性。道德自由作为人区分动物的内在本性，构成了人的基本的道德主体特性。一旦人放弃作为主体自主性的自由，便意味着放弃自己

---

① [德]雅斯贝尔斯.什么是教育[M].邹进.译.北京：生活·读书·新知三联书店，1991：3-4.
② [德]雅斯贝尔斯.现时代的人[M].周晓亮，宋祖良，译.北京：社会科学出版社，1992：56.
③ [德]伊曼努尔·康德.论教育学[M].赵鹏，等译.上海：上海人民出版社，2005：10，13.

做人的资格。其结果：一是受制于自然的摆布，回到受自然本能支配、决定的状态；一是受制于人们自身之外异己的力量的宰制，使自己失去行使道德自主意志的能力。因而康德教育哲学鼓励学生学会独立思考，反对知识的灌输，"那些先生没有办法点燃我们内心里的任何'哲学火苗'或'数学火苗'"，"学校里弥漫着压抑而机械刻板的气氛，以及一箩筐的规定。经常会使人失去独立思考的勇气，并且断伤天才"①。由于人天生是处于"受监护"状态的，摆脱奴役，就要有勇气运用和实践自己的理性。即需要经由启发的理性教育引领人使用自己的理性，理解、体验和实践道德精神，实现对物和非我的超越，达到"从心所欲不逾矩"的生命精神之境。教育的价值就在于求得人的自由与解放，涵养道德主体人格和精神，提升境界，追求人性和谐的生命精神。

第二，教育是使人获得做人尊严资格的伦理性活动。人是具有伦理属性的存在，正是这种伦理性使人成为不同于自然物的社会性和关系性的存在。从词源上讲，"伦，从人从仑"，它所表达的就是人与人之间的关系状态。所以，人的存在的伦理性就在于其关系性、社会性和共同体性。如马克思所言，"个人是社会存在物"，而社会则是"表示这些个人彼此发生的那些联系和关系的总和"。人的伦理性的最基本的含义就是人类共生关系中的相互依存性。《荀子·王制》中云："人，力不若牛，走不若马，而牛马为用，何也？曰：人能群，彼不能群也。"因此，人是只有在社会伦理关系中才能生存和独立的动物。对于人类中的每一个个体而言，也要经历同样的过程：人从母体中分娩出来所获得的仅是自然生命，自然生命尽管蕴涵着"成人"的可能性，但毕竟还不是现实，同样需要教育（既包括自我教育，又包括成人有意识的引导和培养）才能获得成为人的资格。人作为特殊的超越动物生命存在的社会性的理性存在者，不能类似动物单纯依靠自然的天性而成长为人本身，实现一个人所具有的潜能，拥有做人的资格和条件，而这一切必须要经由教育实现。人能够成长为一个自觉践履道德准则，具有担当大义责任的社会美德品质的人，必须要通过"苦其心志、劳其筋骨"的教育活动来得以实践。

第三，教育是以德立人的目的性活动。教育就是要遵循人的自然、社会和精神本性，唤醒人对道德善的自觉追求。以德立人，使人成为一个完成人之目的和价值的人。古希腊哲学家亚里士多德曾说："各种学艺，皆以善为目的。"康德认为，关于教育的学说，有自然性的和实践性的两类：前者是关于人和动物共

---

① ［美］曼弗雷德·库恩.康德传［M］.黄添盛，译.上海：上海人民出版社，2008：82，77.

同方面的教育,即养育;实践性的教育或道德性的教育则是指那种把人塑造成生活中的自由行动者的教育。这是一种导向人格性的教育,是自由行动者的教育,这样的自由行动者能够自立,并构成社会的一个有机组成部分,而又意识到其自身的内在价值。[1] 人应该获得这样的信念,即他只会选择真正好的目的。好的目的就是那些必然为每个人所认同的目的,那些能够同时成为每个人的目的的目的。[2] 现代教育之父赫尔巴特认为,教育的唯一与全部工作可以总结在道德这一概念之中。道德是人类的最高目的,也是教育的最高目的。

第四,教育是使人追求美好生活的精神活动。教育应具有一种道德审美的乌托邦精神。布洛赫认为,乌托邦精神一方面具有冲破现实的要求,同时又表达了人类对更美好生活的希望,使人朝着更加美好的方向发展的一种精神。崇高的精神理想和高尚的人格追求需要教育的引导、启发和培养。教育之为教育,就在于它能够为我们提供真理、美德和理想价值的构想,提供理想教育升华理想人格的构想,提供有助于理想人格养成之环境——理想社会的构想。教育应以提升人之精神境界、生成人之为人为根本目的,建构美好的精神生活家园,为人类描绘美景无限的理想,让人诗意地守望家园并诗意地生活。

二、乡村教育及其目的

(一) 乡村教育的内涵

乡村教育区域空间意义上是指乡村地区的教育,即县区行政区划下的镇乡、村社的教育。它包括乡村的学校教育,也包括乡村地区其他非正式、非正规的一切文化、风俗等教育活动。其教育对象为学龄儿童、青少年以及村民。传统意义的乡村,一般泛指城市等政治、经济中心以外的广阔区域。《周礼》中说:"以乡之物教万民。""乡"指的是以"家"为基本单位的区域名称,即"万二千五百家为乡"(《周礼注疏》卷十二),"村"是指人烟稀少、远离城市的聚落。近代的"乡村",一般也多作为与"城市"相对的概念而出现,指区别于城市的大多数民众居住的场所。

从行政区划的角度来看,1999年国家统计局制定并发布的《关于统计上划

---

[1] [德]伊曼努尔·康德.论教育学[M].赵鹏,等译.上海:上海人民出版社,2005:15.
[2] [德]伊曼努尔·康德.论教育学[M].赵鹏,等译.上海:上海人民出版社,2005:10.

分城乡的规定(试行)》对乡村概念的解释是:"指城镇地区以外的其他地区,包括集镇和农村。集镇是指乡、民族乡人民政府所在地和经县人民政府确认由集市发展而成的作为农村一定区域经济、文化和生活服务中心的非建制镇;农村指集镇以外的地区。"[1]2008年颁布的《统计上划分城乡的规定》依然将我国的地域划分为城镇和乡村。"城镇包括城区和镇区。城区是指在市辖区和不设区的市、区、市政府驻地的实际建设连接到的居民委员会和其他区域。镇区是指在城区以外的县人政府驻地和其他镇,政府驻地的实际建设连接到的居民委员会和其他区域。乡村是指本规定划定的城镇以外的区域。"[2]乡村教育不只是一个空间和时间的概念,同时也是一种意义和价值的存在。学界主要有以下三种观点:

1. 延伸与移植论

即认为乡村教育是现代教育在乡村的延伸与移植。乡村教育是弱化了的城市教育,是在教育理念、教育资源、教育制度、教育方式与手段等方面的复制和模仿,是需要被现代教育改造与完善的教育。其代表性观点为:"乡村教育,也称农村教育,主要指县和县以下单一的普通基础文化教育和农业技术教育。也就是指以城市以外的广大农村的学龄儿童和农民为教育的主体,以整个乡村社会为教育场所,以乡村建设和振兴国家为教育目标,以学校教育和社会教育相结合为内容的施教方式。"[3]这种观点立足于城乡划分和发展决策主体视角。当然,也有人指出该观点的缺陷,将农村教育等同于乡村教育,窄化了乡村教育的内涵。"农村教育应该是乡村教育的一部分。农村教育实质上就是发生在乡村的教育,是现代教育在乡村的延伸与移植。"[4]乡村永远是一种社会形态,而有乡村必定有乡村教育。乡村教育就是现代城市化教育发生在乡村的学校教育。

2. 三观乡村教育论

即宏观、中观及微观乡村教育说。一般意义理解的乡村教育指的是地处

---

[1] 刘冠生.城市、城镇、农村、乡村概念的理解与使用问题[J].山东理工大学学报(社会科学版),2005(1):54.

[2] 国家统计局.统计上划分城乡的规定[EB/OL].(2008-07-12)[2022-7-20].http://www.stats.gov.cn/tjsj/tjbz/200610/t20061018,8666,html.

[3] 杨晓军.区域视野中的乡村、学校与社会[M].北京:光明日报出版社,2011:20.

[4] 李森,汪建华.我国乡村教育发展的历史脉络与现代启示[J].西南大学学报(社会科学版),2017(1):61-69.

县域镇乡(县以下不含县城所在地乡镇和村庄学校)村的各类教育形态,包括乡村幼儿园、乡村中小学、乡村职业教育和乡村终身教育。但这仅仅是一个层面。如宏观层面上的乡村教育是指为乡村建设和发展服务的一切教育,它既包括乡村的学校教育,也包括其他非正式、非正规的乡村教育活动,以及城市里的直接或间接服务于乡村发展需要的普通高等教育与中等、高等职业教育等,其教育对象不单单是广大乡村的学龄儿童和村民。中观层面上的乡村教育是指乡村地区(县级行政区划以下地区)的教育,它包括乡村的学校教育,也包括乡村地区其他的非正式、非正规的一切文化、风俗等教育活动。它主要以广大乡村地区的学龄儿童和村民为教育对象,旨在以教育为主要手段,促进乡村儿童和村民的自我发展,促进乡村文化传承和乡村社会建设。微观层面上的乡村教育主要是指乡村的学校教育,指在乡村地区作为正式的社会机构的学校内所开展的对乡村入学者的有目的、有组织的以影响其身心发展为直接目标的实践活动。

3. 三层面乡村教育论

即乡村教育的利益、文化和精神三个层面。首先利益层面是基本层面。突出保障教育机会的均等与基本的教育公平。在乡村教育的条件、教学保障等方面予以充分的考虑。其次是文化意义层面,拓展乡村教育的乡村文化视野,增进乡村教育与乡村生活之间的有机联系,扩大学校教育内容与乡村生活经验之间的融合。最后则是精神人格塑造,从乡村教育发生的根本点着手,立足本土,传承优秀的传统乡村精神,与时俱进,以时代精神培育和塑造乡村青少年,促进其生理与心理、精神与人格的健全发展,最终得以在个体生活、学校生活、乡村生活以及理想生活之间和谐发展。第一个层面是教育的物质形式层面,核心是乡村教育的利益和权利。主要涉及教育资源的配置与教育经费的安排,以及对乡村义务教育政策的调整。第二个层面是文化的,作为教育内容的乡村教育与乡村文化的融合层面,主要涉及与乡村生活相关的知识、技能,以及与基本乡村情感的培育。这里有两个基本维度,一是怎样在现成课程知识体系中显现乡村文化本身的价值,而不是忽略和遮蔽乡村价值;二是乡村知识怎样进入乡村教育的视野之中,加强乡村学校与乡村社会的沟通,从而拓展乡村教育的本土文化资源。第三个层面是人格精神的,作为文化与精神本体层面,主要涉及乡村青少年当下乡村生活和未来发展的情感、态度、价值观。关注的是作为乡村青少年基本生存生活场域的乡村价值和意义何以进入乡村青少年的精神建构,其关键问题是怎样建构乡村少年与乡村的亲近性,显现乡村在青少年个体发展中的生活意义。

📖 案例与讨论

好的乡村教育有四个特点:第一,好的乡村教育是贴近自然的教育,它不仅要让孩子尊重自然、顺应自然、保护自然,更要让孩子懂得并学会与自然和谐共生。第二,好的乡村教育是有文化品质的教育,它不仅要教会孩子知识,更要传承乡土文化,培养家国情怀,让孩子读得懂乡情、记得住乡愁。第三,好的乡村教育是有质量的教育,它不仅要立德树人,培养新时代中国特色社会主义事业的建设者和接班人,更要让下一代为中国的未来做好准备。第四,好的乡村教育是有获得感的教育,它不仅要青少年儿童德智体美全面发展,更要让人民群众有安全感、获得感、幸福感。

——高书国:《重估乡村教育价值,走出中国特色现代乡村教育之路》,《人民教育》2018年第17期。

讨论:结合上述观点,"好教育"与教育目的具有何种关系?什么是好的乡村教育?

(二) 乡村教育的目的

乡村教育为何而教、为谁而教,涉及乡村教育的目的。乡村教育目的不能游离于教育的目的。近年来学界从不同角度对乡村教育目的进行分析,其观点归纳起来有以下几种:

1. 服务乡村经济和社会发展

乡村教育的目的是通过提高农民的文化素质和技能水平,最终为乡村经济和社会发展服务。具体表现为,为了实现乡村青少年的自身发展,为了更好满足农村孩子的发展需要,为了更好实现农村的经济社会发展。为乡村发展服务,包括推进乡村社会的文明进程、提高乡村人口的素质和培养各种适用人才、为全面促进乡村振兴服务。通过教育促进乡村经济社会发展,改善乡村社会服务现状,具有很强的针对性、实用性和可持续性。

2. 培养合格公民和新型职业农民

从乡村教育的对象出发并结合教育本身目的来探讨乡村教育目的定位问

题。乡村教育的对象自然指向农民群众,而教育根本目的是"育人"。因此,乡村教育目的就是促进乡村青少年个体发展,培养合格公民和新型职业农民。乡村教育的首要目的是培养快乐、健康、有责任、有担当的新型农民。注重从教育文化育人属性探究乡村教育目的,认为必须突破单纯升学考试的局限,回归教育的本原,培养高素质的新型职业农民作为乡村振兴的承担者。

3. 为建设美丽乡村培养人才

中华民族要复兴,乡村必振兴;乡村要振兴,关键在人才,根本依靠教育。随着城市化加速发展,农村"空心化"问题不断加重,加之支撑农村教育的传统乡村文化价值体系逐渐瓦解,"农村教育成了'悬浮的孤岛'"[1]。传统意义的"农村学校"面临急速消亡的困境。作为传统农村教育的范畴、目的和意义亟待丰富、创新和发展。一些研究者认为,"城市主导价值预设导致农村教育目的异化",提出农村教育目的应该是培养立足乡土、富有情怀、走向未来的新一代热爱农村、立志建设中国特色社会主义伟大事业的时代新人,以促进新农村的发展。

4. 乡村教育目的多元化

对"教育目的究竟为何"的争论自古就有,未来也不见得就能达成统一。有从文化再生产的角度分析当前乡村教育的目的定位,认为在未来无论是城市化抑或乡土化仍处于二元化境地。乡村教育在文化传承和空间意义上是乡村社会的重要组成部分,同时又作为现代教育体系一部分,乡村教育对于乡村社会和城市教育都具有重要意义。当前我国乡村教育面临着城乡协同发展新时代,农村教育作为一个历史概念,将可能消失在历史长河中,但乡村教育概念和现象却会一直存在下去。乡村教育要适时接受多种因素影响,使自身目的定位走向"多元化",而非仅仅局限在服务城市或乡村、培养合格公民或者新型农民、促进乡村发展或个体发展等某一个方面。

三、乡村教育伦理的内涵

乡村教育伦理关注乡村教育活动关系中应然层面的合理性及效用性问题,尤其是关于乡村教育在现代化发展进程中理念、制度、政策及教育实践的

---

[1] 刘云杉."悬浮的孤岛"及其突围——再认识中国乡村教育[J].苏州大学学报(教育科学版),2014(1):14-19.

正当性、合理性问题的探讨。它是教育伦理的特别领域，也与乡村伦理存在互为影响、互相作用的关系。

（一）教育伦理研究现状

我国教育伦理的学科发展主要是基于20世纪50、60年代的西方教育伦理的影响，在80、90年代后期从逐步形成到走向成熟。类似于西方，我国教育伦理研究的主题开始主要集中于教育者个体的教育行为的价值导向及其伦理规范的研究和讨论。因此，教育伦理的界定开始也仅仅局限于教师伦理，即教育伦理的研究对象为教师职业道德。其后，随着社会与教育的发展，教育伦理研究对象和范围不断扩展和深入，逐步突破教师道德、教师品格的研究。从教育活动中具体人际行为关系的道德性、教育者行为的伦理规范到整个教育的伦理责任研究，再到教育本身的伦理哲学本质（教育善恶矛盾）研究。

20世纪80年代，教育伦理伴随着职业道德教育的广泛开展而起步。自1978年改革开放以来，西方世界从经济效益出发重视企事业职前训练的一些理念和做法给我们诸多启示。随着社会主义精神文明建设的深入，行业职业道德教育开始兴起。除了在在职人员中进行职业道德教育外，从1982年开始，我国开始在各级各类专业学校中开展职前职业道德教育，如教育伦理、医学伦理、科技伦理、商业伦理等。为了保证职业道德教育活动的正常开展，教育行政部门曾颁布一系列文件，如国家教委（现教育部）1982年10月颁布的《关于在高等学校逐步开设共产主义思想品德课的通知》，1984年9月颁布的《关于高等学校开设共产主义思想品德课的若干规定》，1986年5月中共中央、国务院批准国家教委《关于加强高等学校思想政治工作的决定》，1987年11月国家教委颁布《关于高等学校思想教育课程建设的意见》，1994年4月颁布《中共中央关于进一步加强和改进学校德育工作的若干意见》，1995年12月国家教委正式颁布试行《中国普通高等学校德育大纲》。这一系列文件都对职业道德教育提出了明确要求，从而使高校职前道德教育得以正常开展。

为了配合高师院校的教师职业道德教育，教育工作者陆续发表了相关论文，出版了一批教育伦理方面的专著和教材。从其研究视角和对象看有以下几类：其一，侧重于教师职业劳动视角，在教师伦理道德缘起、范畴、原则要求等方面的研究，进行了比较深入而系统的阐释。如王正平的《教育伦理学》，是在新中国成立后第一本教育伦理学教材，内容侧重于社会主义教师劳动本质以及教师职业道德原则、范畴、行为选择和评价等。施修华、严缘华的《教育伦理学》和陈旭光的《教育伦理学》,侧重运用教育学和伦理学的基本原理,也考察了教师道德要求,突出教师专业性和职业性关系伦理要求。其二,侧重社会行业视角,拓宽教育伦理领域。如钱焕琦、刘云林出版的《中国教育伦理学》《学校教育伦理》、贾新奇的《教育伦理学新编》、程亮的《教育伦理学引论》等,基于当时教育领域的热点问题,将教师道德研究视角拓展到学校、家庭和社会领域。其三,从伦理学视角出发,深度探讨教育教学领域价值与精神问题,如樊浩、田海平的《教育伦理》、王本陆的《教育善恶论》、吴安春的《德性教育论》、孙彩平的《教育的伦理精神》和周建平的《追寻教学道德》。近年王正平的《教育伦理学》、糜海波的《教育伦理:理论求索与实践考察》、程亮的《教育的道德基础——教育伦理学引论》、李清雁的《困惑与选择——基于身份认同的教师德性养成论》等,对教育伦理学基本理论、教育伦理原则与范畴、教育中的具体伦理问题研究和教育伦理道德实践等问题进行了全面系统阐释和分析。总之,教育伦理学作为一门新兴交叉学科,我国学界对教育伦理学的起源、定位、定义,研究教育伦理学的目的、内涵、原则,教育伦理学的发展方向、教育教学制度与决策伦理实践,教师道德评价和学校道德教育研究等问题都开展了深入的研究。

西方国家自 20 世纪 60 年代以来,1966 年,英国教育理论家彼特斯(R. S. Peters)出版了《伦理和教育》(*Ethics and Education*)首次从伦理学和教育学的理论关联视角,探讨了伦理学经典理论与教育及教师的关系,如教育中的自由、权威与教育、惩罚与纪律等实现问题。1985 年,里斯·布朗(Les Brown)在《正义,道德和教育》中探讨了正义、道德和教育的关系。1984 年 J. M. 里奇的(J. M. Rich)《教育职业伦理学》成为美国一本专门探讨美国教育职业伦理道德规范的著作。康奈尔大学的 K. A.史迪瑞克教授一直致力于教育伦理学领域的开拓与研究,先后主编或合著了《伦理学与教育政策》《教学伦理学》《教育管理伦理学》等书,并负责主编了一套《教育职业伦理学丛书》。现代日本对于教育伦理的研究,是从探讨"现代教师形象"开始的。从 19 世纪末到 20 世纪初,随着近代日本教育的发展和明治维新运动的开展,许多士族出身的人从事教师职业,逐步形成了"士族教师形象"。日本著名教育家、原广岛大学校长皇至道在《人类教师与国民教师》一书中,分析了教师提高职业伦理素养的必要性。日本各地师范院校十分重视对师范生的职业伦理道德的教学和教育。教师伦理修养是日本师范生的必修课。此外,关于教育制度决策伦理实践方面,美国 J. 科尔曼专门发表了调查报告《教育的机会均等》、K. A. 斯特赖克和 K. 艾根(K. Egan)主编了《伦理学与教育政策》、M. 科勒(M. Cole)主编了《为平等而教育》等,通过实证研究促使社会关注反思教育机会不均、教育公共资源分配公正、教育政策伦理等问题。

总体而言,传统教育伦理研究主要集中在教师师德或教育理论抽象性和美德、善恶研究领域,在面对现代市场化、城市化发展与全面深化改革给教育实践带来的问题时,如传统优秀教育伦理思想资源挖掘和时代创新、城乡弱势学生群体培育、学校的合理教育需求以及学校伦理文化建设等社会现实问题研究存在较大研究空间。立足中国大地,以马克思主义伦理理念为引领,传承优秀传统教育伦理智慧、学习借鉴国外教育伦理学研究有益成果,构建中国特色的教育伦理学理论体系和话语体系,成为新时代教育伦理学研究的重要课题。

(二) 教育活动本身的伦理价值

教育活动的伦理价值在于满足社会和人的发展的需要。关于现代教育活动的应然和反思,18 世纪法国启蒙思想家卢梭曾经说过:"我们生来是软弱的,所以我们需要力量;我们生来是一无所有的,所以需要帮助;我们生来是愚昧的,所以需要判断的能力。我们在出生的时候所没有的东西,我们在长大的时候所需要的东西,全都由教育赐予我们。"[1]康德承接卢梭的观点进一步反思道:人类社会的财富增长甚至让人更加的贫困,这不仅包括物质财富,也包括精神财富;高等教育会制造出一批批高智商、低智慧实质人性愚蠢劣恶之人;学院"向世上派遣的蠢汉多于公共事业的任何一个别的等级"。[2] 现代科技发展,尤其是知识信息爆炸式增长,给人类带来极大财富与无限发展机遇的同时,也膨胀了现代人求知、求技、求利的动机和欲望,忽略了智慧、技艺和道义的伦理价值追求,甚至以此为代价,结果导致人类价值的迷茫和精神秩序的失调。

教育活动的基本功能是培养人。教育伦理价值最终要落实到人的内在智慧、品质的培养上,通过培养时代和社会所要求的具备知识、智慧和品质潜质

---

[1] [法]卢梭.爱弥儿——论教育(上卷)[M].李平沤,译.北京:商务印书馆,1996:7.
[2] [德]伊曼努尔·康德.康德教育哲学文集 1765—1766 年冬季学期课程安排的通告[M].李秋零,译. 北京:中国人民大学出版社,2016:100.

的人去实现教育的经济价值、政治价值和文化价值。这就形成了教育活动方式与经济、政治、文化活动方式等其他实践活动方式不同之处。作为教育活动中的道德规范和价值精神，如教育制度和教育政策行为的公平公正、学校教育教学活动关系的伦理规范健全、教师美德的价值引领等。其主要价值和功能之一就是要优化教育发展，通过教育，使人的知、情、信、意、行以及德、智、体、美、劳等各方面得到全面和谐发展。教育活动对社会的发展效应是长期间接的，通过培养人的理想信念、道德观念和价值理念，对经济、文化和社会发展发挥积极作用。

（三）乡村教育伦理的内涵

"就教育实质而言，实际上并没有乡村与城市之别，只有教育与非教育、好教育与坏教育之分。"[①]乡村教育伦理就是探究何为好的乡村教育，寻求乡村教育发展的价值和精神，其包含广义和狭义的理解。广义的乡村教育伦理，是指关于乡村教育的伦理，包括如何确立乡村教育在教育和社会生活结构或体系中应该具有的地位和价值，如何评价人们对乡村教育的伦理态度，以及社会应该赋予乡村教育什么样的伦理性质和目标等。乡村教育是社会结构中的一个组成部分，与其他部分以及整个社会存在着相互联系、相互制约的诸多关系。从伦理的角度看，这些关系涉及主体的需要，涉及乡村教育利益关系的调节，涉及乡村社会发展进步和美好生活的创造和实现。如乡村教育价值观、乡村教育目标和社会需要、乡村教育目标与受教育的平等权利、乡村教育的发展与乡村社会和城乡社会发展关系，乡村学校发展，教师学生主体性发挥、乡村教育体制改革等诸多伦理问题。狭义的乡村教育伦理，是指乡村教育自身的伦理，包括乡村学校教育应当教什么、应当如何教，乡村教师应遵循什么样的道德规范，乡村教育过程能够培养出具有什么样道德品质、全面发展的人，乡村教育应如何促进师生的平等相处、和谐幸福等。

教育伦理是一定社会教育活动关系在人们教育观念中的伦理化反映。教育伦理就是关于人们在从事教育活动过程中所建构起来的人伦关系，以及人们在处理这种关系时所应当遵循的道德法则。这是从内在方面反映教育的特质。乡村教育伦理调节着人们之间乡村教育活动关系的行为规范、原则和精神。它规定着人们在教育活动中应该怎样处理教师与学生、教师个体与教师

[①] 刘铁芳.探寻乡村教育的基本精神[J].探索与争鸣,2021(04):15-18.

群体、教师与教育领导者、教师与学生家长、学生个体与学生群体、学生与学生、师生与知识等之间的关系。作为调节人们之间教育活动关系的行为规范，与一般的教育活动规范不同，它是一种价值取向，以好坏为尺度去规范人们哪些行为是应当做的，哪些行为是不应当做的，引导和约束教育行为"以善律教"的价值取向，从而保障教育活动的有序进行，以实现受教育主体的全面发展，为社会培养所需要的人。

乡村教育伦理是以伦理化的方式来反映乡村社会、教育活动关系的。以应然关系为方式去反映发生在乡村场域中教育活动关系中所体现出来的价值要求。乡村教育伦理是一种基于乡村文化和教育活动的实践精神。一定的教育活动关系可以用不同的方式去反映，不同的反映方式的角度是不同的。教育伦理对教育活动关系的反映不是一种纯客观的反映，而是包含着教育主体价值追求的一种理想化的反映，包含着对教育现实活动关系的一定超越，它所揭示的主要不是一种"实然"，而是一种"应然"，对教育伦理的论述通常包括诸如"应该"与"不应该"、"公平"与"不公平"等词汇。乡村教育伦理问题不是仅仅停留在诉诸事实层面上，仅仅知道我们行为的结果是不足以判定所做的事是正确与否的。同时，乡村学校教育不能是乡村社会的孤岛。一定的乡村伦理价值观、乡村文化价值观影响和制约着乡村教育伦理观。因此，乡村教育伦理不仅是调节乡村教育活动中各种关系的一种行为规范，而且也是乡村教育主体把握教育活动的一种自觉的实践精神和基本规范原则，与乡村社会的乡村伦理观也存在互相影响、互为作用的关系。

四、乡村教育伦理目的和思维特征

古希腊亚里士多德伦理学强调"好生活"作为人的价值实现和生活追求的目的。他用目的性来解释世界，认为事物的必然性存在于目的性之中。善的目的规定了事物运动、变化和发展的秩序。这种自在目的论对后世哲学、伦理学、教育学产生了重要影响。其积极意义在于从目的性上理解人，为人对道德"好生活"之"善"的追求和实现提供了伦理依据。追求真、善、美的统一是好的教育生活的理想状态。乡村教育伦理目的离不开乡村教育对乡村教育生活真知、善德和美好的追求，促进乡村教育的公平优质发展，形成和谐的乡村教育价值和精神秩序。

(一) 乡村教育伦理目的

1. 根植乡村：乡村教育伦理价值存在之根

对于人类生活选择来说，人们可以选择离开乡村寻求城市美好生活，但乡村农业的生产、生活和文化是人类须臾不可离开的根。乡村教育天然具有"因乡而生、依乡而长"的本性。乡村教育仍然是农耕文化、乡村文化的重要承载地和传播地，"人类不可能也不会'消灭'乡村，乡村教育不应也不会因城镇化而消失"[①]。伦理视域下的乡村教育应深深地扎根在乡土文化土壤，让伦理回归教育、回归乡村。乡村教育传承创新优秀地方知识、乡土文化资源，对乡村文明的礼俗教化、婚丧嫁娶、生产生活产生积极的影响。可建构为乡村民众和受教者易于理解、认同、接受的好的乡村教育体系，探索运用乡村民众熟悉的话语和符合他们生活习性的教育教学方式，提高乡村教育的效益、功能和品质。乡村之于城市、乡村教育之于城市教育本没有谁优谁劣，两者共生共荣。乡村教育的首要目的性伦理存在，即扎根乡村大地办教育，让乡村价值进入乡村教育的实践场域。

2. 为了乡村：乡村教育道德实践精神存在

历史上乡村道德共同体的维系离不开乡村教育。《礼记·学记》中记载："古之教者，家有塾，党有庠，术有序，国有学。"西周时期设有"六乡六遂"，春秋战国时期儒、墨、道、法、名、农诸家办有私学。秦汉在乡设三老，以掌教化，官私并设的乡村教育体系正式形成。宋以后蒙学、义学、社学等其原本的功能都有为族内穷苦子弟而设，到清朝则规定由地方官为贫寒子弟和少数民族子弟开办义学。乡学教学内容，不但有教会儿童识字、传播一般农桑耕织的知识，更重要的是据于圣贤之道进行礼教乡约的教化，培养儿童尊老敬贤，以兴善行，维系乡村社区的共同体的道德秩序。亚里士多德说："所有共同体都是为着某种善而建立的（因为人的一切行为都是为着他们所认为的善）。"[②]善被看作是道德最崇高的理想，也是最根本的道德实践准则。从道德教化的善之目的实现的路径看，古代乡村教育对乡村共同体秩序的建立巩固发挥了关键性作用。进入现代工业化时代，原有的乡村共同体道德规范，遭遇挑战。乡村教

---

① 高书国.重估乡村教育价值，走出中国特色现代乡村教育之路[J].人民教育，2018(17):33-37.
② (古希腊)亚里士多德.亚里士多德选集(政治学卷)[M].北京:中国人民大学出版社，1999:3.

育城市化价值取向,成为潮流和趋势。城市化加速发展,"乡村的衰败集中表现为乡民个人化、村社碎片化及共同体缺失"①。因此,乡村教育伦理需要重构与乡村共同体道德目的一致的发展规则、规范秩序,彰显乡村教育发展的公平、公正、公益性的实践精神。注重教育的乡村社会教化功能,协同建设和维护乡村社会共同体的基本伦理秩序,为乡村振兴发挥乡村教育自身独特性价值。

3. 建设美丽乡村:乡村教育伦理主体责任与使命性存在

城乡二元结构下流行"城市,让生活更美好"的口号。这一动员口号所体现的背后"愿景",在加速工业化和城市化时期存在一定合理性,代表一段时期以来城市化价值观念的正当性及其责任意识。但也隐含城市发展优先,相应乡村代表一种经济欠发达,教育、文化、生活等各方面都相对落后等的价值评价和选择。生活在乡村的青壮年人进城务工,农民成为离开乡村的农民工或流动人口,少年儿童成为留守儿童。乡村建设主体和道德责任主体缺位了,乡村价值也失落了。乡村成为城市同情、帮扶的弱势对象。从乡村教育的发展历程和事实来看,乡村学校历经几十年的发展、调整、合并,数量不断下降。乡村教育的传统教师兼村民身份,由于学校体制改革,也成为外来人。他们不像传统乡村教师深受乡村文化的影响,也没有与生俱来的对于乡村文化的认同与自信。面临这种境遇,乡村教育伦理需要重新审视乡村价值,唤醒价值主体性自觉,激发积极性和主动性,重新审视和尊重乡村个体性存在的价值,促进乡村生活和生命质量的提升。

乡村教育的实践过程实质上就是不断提高乡村个体生活和生命质量的过程。一个人生活和生命的价值既包括生活的富足、寿命的延长或外表的美丽,更在于内在人格的健全、心灵的善良、精神力量的饱满。教育过程之所以有价值,在于实践唤醒主体自觉,让受教者不断磨砺自我、迁善黜恶的过程。这是教育内在品质。高质量的乡村教育,不只是类似美化乡村的经济产业可以带来直接、短期的效应,而是从根本来说,是一项建设美丽乡村的筑基工程。它通过培养乡村青少年的乡村自信、价值认同、乡土情怀,培养健全、和谐、审美的道德人格,激发乡村青少年对未来生活更高品质的自觉追求。

---

① 龙红霞.乡村社区教育伦理追求的意义空间[J].教育研究,2020(6):38-47.

(二) 乡村教育伦理思维特征

1. 整体性思维

整体性思维指的是将每一事物或现象看成各个部分和要素相互联系、相互作用而构成的系统或整体，要求以全局的视野、系统的眼光看问题，从整体上把握事物的发展趋势、把握问题的关联性。乡村教育发展并非仅仅是乡村区域内学校和乡村子弟的发展。乡村教育伦理需要整体思维，审时度势，从新时代城乡融合发展和乡村振兴的宏观教育视角，立足乡村一代新人发展成长的根本利益立场，而非仅仅局限于一个地区、学校、班级的利益立场。这要求我们研究乡村教育伦理应拓宽视野，跳出教育看教育，跳出学校看学校，跳出学科看学科，跳出乡村看乡村。乡村教育伦理需担当新时代的伦理责任：其一，乡村教育权益，为新时代乡村发展奠定必要的教育利益基础。其二，乡村人发展，把人发展的各种可能性转化为人存在的现实性。乡村教育应为乡村受教育对象终身发展服务、个性化的终身教育服务。其三，乡村文化的传承与发展。乡村教育应该担负新时代乡村文化振兴重建的责任。

2. 生态性思维

生态性思维指符合生态系统基本原则要求的发展方式，是自主、多元、开放的生命哲学思维观。乡村教育伦理应遵循生命与自然本性并谋求与教育生态的和谐，克服城乡发展两极思维，促进城乡教育一体化发展，走自主、多元、开放的教育现代化发展之路。乡村教育发展是自主性发展，尊重乡村教育每个个体内在价值，发挥乡村教育的主体性，促进个体内在价值和各种潜能的实现。促进教育发展从根本上来说，就是要重视教育的内在独特性、多元性，不是完全依赖自外而内地为教育强加某种发展，而是自内而外地不断激活扩大主体内在的发展。在城乡教育发展决策背后的价值观念和思维层级上，应该审慎考虑由于决策单一倾向和"二元对立"思维方式带来的片面发展思维困境。如，要么片面要求乡村儿童尤其是留守儿童未来生活固化在留守乡村发展；要么片面撤并消灭乡村学校，让乡村儿童全面接受陌生的城市教育等。对教育，不能忽略每一个受教者个体教育权利与生命成长的多种可能性，既尊重差异性、多样性的存在，又不断取长补短、互通互融、共同发展。

3. 发展性思维

发展性思维指的是乡村教育伦理不只是纯粹理论逻辑的推演和建构,而应是直面当前乡村教育活生生的不断发展的理论与实践的事实与问题,对此进行梳理与总结,理清基本矛盾和核心问题,为乡村教育生活实践提供理论支持,促进乡村教育改革和发展实践的深化与价值秩序的构建。

立足人的全面发展视角,关注乡村教育改革与发展,注重城乡教育现实性问题与发展性问题的平衡。习近平在《之江新语》中指出:"人,本质上就是文化的人,而不是'物化'的人;是能动的、全面的人,而不是僵化的、'单向度'的人。人类不仅追求物质条件、经济指标,还要追求'幸福指数';不仅追求自然生态的和谐,还要追求'精神生态'的和谐;不仅追求效率和公平,还要追求人际关系的和谐与精神生活的充实,追求生命的意义。"[①]中国特色社会主义进入新时代,我国社会面临的主要矛盾是人民日益增长的美好生活需要和不平衡不充分的发展之间的矛盾。这为乡村教育改革和发展、建设乡村美好生活、推动人的全面发展提供了科学理论指导。这也要求我们应当从乡村教育生活场域中人的全面发展需要出发,历史地看待、辩证地认识乡村教育中那些已经发生的现实性问题和可能出现的发展性问题,并前瞻性地思考未来发展的可能性问题。关注发展问题离不开发展事实、事件,更需要对其趋势及背后美好教育生活价值观的期许、审视和关照。被称为"经济学的良心"的诺贝尔经济学奖的获得者阿玛蒂亚·森提出发展就是扩展人们的实质自由。美国发展伦理学家德尼·古莱认为,人类的发展是为了美好生活。在实现人类这一美好理想的进程中,教育无疑是最强有力的支点。中国乡村美好生活,需要由一代代乡村人,用情感心灵去体验,用行动去实践、去创造。这也是乡村教育所应承负的关于人的发展和未来生活创造的伦理责任。

乡村教育伦理旨在探索新时代乡村教育伦理规范秩序与乡村精神秩序重建。教育公平价值、原则的坚守,乡村社区共同体文化精神以及个体性生命伦理精神的彰显是乡村教育伦理的主线和灵魂。城乡融合发展进程中,不应遮蔽乡村教育的个性化发展;在坚持乡村教育发展的基本平等权利、改善物质条件与环境、优化师资队伍课程资源的同时,注重乡村学生人格品质的完善和提优,让乡村教育回归"乡村"与"教育"的本位与本性。

---

① 习近平.之江新语[M].杭州:浙江人民出版社,2007:150.

第二节　乡村教育伦理的基本价值与特征

一、乡村教育伦理的基本价值

乡村教育伦理基本价值，即乡村教育应然层面的最基本的效用和意义。其基本要义是立足乡村，服务乡村。乡村的经济发展以及整体生活水平的改善，从根本上源于对乡村物质资源和精神资源的充分开发和利用，其中包括对乡村文化传统的充分利用和对乡村人力资源的有效开发，而这一切不能离开认识乡村、理解乡村、认同乡村的乡村教育。乡村教育伦理的根基是乡土文化的滋养、传承和守正，其根植于中国乡土文化，吸纳现代先进文化价值，拥有乡村知识、经验以及自尊与自信品质，造就面向整个生活世界和积极成长的时代新人。

（一）乡村教育伦理的生命价值

"好的乡村教育是贴近自然的教育，它不仅要让孩子尊重自然、顺应自然、保护自然，更要让孩子懂得并学会与自然和谐共生"[1]乡村教育最贴近自然，最有优越的条件向人们传送大自然和万物生命的气息。教育应该从尊重生命开始，使人性向善，唤起自身美好的"善"根。"何以为生"只是教育的初级目标，"为何而生"才是教育的终极目标。乡村教育与自然、生命最为亲近。乡村教育更应该遵循人的生命规律，用生命教育的理念贯穿教育全过程，才能体现其存在的价值。人的发展是身心和谐发展的统一，教育的成功在于促进人身心的全面发展，只有全面促进人的身体生理发展，又促进人的心智和德性发展，如此的教育伦理才合乎人的成长规律，也才是合理科学的。这是乡村教育的根脉，也是其优势。

生命教育既是人的全面发展的需要，也是学生健康成长的迫切要求。学校生命教育要通过人与自然的关系教育，体验生物共存的丰富性、多样性。对学生进行生命孕育、生命发展知识的教授，让学生能够肯定、珍惜自我的生命

---

[1] 高书国.重估乡村教育价值，走出中国特色现代乡村教育之路[J].人民教育，2018(17):33-37.

价值,进而对他人、社会乃至自然万物生命价值怀有珍惜和尊重的态度,培养学生学会珍惜、尊重、热爱生命,增强生命的信心和社会责任感,使学生善待生命、完善人格、健康成长。帮助和引导学生正确处理个人、集体、社会和自然之间的关系,学会欣赏和热爱生命,树立正确的世界观、人生观和价值观。教育者在促进对象生命本质实现的同时,自身的生命品质也得以升华。

(二) 乡村教育伦理的社会价值

乡村教育伦理实践旨在通过人的发展来求得乡村经济社会发展,又以社会发展来服务于人的发展,进而以全体人的全面发展为最后归宿。教育是人的教育,教育价值观离开了人这一本体价值,就会失去精神和灵魂。教育过程的价值在于为每个人最大可能地实现自身价值提供可能和条件,教育伦理价值在于为教育目的和教育过程提供了合乎道德本性的价值导向。乡村教育伦理实践不是要培育一个完全符合社会静态模式的人,而是要创造一个完整、合乎乡村社会动态运行的人,使人的个性化和社会化都得以发展。好的乡村教育是"有获得感的教育,它不仅要青少年儿童德智体美劳全面发展,更要让人民群众有安全感、获得感、幸福感"[1]。因此,优质乡村教育的立德树人,应是面向社会的未来教育,能充分挖掘受教者潜能,为勾画乡村儿童美好未来做好准备,培养新时代美丽乡村和美好生活建设者的社会责任和担当。

(三) 乡村教育伦理的文化价值

"乡村日益衍生为社会、文化、生态、经济等综合价值的承载者"[2],而乡村教育则基于乡村当前实际,充分利用乡村文化教育资源,如乡村的民风民俗、传统工艺、戏曲工艺等非物质文化和传统地方建筑、文化遗迹、乡土服饰、农耕工具等物质文化,开发服务于乡村经济社会发展需要的实用化、生活化课程资源,生成乡村家园文化、乡土文化、生态文化等多元文化样态。如乡村职业教育和成人教育,从农村实际出发,从农民希望尽快提高物质生活和精神生活水平出发,从农民希望从乡村教育中获得致富技术的愿望出发,在由国家负责服务于乡村儿童的义务教育体系之外,构建主要面向乡村成年农民、以实施适应

---

[1] 高书国.重估乡村教育价值,走出中国特色现代乡村教育之路[J].人民教育,2018(17):33-37.
[2] 朱力,张嘉欣.价值的回归——乡村营造的伦理思考[J].湘潭大学学报(哲学社会科学版),2019,43(6):99-103.

乡村地方经济发展的职业技术教育为主要内容的乡村教育文化体系，造就致力于地方经济发展、适应新农村建设和城镇化发展的现代农民。

乡村和乡村教育的文化价值，成为乡村教育伦理的文化价值的基础，在内容构成上如文化精神层面具有很大程度的同构性。但乡村教育伦理的文化价值侧重的是以乡村和乡村教育文化价值为伦理反思、审视的对象，聚焦乡村和乡村教育文化发展的公平正义性评价、文化价值认同的塑造、文化共同体精神家园的构建以及乡村儿童教育的文化人格培育等。

二、乡村教育伦理的基本特征

（一）方法论上突出多学科理论有机整合性

从理论逻辑看，乡村教育伦理，立足乡村教育领域反思现代化发展给乡村社会与教育带来的极具时代性的重大问题的伦理反思，涉及教育哲学、教育伦理学、乡村社会学、教育生态学等学科和领域。面对乡村教育问题，任何一门学科认识和解决这些问题，虽然都有自己的独特见解，但都会显示出自己的学科局限性。综合已有研究来看，传统发展价值观给教育领域带来许多新问题，传统教育伦理往往立足于教育系统体系内部教师教学关系等问题伦理规范探讨。对学校教学以外的问题，往往只是归因于城市化造成的教育价值取向的偏颇、乡村学校资源的流失、乡村文化的衰落等。但这些仅仅只是问题的表象。现象的背后存在着体制、经济、文化、伦理等多方面深层原因，使得我们不能仅仅依靠传统教育伦理中教师职业伦理、教学伦理的反思和评判，便认为能理解和解决乡村教育问题。其问题往往也是任何一门学科本身无法独立解决的。乡村教育伦理必然涉及多学科领域的理论的交叉研究，这也是乡村教育伦理研究方法论的特殊性。

（二）本质和宗旨上突出人的主体性

发展哲学研究者将发展观分为新旧发展观。旧发展观以物为中心，忽视人在现代化中的主体地位和作用。新发展观如中国的发展观经过了从GDP发展观到可持续发展观、科学发展观，再到新发展理念的不断完善的演进过程，形成了适合新时代发展所需要的创新、协调、绿色、开放、共享的新发展理念。其特性有"人本性、整体性、协调性、适度性"等；还有认为"新发展是以人为目的,通过物的发展实现社会与人的全面进步"。① 但"以人为中心"抑或"以物为中心"应当成为新旧发展观区分的核心标准,从根本上解决了"何为发展""为何发展""为谁发展"的发展价值问题,由此,乡村教育伦理面对"谁之乡村教育发展""发展乡村教育为何"两个最为核心的问题。前者,关涉乡村教育的真正主体性问题;后者,关涉乡村教育的宗旨、目的和意义问题。为此,乡村教育公平优质的发展理念,一方面围绕的是需要建构乡村教育发展的外在规则秩序,另一方面则着眼于教育的终极目的——人的全面发展,建构乡村教育培养人的内在生命精神秩序,激发乡村教育培养时代新人的伦理精神活力。

(三) 内容上突出教育生活的实践性

乡村教育伦理旨在研究乡村教育公平优质发展问题。通过对城市化、乡村社会发展、乡村文化与乡村学校教育教学改革发展问题的伦理学分析,透视其背后蕴藏的去农、离农与向农、为农等价值取向等。教育以人为本、教育公正及教育的和谐发展等教育伦理基本原则是社会发展进程中的社会治理与教育伦理治理应该遵循的基本规则和规范。这些规范不是停留在观念世界中抽象范畴,而是需要成为教育生活实践和行动中决策、选择、行动、评价的力量,去回应和解决诸如城乡教育协同发展中资源分配的公正问题、乡村教师个体职业美德伦理的调节问题、新制度伦理安排的有效保障问题等。在乡村教育现代化的历史进程中,优良的值得期待的乡村教育的基本前提是贴近自然、贴近乡村、贴近乡村师生生活的教育。让乡村教育回归本色,发现乡村、尊重乡村、建设美丽乡村和实现美好生活,这都需要乡村教育伦理对乡村教育生活实践的执着守望和伦理关切。

第三节 乡村教育伦理的新时代要求

新时代乡村振兴战略背景下,优良的乡村教育为了什么,乡村教育为了谁,成为乡村教育伦理首要问题。生于乡村,长于乡村,那些乡村社会的村民及其子女是乡村教育的直接对象,也是对这一问题的基本回答。新时代乡村

---

① 阎胜利.发展观与发展哲学研究综述[J].哲学动态,1999(3):14-17.

教育面临的主要问题不再是农民识字、扫除文盲问题，也不仅仅是义务教育的普及问题，而是人民对更高质量乡村教育的需求，如对城乡教育协同发展的公平、公正、公益性的需求，对乡村教育振兴和教育振兴乡村的双重需求，对乡村美好生活的追求。从乡村教育伦理的目标和时代要求看，一是服务于乡村人民的生产生活；二是传承优秀本土文化信仰，树立乡村文化自信；三是为乡村和社会培养时代需要的美丽乡村建设者和中国特色社会主义事业的接班人。

教育不仅应成为人与人之间合作的纽带，从而担负起教化人类以培养学会共同生存的理智态度，而且还要引导人向外求索，拓展人的生存空间，增强人的生存能力，以创造和追求美好生活。在西方文化中，自古希腊起始终保持着一种对自然的好奇心和探索精神，由此造就出西方文明特有的科学理性。文艺复兴和启蒙运动之后，科学作为人类探求自然密码的新工具逐渐取代了传统的形而上学，特别是牛顿力学体系的形成，使得实验性科学成为衡量一切是非与真理的标尺。随着资本主义工业化时代到来，科学转化为技术的速度日益迅猛，资本主义经济的发展与科学技术的进步，加速城市化步伐，改变了几千年以来人类的生活方式。教育价值选择由传统道德人格教化、精神理想与信念的追求逐渐让位于偏重功利的物化的功效意义，走向唯科学主义与实用主义，这在当今乡村教育伦理冲突中也得以一定程度的体现，也正是应当反思之所在。中国共产党的十九大报告中强调要"优先发展教育事业"，"努力让每个孩子都享有公平而有质量的教育"。"促进教育公平""共享优质教育"成为新时代教育发展战略与决策层面总体要求。在伦理价值层面体现出以下四方面基本要求。

一、乡村教育伦理的人文精神

教育本质上倡导一种强烈的人文关怀。孔子"有教无类"，就是在其仁爱之学的逻辑前提下倡导教育树立一种"一视同仁"的教育理念。现代教育的人文精神，其核心信念便是一种伦理价值：理解与和平，人的尊严，自由与责任，尊重自然等。[1] 爱、理解和责任是人文精神的内核，也是最好的教育方式。人文教育是一种"全人的教育"，它关注人的全面发展。英国哲学家罗素认为，教育应该是全面的，其目的在于培养出"全人"，使青年在身体上、情感上和智力

---

[1] 息中平,刘朝辉.应答与挑战——20世纪的教育目的观[M].济南:山东教育出版社,1995:449.

上都得到关心,因而学生必须具备四种理想的品性:活泼、勇敢、敏感和理智。①"全人"教育的最终实现无法依靠单纯自然科学来达到,哲学、宗教、艺术和历史等人文社会学科在塑造人性方面是更为重要的因素,它们给予儿童品性潜移默化的熏陶,是自然科学无法企及的。乡村教育发展需要"目中有人""心中为人",尊重和发挥乡村教育教师和学生的主体性,关怀乡村教师的专业成长,优化乡村教师教书育人的专业素养,为乡村学生、留守儿童传导良好的人文素养知识,关心所有儿童的完整发展,形成关怀型师生交往关系。

二、乡村教育伦理的科学精神

在儿童学习中,那种好奇、求真和喜新的品格与态度是教育的重要动源。从哲学上看,这种依靠思考、观察和实证的品质,是建立在人对自身的理性能力的尊重和信念前提下的。追求世界真相、真理与普遍法则成为理性最终的目的。这是现代启蒙思想最伟大的成果,但其发展的另一面结果,即将自身当成万物的造物主人,把宇宙万物看作是为我所用的工具。尽管今天看来,这是一种理性的谵妄,但科学精神在教育思想中获得地位,是通过近现代科学教育运动和实用主义的"进步教育"得以实现的。

弗兰西斯·培根被誉为"近代科学教育之倡导者",他批判了亚里士多德认为自然本身具有目的之自然目的论,认为自然本身只有规律性。他提倡一种实验和批判精神,开创了近代科学教育发展的道路。到 19 世纪,科学教育思想猛烈抨击了传统古典主义教育,反对空疏无用,提倡实效与功利的价值。斯宾塞在《什么知识最有价值》中认为最有价值的知识是科学,因为最直接地关系到我们的自我保存。此后形成了近现代以科学知识为重心的课程体系。知识效用主义科学观在西方国家获得了教育中的至高地位。到 20 世纪,则发展成实用主义与国家主义两股主导性教育思潮,知识效用主义主要特征是偏激强调教育的功利和效用性。但在具体的教学活动中,则重视儿童的兴趣、活动、主动性和合作精神,从而使儿童身体健康、精神和谐和心智丰富。

真正的科学精神应该是指这样一种品质:对宇宙万物怀着惊讶与好奇,从而包含着对大自然的尊重和敬畏。对待知识和事物,有一种积极探索、勇于实践、敢于怀疑、敢于创新精神。所以,教育中体现出的科学精神就不仅仅是一

---

① [美]罗素.罗素论教育[M].杨汉麟,译.北京:人民教育出版社,2009:30.

种科学主义的方法与原则的普遍化,而是指人类在自我发展中,如何真正地了解周围环境和把握人的规定性,在知识吸纳和创新的同时持有审慎和反思的态度,在人与自然、社会以及自我的关系中,客观认识功效和利益,在追求功效和利益过程中不应丢弃对客观事实、生命法则、大自然规律的敬畏。

科学精神在乡村教育及其发展中的地位、认识和评价无疑是非常必要的。其一,科学精神是乡村素养教育的重要基础。乡村学校教育对学科知识学习,从整体上看,重视程度并不比城市学校轻。甚至很多学校,由于学科知识的城市化倾向、乡村学生的基础相对处于劣势等缘故,比城市学校重视程度更大,学生付出的努力和代价也更大。但重视的也只是对学科知识的理解与掌握,科学知识背后的科学精神、科学素养却不能得到相应提升。乡村教育中"厌学逃学""高分低能"等,其实就是注重的是知识,而忽略了知识背后的精神和素养的表现。

其二,科学精神是乡村教育现代化的直接要求。科学化、智能化、信息化是乡村教育现代化之路。乡村教育的最终目的是培养适应现代社会的现代人。现代化的人与传统的人的根本区别就在于是否具有现代人格特征,如开放性、创造性、探索性、批判性等。这些正是科学精神的人格化特征。英格尔斯曾经指出:"学校教育在培育人的现代态度、价值观和行为方式上是最有力的手段。"[1]第一,客观上要求乡村学校在教学理念、教学体制、教学内容、教学方法等多方面须适应现代化的要求,改革固定化的教学模式,加强平等师生关系的交流沟通,更新刻板性教学内容,开放封闭教学环境。第二,乡村教育与乡村建设相结合。让受教者接受更多的与乡村本土生活相关的知识文化的教育,参加丰富的乡村体验活动。第三,需要多方协同,在资源配置上加强乡村薄弱学校的补偿。2016年,国务院出台了《关于统筹推进县域城乡义务教育一体化改革发展的若干意见》,提出一系列关于推进县域城乡义务教育一体化发展政策,统一城乡义务教育办学标准。加强乡村学校现代数字智能化设施建设,强化受教者信息科学、新媒体素养培养。

其三,科学精神是培养乡村全面发展的时代新人要求。乡村教师、学生以及乡村民众是乡村教育中的主体性角色,是推动乡村学校教育、社区教育发展的主导因素。现代人的全面发展主要包括各种能力、社会关系、个体性的全面发展。一个全面发展的人必须具备这样一些精神:求真务实,探索创新,责任

---

[1] [美]A·英格尔斯.人的现代化[M].殷陆君,译.成都:四川人民出版社,1985:139.

担当,理性思维。这些实际上都是科学精神的具体体现,也成为衡量个人是否全面发展的重要标志。这需要乡村学校协调课程比重,加强德育、智育、体育、美育、劳动教育,全课程、全过程、全员育人,应理解人的全面发展理念的实质内涵和实践价值,贯彻生命教育、自我教育、团队教育、健全人格教育。

三、乡村教育伦理的公平精神

教育的科学精神和人文精神分别体现了教育所承载的面向自然求真理和面向人心灵求美德的精神传承功能。教育是传承人类优秀文化传统、吸纳文明成果、启发人追求真善美的基本途径。因此,接受基本的人类文化教育是每个人的基本权利,也是提升人的生活质量的基本保障。美国詹姆斯·科尔曼在《教育机会均等的观念》报告中提出了教育公平的四条标准,即进入教育系统的机会均等、参与教育机会的均等、教育结果的均等、教育对生活前景的影响均等。[①] 教育公平精神,指的是教育发展基本权利的人人平等和机会均等的精神,避免歧视。教育机会的平等是在承认差异性的基础上,基于每个人基本平等权利的机会平等,即社会都应给每个人一个发光发亮的机会。对于国家来说,也就是保证每个公民在适当的机会都有接受一定教育的权利与义务。

2013年9月习近平在联合国"教育第一"全球倡议行动周年纪念活动上指出:"努力让每个孩子享有受教育的机会,努力让13亿人民享有更好更公平的教育,获得发展自身、奉献社会、造福人民的能力。"[②] 教育平等公正原则是教育发展的过程中必须遵循的基本原则。不管是城市里的孩子还是农村的孩子,他们都有权利共享教育资源。但是,教育公平是社会公平价值在教育领域的体现。在传统等级制度和近现代资本主义资本权力主宰的社会中是很难保证这种机会均等和资源共享的。从制度设计和实践的结果看,不同的社会在不同历史发展阶段也存在一定程度的事实上的机会、资源分配上教育与其他行业教育公平问题以及教育内部城乡之间、师生之间的教育公平问题。

乡村教育更应体现教育公平精神。相对于城市教育,乡村教育还处于有待进一步发展的相对弱势地位。罗尔斯认为:"社会必须更多地注意那些天赋较低和出身较不利的社会地位的人们。这个观念就是要按平等的方向补偿由

---

① [美]乔尔·斯普林.美国教育[M].张弛,等译.合肥:安徽出版社,2010:162.
② 习近平.努力让13亿人民享有更好更公平的教育[N].中国青年报,2013-09-27(03).

偶然因素造成的倾斜。遵循这一原则，较大的资源可能要花费在智力较差而非较高的人们身上，至少在某一阶段。"[1]教育公平，还意味着在基本权利平等基础上正确对待不同群体及其个体差异性，既要给城市学生享有应有的机会，不是人为地剥夺他的机会，限制他的发展，又要重视偏僻落后乡村学校及其贫困家庭那些孩子们所享有的基本教育的权利和生存发展的机会。而且政策上应该给予"按平等的方向补偿由偶然因素造成的倾斜"。再如，在学校内部，教师与学生之间、学生之间的教学平等、因材施教、个性化教育等。唯如此，乡村教育才能完成其育人的任务。

四、乡村教育伦理的乡村文化自信

传统的乡村文化是农耕文明的产物，其核心为礼俗文化。自晚清以来，乡村文化赖以存在的根基逐步瓦解。20世纪二三十年代，内战外侵，中国乡村经济民生问题日益严重。被称为中国最后一位儒家的梁漱溟，却从内在文化精神传统视角，认为中国近百年史是"一部乡村破坏史"，背后成因是中国几千年以来形成的文化失调了，不能有效吸纳和激活现代科学技术，传统伦理本位社会也不能有效生成现代团体组织。这就是传统乡村文化和现代性的冲突。希望通过乡村建设运动拯救乡村，进而拯救整个中国。他认为主要途径就是运用中国儒家理念的精华，传播科学技术，培养农民的团体精神，重建乡村中国的新人伦、情谊和义务关系，塑造"新农民"。其乡村运动也是现代化背景下一次重要的乡村文化自信和拯救运动，对优秀传统乡村文化精神的认同具有一定的正面的价值和意义。但在强势现代化境遇下，一厢情愿恢复儒家文化在乡村的复兴，构想的是一个传统儒家文化的政治原则、伦理原则与经济振兴的乡村混合体，不免带有理想主义色彩。

在百年中国乡村的剧烈历史变迁中，乡村传统性与现代性之间的关系极为复杂。乡村卷入现代性，一方面催生出现代新农民形象，地位与作用得到前所未有的肯定。但另一方面被看作是传统的、封建的、愚昧的、落后的文化，连同优秀的民俗文化逐步消散，乡村文化自身的教育功能和乡村教育的文化功能也随之面临失调的问题。

20世纪八九十年代以来，在城乡二元格局下，年轻人离开乡村，走向城市，

---

[1] [美]约翰·罗尔斯.正义论[M].何怀宏,等译.北京:中国社会科学出版社,1988:101.

去追求财富以及自我的发展空间。年轻一代不再如同老一代那么认同和信奉那些坚守土地的观念、家庭婚姻观、传统礼俗观等价值观,他们更愿意选择城市的生活方式。

案例与讨论

2021年4月,为了更好地全面实施乡村振兴战略,全国人大常委会正式通过《中华人民共和国乡村振兴促进法》,以法律的形式就乡村产业振兴、人才振兴、文化振兴、生态振兴以及组织振兴做了详细周密的部署规划,彰显着国家实现乡村振兴的战略决心。其中,文化振兴不仅是乡村振兴的题中应有之义,更是提升文化自信,推动中华文化繁荣发展,进而实现中华民族伟大复兴的重要建设内容。

习近平总书记强调:"文化自信,是更基础、更广泛、更深厚的自信。""文化自信,是更基本、更深沉、更持久的力量。"乡村振兴,不是城市面貌在乡村的再造和还原,也不仅仅是依托经济发展的产业帮扶与设施建设,还需要尊重和接纳乡村社会的文化独特性。在存留乡村优良文化传统的同时,要将传统乡村文化与现代城市文化相融合,不断创新和丰富乡村文化的内涵,实现乡村文化的创造性转化,重塑乡村文化生态,树立乡村文化自信,以文化的力量涵养乡村社会的内生性发展动力。

——邹慧明:《推动乡村学校教育融入乡村文化振兴》,《中国教育报》2021年10月21日。

讨论: 何为乡村文化自信?其与乡村教育伦理的关系如何?

乡村文化自信是乡村人对自身群体文化的历史、现实以及未来,持有的认同、信奉以及乐观的文化心态和信念。乡村文化自信能产生对乡村人、物、事的自豪感、亲近感和认同感。传统的乡村文化和乡村教育存在互相依托、互为支持的关系,维系着乡村价值秩序的存续。因此,乡村教育中的乡村文化自信,其实在于乡村价值的自信。这些价值包含对人与自然、人与社会、人与自我关系的认知,天人合一、礼俗仁义、聚族而居、耕读传家、邻里守望、包容合作等价值观念。

在城乡一体化发展的今天,在乡村经济发展的同时,应不遗余力地推进新乡村文化建设,让乡村人树立对美丽乡村、文化乡村的自豪感,在乡村文化建设中收获更多幸福和自信。在文化认知层面,需要认识到守护好文化根脉的意义,重新认识乡村价值观念、人文精神、道德规范的内在价值。进而使乡村文化与现代性冲突,因乡村价值的回归、城乡融合的全面发展,而得到缓解。乡村教育伦理对于乡村文化自信确立,主要是要从价值层面上树立:一方面,乡村教育的理念、内容、方式,回到乡村价值场域,为乡村教育发展提供强大的精神动力和稳定的信念支持,培养一代代新乡村文化自信的承载者;另一方面,乡村教育可唤起乡村主体意识,激励人们对乡村教育发展的认同,激发社会多元主体积极参与乡村教育发展行动,丰富乡村精神文化生活,培养新型农村文化的承载者,成为具有文化自信自觉的新农民。

思考与探讨

1. 什么是教育伦理?什么是乡村教育伦理?两者关系如何?
2. 乡村教育伦理价值主要体现在哪些方面?
3. 新时代背景下乡村教育伦理有哪些新要求?

拓展学习

1. 慕彦瑾、段晓芳:《教育发展伦理摭议》,《教学与管理》2016年第3期。
2. 刘奉越、张天添:《中国共产党百年乡村教育发展历程、成就与展望》,《河北大学学报(哲学社会科学版)》2021年第4期。
3. 高书国:《重估乡村教育价值,走出中国特色现代乡村教育之路》,《人民教育》2018年第17期。
4. 李松:《乡土生活的现代价值》,《领导科学论坛》2019年第4期。
5. 朱力、张嘉欣:《价值的回归——乡村营造的伦理思考》,《湘潭大学学报(哲学社会科学版)》2019年第6期。
6. 钱焕琦:《学校教育伦理》,南京师范大学出版社,2005年版第2、3章。
7. 王正平:《教育伦理学》,人民教育出版社,2019年版第1、2章。
8. [英]阿尔弗雷德·诺:《教育的本质》,北京航空航天大学出版社,2019年版第1章。
9. [德]康德:《康德论教育》,人民教育出版社,2017年版第1—46页,论自然性教育。

第二章

乡村教育伦理思想

> 【内容提要】中国传统乡村教育伦理思想资源丰富,影响深远,但乡村教育伦理自觉主要从近代遭遇西方教育价值观的挑战开始。近代梁漱溟、晏阳初、陶行知以及以李大钊、毛泽东为代表的早期共产党人等,都提出了关于发展乡村教育的主张,蕴含了丰富的乡村教育伦理观。本章阐述乡村教育伦理思想发展的历史脉络,探讨其发展规律,也对国外乡村教育伦理思想做适当引介和评析。

第一节 传统乡村教育伦理思想

教育伦理思想的形成和发展要受到一定社会政治、经济、文化和历史等环境因素的影响和制约。乡村教育历经了不同的社会历史阶段,乡村社会和乡村学校的教育伦理思想也获得了相应的发展。传统乡村教育思想中流派纷呈,互争互融:教育机制上,官府倡导,家族、村社、学校教育联合;内容上德育优先,耕读相兼,化成民俗;形式上道德教化与口耳相传、生活化质朴体验与功名教育并重、乡绅和平民教育共存等。

一、古代乡村教育的发展

(一) 古代乡村教育的萌芽期

我国乡村教育的萌芽时期发端于夏商时代[①]。这一时期,我国已出现了古

[①] 注:关于古代乡村教育发展分期,参见李森、汪建华:《我国乡村教育发展的历史脉络与现代启示》,《西南大学学报》(社会科学版)2017年第1期。

代乡学的教育形态。远古先民教育由教民"钻木取火"到"教民以猎",进而"制耒耜,教民农作",并由"结绳而治"到"易之以书契"。汉代郑玄注《礼记·文王世子》时云:"五帝名大学曰成均,则虞庠近是也。"这里的"成均"意指人工整修过的平坦、宽阔的场地,是中国古代早期学校的萌芽,主要是渔猎农耕之余,年长者集中乡村儿童,进行有关生产工具和生活技能方面知识技能的传授。《山海经·海外西经》还记载:"大乐之野,夏后启于此舞九伐。"在德教方面,《礼记·表记》记载:"夏道尊命,事鬼敬神而远之","殷人尊神,率民以事神,先鬼而后礼","周人尊礼尚施"。《孟子·滕文公上》讲夏、商、周"设庠、序、学、校以教之,庠者养也,校者教也,序者射也。夏曰校,殷曰序,周曰庠,学则三代共养之,皆所以明人伦也"。朱熹在《四书集注》中指出校、序、庠皆为乡学。《诗经》记载的诗歌大多数都是创作于西周时期。春秋战国时期,打破了学在官府的局面,出现了各类私学,西周以后,随着社会经济的发展,乡村教育呈现雏形。《礼记·学记》中记载:"古之教者,家有塾,党有庠,术有序,国有学。"我国在西周时期就设有"六乡六遂"的制度,在各乡建有乡学。由大司徒"掌施十二教,以乡三物教万民而宾兴之"。周统治者将王城所在区域称为"国",王城之外的郊地称作"野"。据《周礼》载,"六遂制"规定五家为邻,五邻为里,四里为酂,五酂为鄙,五鄙为县,五县为遂。官员要在"正月之吉,各属其州之民而读法,以考其德行道艺而劝之,以纠其过恶而戒之"。许多大夫或士在退休之后,回到乡里也多在乡学供职,从事教育活动。但其"学在官府的制度,无形剥夺了处在乡村的平民百姓或长期为奴隶主干活的奴隶的受教育权利;自春秋起,逐渐向封建的小农经济转化,出现了'学术下移'的趋势,大量生活在乡村的有志平民同样有了'自由'接受教育的机会。"①

(二)古代乡村教育的形成期

春秋战国时期,私学兴起,出现了儒、墨、道、法、名、农诸家,各家都办有私学,并出现私学蓬勃发展之势,也为各国国君养士之风盛行奠定了基础。儒家孔子为培养社会所需安邦济民贤才,当然也恰逢诸侯争霸,权力高层亦迫切需要人才。孔子率先打破垄断官学,主张"性相近也,习相远也"。在中国教育伦理史上,率先讨论了人的先天本性与后天习性关系。他认为人的先天本性相差不大,个性的差异主要是后天环境造成、生活习惯形成的,所以后天的德教

---

① 杜尚荣,崔友兴.中国社会变迁中的乡村教育[J].西南大学学报(社会科学版),2017(1):70-78.

才有了依据和意义。他首创私人讲学,有教无类。传有三千弟子,让许多底层百姓子弟获得学习、改变人生命运的机会。《史记·儒林列传》中说孔子死后,其"七十子之徒,大者为师傅卿相,小者友教士大夫,或隐而不见。故子路居卫,子张居陈,澹台子羽居楚,子夏居西河,子贡终于齐。如田子方、段干木、吴起、禽滑厘之属,皆受业于子夏之伦,为王者师"。儒家之外,墨家私学和道家等诸家私学各从不同方面、方向得以空前发展。秦汉时期官私并设的乡村教育体系的出现,标志着我国古代乡村教育正式形成。秦统一后,在乡设三老,以掌教化。"三老掌教化,凡有孝子顺孙、贞女义妇、让财救患及学士为民法式者,皆扁表其门,以兴善行。"①秦汉时期,儒学成为指导思想,推行社会教化。乡村教育主要有三个阶段:一是以书馆为主要形式的蒙学教育,学习的主要内容为识字和写字。二是以"乡塾"为主要形式的经书学习,要求学生对经书"略通大义"。三是以"精庐"或"精舍"为主要形式的专经教育,它带有治学研究与讲学教育相结合的性质。三国时魏国有官立乡学,两晋时期乡村私学很多,当时,许多学识渊博的学者纷纷设立私学。南北朝时期,统治者在各地普遍设立乡学。许多著名学者也纷纷创立私学,内容上突破了传统儒学。如南朝的沈道虔,"好《老》《易》,居县北石山下。乡里少年相率受学,道虔常无食以立学徒。"②

(三) 古代乡村教育的发展期

我国乡村教育的发展时期是隋唐至元朝。这一时期,伴随着封建社会经济的发展与繁荣,我国古代乡村教育体制也更趋成熟和完备。唐代私学遍布较广,私人讲学风靡全国,一度压倒官学。村家、家学开学十分普遍。唐高祖武德七年(624年)下诏兴学:"吏民子弟有识性明敏,志希学艺,亦具名申送,量其差品并即配学,州县及乡各令置学。"宋朝初年,乡村有乡党之学。规定所有立学者都可获得政府赐予的学田,一时间,乡村办学之风大兴。社学的教学内容非常丰富,不仅讲授经史典籍,还特别注重对农桑、耕种等农业知识的讲授与普及。专门宣传儒家基本道德伦理学说的"庙学"被广为提倡,在民间产生了相当大的礼法教育的影响。宋朝,屡次兴学,科举制也逐步完善,并且把养士和取士的职能都归之于学校,大大增加了人们接收学校教育的积极性。再加上宋代印刷术的普及及其所导致的书写的规范化,也为民间教育的发展提

---

① 《后汉书·百官志》卷一百一十八.
② 《宋书》列传卷九十三.

供了有利条件,这使得宋代教育的发达远远超过了前代。在乡村农民中,宋代蒙养教育出现有私塾、义学、家塾、村塾、冬学等。北宋著名的教育改革家范仲淹首创义塾或义学,此后逐渐兴盛。义塾或义学是乡村地方上出钱聘请教师或官员、乡绅地主招聘名士,在家乡开办学校,免费教育本族及乡里子弟。义学免费教育为家境贫寒的学子提供了读书就学的机会。儿童蒙学字书如汉时司马相如《凡将篇》,史游《急就篇》,尤其是南朝周兴嗣的《千字文》、宋代王应麟的《三字经》、无名氏的《百家姓》,开始流传和普及。不少地区利用农闲时期举办冬学,由穷书生教农家子弟识字。而乡村教育普及最重要的标志是大批的文人士子参加科举考试。两宋三百年间,贡举登科者达 11 万人,平均每次录取的人数为唐代的十倍左右,且登科后无须经过像唐代吏部身、言、书、判的考试,可以直接释褐入官,因而吸引了来自各阶层的广大知识分子。福州一地解试,宋哲宗时每次参加考试者已达 3 000 人,宋孝宗时增至 2 万人。① 元代统治者为了教化民俗,在蒙学之外,创设了社学。社学是由朝廷官府下诏令,乡民士绅自办的学校形式。社学招生对象是农家子弟,教师由民间选派,以在农闲的时候让普通乡村百姓的孩子入学读书。

(四) 古代乡村教育的兴盛期

明清是我国古代乡村教育由盛转衰直至瓦解的时期。这一时期,我国的乡村教育十分重视对社会稳定的维护,各级各类乡村教育机构,都特别注重对封建礼教的灌输与宣传,借以培养顺民。明朝建立后,明太祖承袭元朝,在洪武八年(1375 年)诏令天下普遍设立社学。于是,每五十家设社学一处。对贫困儿童或少数民族子弟设立义学,以化民成俗,维护社会稳定。明朝的其他乡村教育机构,如:乡校、村学、义学以及一些私学,在人才培育、化民成俗、教育普及等方面也起到了积极作用。清朝初年,各地普遍设立社学。雍正元年(1723 年),各省改生祠书院为义学,延师授徒,以广文教。官办和私办免费义学、私办私塾遂逐步取代社学成为当时乡村主要的教学形式。

(五) 古代乡村教育的衰微期

清朝末年,乡村教育的主要形式是私塾,以尊孔读经为目的,讲究师道尊严。随着近代科举废止和新式学堂的建立,古代乡村教育形式逐渐瓦解。光

---

① 肖宏发.中国传统文化艺术及其演变[M].南宁:广西民族出版社,2009:251.

绪三十一年(1905年),科举制最终被废除,所有乡试会试一律停止。宣统二年(1910年)清学部颁布《改良私塾章程》实施对全国私塾进行改良,规定传授国文、算术、历史、地理等科,塾师要采用新式教材,用新法授课。随着近代科举废止和新式学堂的建立,古代乡村教育形式逐渐瓦解。

二、中国古代乡村教育伦理基本特征

(一)"经世致用""利济苍生"目标

古代统治者十分重视农业和农业教育的"经世致用""利济苍生"目的。西周周公在总结商代覆灭的教训时,把商末几代君王"不知稼穑之艰难,不闻小人之劳"列为重要原因。① 《论语》中称"禹稷躬稼而有天下"(《论语·宪问》),禹"尽力乎沟洫"(《论语·泰伯》)。《吕氏春秋》关于当时农家学派有这样的描述:"士有当年而不耕者,则天下或受其饥矣;女有当年而不绩者,则天下或受其寒矣。"强调有劳动能力的,人人应当参加农业劳动,不然就会造成整个社会的生活资料短缺问题。秦汉时期,秦始皇焚书坑儒,但其对农商医等书籍则着意保护,汉代更是推行重农抑商的治国之策。北魏《齐民要术》的"富而教之"对元代《农桑辑要》、明代《农政全书》等也产生重要影响,他们在强调农耕技术性教育外,还注重人的教化。这些著作对当时农业教育的普及具有相当重要的意义。古代乡村教育的发展是与整个乡村发展(农业发展)紧密联系的。这突出地表现在乡村教育既重视社会教化,也重视向乡村居民传递农业生产方面的知识。清代颜元就提出以"垦荒、均田、兴水利"七字富天下,他认为办学应该培养"经世致用""利济苍生"的人才,为富国强民安天下服务。清代著名思想家方苞在其《齐民四术》一书中提出,农民应该从农业、风俗、法律等各方面注重学习,从而富己。② 这些关于农业和农民的教育思想,从教育目的上,体现了古代乡村教育在整体传统教育中的基础性地位。

(二)尊重乡村本土化

我国古代乡村教育的发展与古代国家权力向以乡村为主的地方延伸有很

---

① 钟祥财.中国农业思想史[M].上海:上海交通大学出版社,2017:4.
② 李森,汪建华.我国乡村教育发展的历史脉络与现代启示[J].西南大学学报(社会科学版),2017(1):61-69.

大关系，但乡村教育的发展却是在充分利用和依靠当地教育的基础上进行的。孔子认为，受教者不能消极地适应乡土邻里环境，要发挥自己的伦理主体性，将"仁"的道德规范和精神贯彻邻里关系中，积极参与改造环境。"十室之邑，必有忠信如丘者焉，不如丘之好学也。"(《公冶长》)"德不孤，必有邻。"(《里仁》)"里仁为美，择不处仁，焉得知？"(《里仁》)。秦统一六国后，即在基层乡一级行政区次下划中设立三老，他们"掌教化"，负责在乡、里推行秦政权的"行同伦"等政策。汉代重农抑商，汉平帝元始三年，颁布地方官学学制，要求各级地方政府广设学校。地方官学的主要任务是推行教化，县以下庠序"农闲时召集民众进行宣讲演习礼仪，及时对儿童进行启蒙教育"。隋初大兴学校，建立了较完善的州县学制度。唐承隋制，更加重视地方官学教育。武德七年下令州县乡里并置学。开元二十六年正月下诏：天下州县，每乡一学。唐代乡里教育有较大发展，师资、生徒、经费均无统一规定。宋朝的地方官学不仅有普通性质的地方学校，还设有各种专科学校，如州医学和县医学。元承宋制，并创立了社学，择通晓经书者为社师，农隙时使子弟入学。明清时期建立起更为完备的地方官学制度。明代地方儒学教育非常发达，学校种类有府学、州学、县学、社学、义学等，并且首次在少数民族地区设立土司儒学。清政府则在全国各地设立主管教育的官员，代表朝廷管理地方学务。

（三）重视义学乡约多样形式作用

我国古代乡村教育以地方官学的形式获得了较大发展，但乡村教育的形式仍然是丰富多样的，不局限于官学，以私学为主的民办教育也有着广泛的存在，例如，义学、私塾、乡约等曾一度成为乡村儿童接受启蒙教育的主要形式。义学最早出现于宋代，原是宗族内为穷苦子弟而设的教育机构。一些地方世家大族为使本族子弟能够在当时的社会中出人头地，纷纷设置义田、义庄和义学以团结族人，接济本族贫困子弟受教育。清朝则规定由地方官或士民为贫寒子弟和少数民族子弟开办义学。义学办学机制十分灵活，经费管理强调民主公开的原则，发挥乡民的监督作用。义学教师一般由当地的生员、贡监担任。教师任用遵循品学兼优的原则，大多要经过董事、乡绅公议后，报地方官查考决定等手续仁获。私塾是一种由民间个体设立的基层教育机构，从春秋战国私学诞生到19世纪末，一直是被历代统治者承认并倡导发展的一种教育组织形式。我国古代乡村教育主要是靠私塾来满足，在数量和分布上，私学比官学要多得多，可以说私塾是古代乡村教育的基础。乡约始于宋代，原是乡民自定的行为规条和规范,明代地方官则把乡约作为推行教化的重要手段。清代则将乡约作为成年人的社会教育制度,这种教育方式也是古代乡村社会教育的重要形式。乡约教育不仅促进了封建道德在乡村的传播,而且对培养村民尊老敬贤等传统社会公德具有重要意义。作为私学的高级层次的书院教育也是乡村教育的重要力量,其前后存在一千多年,对乡村教育的发展具有一定的积极作用。

(四)优质的乡贤师资是维系乡村教育发展的关键主体因素

我国自古就有尊师重道的传统,教师历来受到社会的尊重和重视。考察我国乡村教育的发展历程,不难发现,优质的师资在推动乡村教育发展过程中起着至关重要的作用。远古时期,氏族部落的教师多由无法从事体力劳动的老者充当,在教育与人类生产劳动还未分离的时期,氏族部落的德高望重的老者往往拥有丰富的社会阅历和生产知识经验,他们是早期知识、道德权威型乡村教师,为后世中国乡村教育的育人为先的传统树立了楷模,也成为乡村社会道德教育和道德治理的主体力量。西周之后的漫长封建社会里,随着官学和私学的进一步发展,从事乡村教育教学活动的人群进一步丰富,归结起来可以分为以下三类:第一类是未及第的秀才,这些人数年寒窗苦读,虽然没有金榜题名、进士及第,但文化水平相对较高,应该说这些秀才是我国古代从事乡村教育的主要群体;第二类是一些告老还乡的官吏,这类群体不管是文化水平还是社会经验都堪为人师,他们返回故里后,往往会大力扶持当地的教育发展,特别是注重对同姓后辈的教育与培养;第三类是一些创办私学的学者,这些学者由于各种原因或暂时或终身归隐于乡野田间,有的一边从事农业生产一边讲学,有的专门以讲学维持生计。

三、传统乡村教育伦理思想

中国传统乡村教育,一直以儒家伦理思想为主导。在内容上,以人道设教,平等教人,富而后教,做人成人;重农务本,耕读相兼,文道互融。在组织体系上,主张家庭教养、学校教育和村落教化,发挥协同影响力。

(一)"有教无类",民间有学

孔子认为人"性相近也,习相远也。"(《阳货》)人出生之初,人性差异不明显,后天环境和教育,对人性变化至关重要。《论语·卫灵公》中孔子提出了"有教无类"原则,司马迁记述孔子"以诗、书、礼、乐教弟子盖三千焉,身通六艺者七十有二人。"(《史记·孔子世家》)孔子创办私学的教育目的是为了培养弘道治世、恢复礼治秩序的"贤才",在招生和施教对象上,不管什么人都应该受到教育,不分地域、不分华夷、不分身份等级、不分富贵贫贱等。在孔子创办私学之前,是官学的一统天下,而官学实行的是有教有类的方针。孔子开创私学,突破了旧制度,学校开始不分贵贱地向平民子弟打开了大门。孔子弟子多数是平民,不分国籍,七十二贤中既有鲁国人,也有"北方卫人"(子夏)、陈人(子张)、吴人(子游);不分民族,既有华夏之族,也有"蛮夷之邦"人;不分贫富贵贱,三千弟子中,既有鲁国当政贵族子弟孟懿子、南宫敬叔、司马牛,也有被称为"贱人"的仲弓、被称为"鄙家"的子张和"父贱而恶"的冉雍,既有以货殖致富、"家累千金"的子贡,也有蓬户瓮牖、捉襟见肘的原宪,还有穷居陋巷、箪食瓢饮的颜回;他还不分愚智、不分长幼、不分恩怨。① 孔子的"有教无类",打破"学在官府、民间无学"的局面,开创中国历史上教育机会均等的先河,并引申出"因材施教"和"当仁不让于师"的教学伦理观和师生平等伦理论等,对后世乡村教育发展产生了深远影响。

后世遵循孔子有教无类之道的教育家代代传承。孟子在其教育实践中也做到来者不拒。唐代韩愈提出"圣人无常师"思想,在《上宰相书》中要求统治者不拘一格兴教培养人才,爱惜人才,选拔人才。明代思想家、教育家王守仁认为人性皆善,教育就是致良知。"满大街"的每个人皆可通过教育启发内心道德自觉,返本为善,成为"圣人"。王守仁中年开始讲学,直至逝世,持续二十余载。他在居官之地总是大办教育、创建学校,自社学至书院皆有,并亲自到校讲学。学生来自四面八方,以致课堂无法容纳,有数百人环坐听课。王门弟子成千上万,后学踵继不绝。王门后学李贽在教育实践中将"有教无类"进一步扩大到男女无别之域,突破了"男尊女卑"樊篱,讲学时收录女弟子悉心教育。

明末清初教育家朱舜水服膺王氏"万物一体""天下一家"、人人皆有"良知"、人人都需要"致良知"等遗教,自觉大行有教无类之道。他对被视为"东夷"的日本人一视同仁、以诚相待,对不同贵贱身份和家庭出身的弟子爱之如一、以实相教,于是"水户学者大兴,虽老者白须白发,亦扶杖听讲"(今井弘

---

① 樊浩,田海平.教育伦理[M].南京:南京大学出版社,2000:206.

济·安积觉:《舜水先生行实》)。民国时期的著名教育家、留美博士陶行知放弃高官厚禄,打赤脚穿草鞋全身心地投入乡村教育运动,在更高层次上实践和推行了有教无类的思想。

有教无类,是儒家教育思想体系中平民教育伦理思想的集中体现,彰显了古代朴素的教育公正、民主、平等的伦理精神,对教育的庶民化和中国古代乡村教育发展具有革命性意义。

(二)"庶、富、教",重信尊师

"庶、富、教"是儒家民本教育思想基本要义,也是治理好一个国家协调发展的基本手段和策略,也是人们接受教育自然的实践路径。《论语·颜渊》记载:子贡问政。子曰:"足食,足兵,民信之矣。"子贡曰:"必不得已而去,于斯三者何先?"曰:"去兵。"子贡曰:"必不得已而去,于斯二者何先?"曰:"去食。自古皆有死,民无信不立。"哀公问于有若曰:"年饥,用不足,如之何?"有若对曰:"盍彻乎?"曰:"二,吾犹不足,如之何其彻也?"对曰:"百姓足,君孰与不足?百姓不足,君孰与足?"这里孔子阐释了国家治理中"足食、足兵、信民"和"教化"之间的辩证关系。"足食"即人民物质生活的富足,"足兵"即国家武装力量的强盛,"民信"即普通民众有信心有信任,自觉行礼义。在孔子看来,使民不教,则民不足,民不足则无信,民无信则国不立,国不立则"仁义礼智否矣"。因而,礼乐崩坏、社会道德沦丧与"使民不教"有很大的关系。在《论语·子路》中,孔子明确提出"庶、富、教"次序关系:"子适卫,冉有仆。"子曰:"庶矣哉!"冉有曰:"既庶矣,又何加焉?"曰:"富之。"曰:"既富矣,又何加焉?"曰:"教之。""庶",指人口数量多,"富",指人口充足以后,发展生产,解决民众物质生活富裕问题。"教",指在人民的物质生活得到满足之后,解决精神文化生活的充实问题。这里体现了儒家孔子对人生价值的判断,既不同于墨家过于功利,也不同于道家过于超脱。作为完整意义上的人,不能游离于物质生活之外,但也不能仅仅局限于物质生活的满足。重要的是在此岸生活世界中,追求人之生命境界提升。作为一个处在家族乡里关系中的个人如此,同时作为一个家族放大了的国家也是如此。教育的道德教化恰恰是家国道德仁礼秩序建构的价值之所在。

教育的道德教化,关键在善教之师。孟子以聚徒讲学而著称于世。孟子重视善教的作用,他指出:"善政,不如善教之得民也。善政民畏之,善教民爱之;善政得民财,善教得民心。"荀子对教育的作用给予很高评价,他指出:"不富无以养民情,不教无以理民性,故家五亩宅,百亩田,务其业而勿夺其时,所以富之也；立大学，设庠序，修六礼，明十教，所以道之也。"把这两件事做好，便"王事具矣"。因此，荀子提出天地君亲师之说。荀子特别强调崇师重教。他把君师与天地、先祖并提，称为礼之三本："礼有三本，天地者，生之本也；先祖者，类之本也；君师者，治之本也。"教学伦理方面，特别强调学生学习意志和精神的磨砺与培养。孟子指出："故天将降大任于斯人也，必先苦其心志，劳其筋骨，饿其体肤，空乏其身，行拂乱其所为，所以动心忍性，曾益其所不能。"(《孟子·告子下》)他还说："君子有三乐：父母俱存在，兄弟无故，一乐也；仰不愧于天，俯不怍于人，二乐也；得天下英才而教育之，三乐也。"(《孟子·尽心上》)这些精神为中国几千年来知识分子包括教师甘于清贫、热爱教育、默默奉献致力于为教育事业发展奠定了伦理基础，也成为广大底层平民、乡村子弟刻苦学习、报国为民的精神动力。

（三）"耕读为本"，兴业传家

古代耕读教育是乡村教育与生活天然融合的一种教育方式和生活方式，乡村农耕劳作、家族生活、私塾教育，融为一体成为乡民生活成长的全过程。"耕读相兼"农业耕作与重学育才相兼，形成以耕喻读、耕读相兼，耕读传家乡村教育伦理思想。乡村教育耕读相兼的生活方式自先秦时期既已存在，基于当时社会发展状况，孔子孟子主张耕读士农分工。孔子说："上好礼，则民莫敢不敬；上好义，则民莫敢不服；上好信，则民莫敢不用情。夫如是，则四方之民，襁负其子而至矣，焉用稼？"(《论语·子路第十三》)孟子认为"劳心者治人，劳力者治于人。"作为国君、官吏、君子、文士阶层和从事稼穑农人阶层，各有所长，各有分工。孟子还反对农家学派的许行坚持"贤者与民并耕而食，饔飧而治"，认为"从许子之道"会导致"相率而为伪者也，恶能治国家。"即形式主义，大家一起走向虚伪。此后，经历了漫长的农耕文明历史过程，耕读教育形成的以耕喻读、耕读相兼、耕读传家的耕读精神，将尊重劳动规律、仁爱劳动民众、体验生命意义与修身、齐家、传家相融合，对维系中国传统乡村教育和乡村社会文化发展具有重要价值。

1. 以农为本，以耕喻读

传统农耕社会中以农为本的重农思想自春秋战国时期开始，至秦汉时期基本形成。春秋时期"四民分业定居"思想的形成与发展，使各诸侯国意识到农耕教育的重要性。魏国李悝变法中倡导"尽地力之教"，劝农安民。秦国商鞅认为"令民归心于农"是圣人的治国之要。当时教育崇尚高谈阔论,不够务实,"学者成俗,则民舍农,从事于谈说,高言伪议,舍农游食",这是"贫国弱兵之教也"。国家应当"修赏罚以辅壹教,是以教育有常"(《商君书·农战》)。他认为人性具有"趋利避害"特性,可以充分利用这个人性特点加强赏罚,形成"民之欲利者,非耕不得;避害者,非战不免。境内之民,莫不先务耕战,而后得其所乐。"(《商君书·慎法》)的局面,使重农"耕战"思想化为国家统一行动。《吕氏春秋》认为,统治者应当将"耕""织"作为"本教"。教育民众"敬时爱日,非老不休,非疾不息,非死不舍。"(《吕氏春秋·上农》)授民耕稼"耕之道"和"耕之方",尊重、利用农时,实施"四时之禁",即伐木、戮草、渔猎等活动均不得值动植物繁育之时,充分把握耕作、施肥、密植、保墒等农业生产的基本要求。其《上农》四篇奠定了我国传统乡村教育重视农耕教育的基本思想,对后世的农业教育产生了巨大影响。秦始皇"上农除末,黔首是富",他认为立国以农业为本,造富生民。汉代同样强调农业为国之本。《史记·孝文帝纪》载文帝下诏曰:"农,天下之本","农,天下之本务莫大焉。"汉初皇帝屡屡"亲耕籍田以为农先"(《汉书·董仲舒传》)。汉代思想家扬雄发展了《吕氏春秋》耕道思想,"是以人稼之容足,耨之容耨,据之容手,此之谓耕道"(《吕氏春秋·审时》),在《法言·学行》中提出"耕道而得道,猎德而得德"的观点,耕田与耕书同为一理,只有耕作才会有收获,以"耕"喻"读"的"耕学"开始在士人阶层中流行。

2. 耕读相兼,崇文重道

传统乡村耕读文化某种意义上源起于归隐文化,兼具儒家"退则独善其身"和道家"复得返自然"的特点,是官史文人退隐乡里山林的理想生活和读书方式。如诸葛亮《前出师表》:"臣本布衣,躬耕于南阳,苟全性命于乱世,不求闻达于诸侯。"也有失意的文人常在佛道的出世哲学里寻找精神寄托,陶渊明诗中"孟夏草木长,绕屋树扶疏。众鸟欣有托,吾亦爱吾庐。既耕亦已种,时还读我书"的桃源耕读生活成为许多人的向往。① 此后,乡村社会形成独特的文化教育主体力量——士绅阶层。随着科举制的盛行,他们中许多未能中举的读书人在乡村,伺机再考或教书过耕读相兼生活。耕读相兼,对个体来说,将求学问道、劳动技能提升和修身立德有机统一起来;对乡村社会来说,开化蒙

---

① 吴剑梅,鲍仕才.中国太极星象村古民居壁画[M].南京:河海大学出版社,2019:134.

昧,引领乡村民众和子弟崇文重道,读圣贤书,接受礼教教化,劝化风俗,移风易俗。

3. 耕读传家,兴业传宗

"耕读传家"始于宋代,兴盛于明清,是农耕社会许多家族的祖训,也是传统乡村社会和家族教育的基本特征和价值追求。自宋代开始允许平民以科举入仕,耕读生活逐渐成为乡村教育生活常态,到明清时代,乡村教育官办社学、民办义学和家塾,达到了"无地不设学,无人不纳教"程度。其主要目的是善风俗,行教化,也不都是为了考取科第:"乡间社学以广教化,子弟读书,务在明理,非必令农民子弟人人考取科第也。"(吕坤:《社学要略》)其突出地体现在许多流传久远的家训家书之中,如《颜氏家训》《朱子治家格言》《曾国藩家书》等。耕读传家是家训文化内核。[①] 反复强调"耕""读"的重要性,告诫家人不要离开农业生产之本,不能忘记修学读书、传承圣贤之道。颜之推提出:"古人欲知稼穑之艰难,斯盖贵谷务本之道也。夫食为民天,民非食不生矣,三日不粒,父子不能相存。耕种之,休组之,对获之,载积之,打拂之,簸扬之,凡几涉手,而入仓廪,安可轻农事而贵末业哉?"(《颜氏家训·涉务》)朱柏庐更是希望家人牢记"一粥一饭,当思来之不易。半丝半缕,恒念物力维艰","读书志在圣贤,非徒科第。为官心存君国,岂计身家。"(《朱子治家格言》)如宁波许多家族都把且耕且读作为传家之训,象山黄埠潘氏家族的家规:"耕读以务本业。"象山桑氏家族宗谱中的祖训:"子孙只宜耕读为本,或商贾为事。"龙峰顾氏家族宗谱中的族规:"忠孝勤俭,耕读传家。"陈隘陈氏家族续修的宗谱中有祖训十则,其中一条如下:"训子孙,课子弟当以耕读为重。非耕无以厚生,非读无以明理。既教之耕,耕必勤;既教之读,读必敏。或为工、为贾,各随其才之可用而用之,然终不若耕读为善也。"[②]曾国藩在其家书《治家篇·致四弟》明确提出"宜以耕读为本""凡天下官宦之家,多只一代享用便尽,其子孙始而骄佚,继而流荡,终而沟壑,能延庆一二代者鲜矣……耕读之家,谨朴者能延五六代;孝友之家,则可以绵延十代八代""我今赖祖宗之积累,少年早达,深恐其以一身享用殆尽,故教诸弟及儿辈,但愿其为耕读孝友之家,不愿其为仕宦之家"[③],如此方可家运兴旺长久。

---

① 贺耀敏.中国古代农业文明[M].南京:江苏人民出版社,2018:159.
② 张利民.象山历代家训家风研究[M].宁波:宁波出版社,2016:128.
③ (清)曾国藩.曾国藩家书详注[M].杭州:浙江古籍出版社,2019:93.

家族、族群部落性是传统乡村村落基本特征。家族、族群教化即村落教化是中国传统乡村文化教化的核心。传统村落,聚族群而居、代代血脉延,通过祠堂、牌楼、学堂、碑刻、族谱、家训、家书等村落文化特色载体,使民族文化得以绵延生长、繁衍和传承。耕读教育体现出来的家庭教养、学校教育和村落教化融贯一体,促进中国传统乡村形成了一个教育和文化共同体。

第二节 近代民国乡村教育伦理思想

鸦片战争后,西式教育制度逐渐传入我国,古代乡村教育遭受巨大冲击,并逐步瓦解或向近代西方教育形式转化。1901年清政府开始实行"新政",1902年颁布《钦定学堂章程》,这是我国第一个具有近代资本主义教育性质的学制;1903年又颁布《奏定学堂章程》,规定每四百户人家设立一所初等小学校,同时,在全国开始实行四年制的强制教育。这两个章程是我国古代乡村教育向近代乡村教育过渡的重要标志。因西方资本和市场对自然经济的冲击,科举废除和新式教育兴起等,带来了文化上的巨大冲击。一些乡村思想开明、生活富足的乡绅开始接受女儿上学、男女平等的思想。随着家族文化变迁,传统乡村人的"读书做官""做人上人"观念被从商、学艺等观念所替代,乡间耕读传统开始出现断裂。1920年,余家菊在《中华教育界》发表《乡村教育的危机》引发了当时教育界对乡村教育问题日渐深入的关注。[①] 从20世纪20年代至30年代在中国兴起并波及很广的思潮,旨在从教育农民着手以改进乡村生活和推进乡村建设。陶行知、晏阳初、梁漱溟、黄炎培、余家菊、余庆棠等学者纷纷到广大乡村开展田野调查,开展乡村建设和乡村教育运动。一是以梁漱溟的乡村建设理论为思想核心的山东邹平乡村建设派;二是以晏阳初的平民教育思想为主要内容的定县平教派;三是奉陶行知的生活教育理论为基础的乡村生活改造派;四是从以往职业教育、民众教育等思想深化扩展而形成的职教社和江苏省立教育学院。[②] 对乡村教育问题展开激烈讨论,并在广大乡村开展教育实验。其乡村教育伦理意义上的改良主义,并终因抗日战争的爆发和国

[①] 叶哲铭.底层视野现代学校教育与乡村民众生活[M].杭州:浙江大学出版社,2010:7.
[②] 吴星云.乡村建设思潮与民国社会改造[M].天津:南开大学出版社,2013:122.

内政局的动荡不堪而走向沉寂,但他们对中国乡村教育的现代化问题的伦理思考和行动实践,形成了乡村教育第一次主体自觉,在中国教育近代化历史上留下了宝贵的历史经验和重要的启示意义。

一、梁漱溟乡村教育伦理思想

梁漱溟是现代新儒家创始人,其乡村教育理论主张既立足于本土的传统文化资源(主要是儒家传统思想),又借鉴西方的先进文化,理论探索与乡村教育运动相结合。他所倡导的"新教育运动"即"乡村建设运动""以教统政,政教合一",村学、乡学为政治、经济、教化三者合一,以一乡一村的全体民众为教育对象,试图重建社会新礼俗制度,以教育促进中国社会的改良,实现地方自治,由乡村带动城市,解决"文化失调"和"社会结构崩溃"问题症结,最终达到整个中国文化的复兴和发展。

(一)以伦理情谊精神建设为本位

梁漱溟认为,中国社会是区分西方"个人本位"的"伦理本位"的社会。伦理本位指的是以伦理关系组织社会。伦理思想规定了传统中国的社会制度模式。而所谓伦理关系,实际上就是人与人相互之间的情谊关系与义务关系。中国的伦理始于家庭伦理关系,并扩充到一般的社会伦理关系中,即家庭伦理的社会化。而传统的家庭伦理精神,实质上就是儒家关于社会伦理阐述的具体体现。伦理情谊精神在中国有着极其深厚的历史渊源。在国家管理方面,主要依赖道德规范制度,指为了维护宗族观念而设立的道德准则,如忠君爱国、事亲尽孝、夫和而义、妻柔而正等。以伦理教育促进文化改造,促进中西文化的结合,以教育去解决社会问题。如"以中国固有精神为主吸收西洋人的长处""仿佛是在父子、君臣、夫妇、朋友、兄弟这五伦之外,又添了团体对份子、份子对团体一伦而已"[①]。乡村教育运动,不仅仅局限乡村学校的教育革新而是整体乡村的教育变革。因此,教育即乡村建设,民众教育或社会教育即乡村建设。乡村为中国文化有形的根,是中国伦理文化的守身之地。乡村建设和乡村教育,不是解救乡村,而是扎根中国文化的伦理创新,意在整个中国的建设。

---

① 梁漱溟.梁漱溟全集(第二卷)[M].济南:山东人民出版社,1990:308.

(二)依靠教育改造礼俗制度

中国地方依靠礼俗自治。梁漱溟认为西方的地方自治靠法律,是在拥有国家权力的基础上建立起来的,而中国的地方乡村自治严格来说不能称为地方自治。因为地方自治是出于国家的许可,而当时的中国处于内忧外患的状态,各地乡村的职能是自己武装自卫,所以乡村自治不是从国家法律系统演变下来的,而是自下而上生长的。维护中国的地方自治秩序不能照搬照抄西方的地方自治制度,而应该根据中国本土的特征制定新的地方自治制度。梁漱溟认为,建设新的礼俗系统,培养新的政治习惯,必须从乡村入手,即从中国旧文化里转变出一个新文化来。乡村是中国地方自治开展的最佳途径。应建立从乡村到城市的模式,形成一个大的社会网络,使中国文化发扬光大。这是一种理想的道德主义关怀,勾画了一个从乡村到城市的文化复兴之路。

礼俗制度需依靠教育改造。梁漱溟认为中国社会是乡村社会,办教育天然地要转到农村;正面解决社会问题的乡村建设者,方法的探求,也一定要归到教育,而"此教育即乡村建设"。"中国的教育制度,无论小学教育、民众教育、职业教育、中等教育,乃至学术研究的大学教育,都须造端于乡村而生长起来,成为中国的一整套。"[①]无论政治、经济和教育制度,都须从乡村中逐渐培养、发展和充实起来。乡村破坏源自风俗习惯的改变。他强调使乡下人精神破产,是"乡村破坏"的主要成因。而中国绝大多数人都住在乡村,乡下人的精神破产,就意味着整个中国民族精神破产。乡约即儒家的礼乐教化方式。梁漱溟并非照搬诸如吕氏的乡约"师法古人",而是用现代精神对其内容和形式做了改造。对乡约的"补充改造"主要有两点:"一为由消极转为积极,二为由重个人改为重社会。"[②]例如乡约中的"德业相劝,过失相规",原先只偏重个人之德业、过失,而经过改造后的乡约是"从社会方面看,不单看个人向上,也要看社会向上";在德业相劝里面,梁漱溟把风俗改良加了进去,理由是"现代的中国,已失去了社会判断的标准,许多恶风陋俗趁势滋长"。提倡良风美俗尤为重要,移风易俗工作成为村学乡学教学内容的重要组成部分。

[①] 梁漱溟.梁漱溟全集(第二卷)[M].济南:山东人民出版社,1990:423.
[②] 黄书光.文化差异与价值整合百年中国基础教育改革进程中的思想激荡[M].北京:教育科学出版社,2011:154.

（三）以合作哲学办"合作教育"

梁漱溟认为，农民是乡村建设的主体，"中国经济建设的下手处就是组织农民"，乡村经济重构就是让"散漫的农民，经知识分子领导，逐渐联合起来为经济上的自卫与自立；同时从农业引发工业，完成大社会的自给自足，建立社会化的新经济构造"①。以此构建一个区别于西方的具有中国特色的大社会，避免走资本主义自由竞争之路。一是以人为主体的社会，是人支配物而非物支配人。西方资本主义社会以"钱"为本，让"钱"膨大起来驱使人，人转而渺小。二是个人和团体协调的社会。"新社会是伦理本位合作组织而不落于个人本位或社会本位的两极端。伦理就是确认相关系之理，互以对方为重，团体与份子之间得一均衡。"②三是结构协同发展的社会。农业工业结合为均宜的发展。引进科学技术，发挥人的智力，驾驭自然，利用自然，控制自然。政治、经济、教育三者是合一而不相离的。四是理性秩序的社会。社会秩序的维持，靠人们的自觉自励和互相敦勉，即是靠理性而不靠武力。

奉行合作哲学，发展合作教育。"合作的根本，即在情谊相通；情谊相通，必彼此互以对方为重；唯有情谊才可促进人类的好生活。"③多作教育功夫，让人"明人生而敦伦理"，去促进理想社会的实现。"此时教育必站在社会的第一位，以学术指导社会的一切"，"辟造正常形态的人类文明"④。要奉行合作哲学，以教育代替暴力、竞争，化解西方资本主义个人本位、金钱支配一切的功利主义毒害。要农民接受合作教育，避免走资本主义自由竞争之路。要求农民不去"贪图近利"，"不是功利派"，而是要使农民"引发种自然活泼之温情"，"养成一种纵容不迫的神气"，产生一种"艺术味道的人生"⑤。

（四）政教合一造就向上人格

梁漱溟认为"人生最大事情，即是创造自己""社会应帮助人去创造自己，形成一个教育的环境，启发并鼓励个人的前进"⑥。中国自从废科举兴学校以

---

① 梁漱溟.梁漱溟全集(第二卷)[M].济南：山东人民出版社，1990：547,495.
② 梁漱溟.梁漱溟全集(第二卷)[M].济南：山东人民出版社，1990：561.
③ 梁漱溟.梁漱溟全集(第二卷)[M].济南：山东人民出版社，1990：73.
④ 梁漱溟.梁漱溟全集(第二卷)[M].济南：山东人民出版社，1990：560,565.
⑤ 梁漱溟.梁漱溟全集(第二卷)[M].济南：山东人民出版社，1990：315.
⑥ 梁漱溟.梁漱溟全集(第五卷)[M].济南：山东人民出版社，2005：673.

来，人们普遍讲求实用，注重职业技能。梁漱溟认为，职业技能是工具，工具靠人运用，只注重从工具入手而忽略运用工具的人的精神状态是不行的，所以最要紧的还必须从人生问题上启发指点，使之有合理的人生态度，奋勉向前，才能担负起时代的责任，才能有伟大的创造，开辟民族历史的新局面。"中国教育除非无办法则已，如其有办法，必自人生行宜教育之重提，而后其他一切知识技能教育乃得著功；抑必将始终以人生行宜教育为基点而发达其他知识技能教育焉。"①梁漱溟使乡农学校成为一个集教育、政治、自卫训练等功能于一身的"政教合一"的集合体。梁漱溟主张"政教合一"。他认为，"中国问题之解决，其发动主动以至于完成，全在其社会中知识分子与乡村居民打并一起，所构成之一力量"②。"所谓政教合一就是把人心向上这件事情亦由团体来帮助，使人的生命往往更智慧更道德更善良。换言之，把帮助人生向上这件事情亦由团体来作，这就叫作政教合一。"③在他的乡学村学的教学内容中，关乎人生行谊的教育比有关科学技能的教育更受青睐。其中"精神陶炼"有三方面：合理的人生态度与修养方法的指点，人生实际问题的讨论，中国历史文化的分析。民族精神涵养、人生态度和个人修养能较好统一起来。梁漱溟乡村建设的目的就是要改造旧文化，创造新文化，即培养中国人的一种个体生命与社会生命的贯穿的新的人生态度，实质上就是造就"自爱爱人、自新新民""向上发展"人格。

案例与讨论

19世纪末，也就是在教育现代化启动将近40年后，在中国版图上最广大的农村地区，在中国人口中占大多数的乡村民众仍不知现代教育为何物。进入20世纪之后，现代教育才借政府之力向广大乡村推进。与新式教育在城市中迅速站稳脚跟形成鲜明对比的是，乡村教育现代化的努力遇到了顽固的抵制，步履维艰，发展缓慢。20世纪二三十年代，教育冲突在广大乡村地区依然十分常见。1924年，舒新城在湖南、安徽等地乡村看到，农民们宁愿花费大量的钱财用于迎神赛会等活动而不愿捐款给学校，教会学校可以轻而易举地筹

---

① 袁阳.浪漫的补天者——梁漱溟心路历程寻迹[M].成都：四川文艺出版社，1999：61.
② 梁漱溟.梁漱溟全集（第一卷）[M].济南：山东人民出版社，2005：450.
③ 梁漱溟.梁漱溟全集（第一卷）[M].济南：山东人民出版社，2005：375.

集到大量教育经费,却很少有人愿意捐款给当地乡村的新式学校。由此他得出结论:乡村教育经费匮乏不尽是经济问题,也不在于政府引导不力、管理不善,而在于它"不能引起一般人的信仰",在于乡间民众对新式教育缺乏认同。

——吕达、刘立德:《舒新城教育论著选(上)》,人民教育出版社,2004年。

讨论:联系上述材料,梁漱溟基于文化决定论的"伦理本位"论断是否适合中国当时的社会情况?提出的"邹平方案",意图以乡农学校建设为核心,在文化上重建中国的实践为何不可行?

二、晏阳初乡村教育伦理思想

晏阳初基于传统民本思想,借鉴西方杜威教育实用主义的生活教育理念,倡导文艺教育、生计教育、卫生教育和公民教育"四大教育"的平民教育运动,主张教育救国。"民为邦本,本固邦宁。"晏阳初认为国家的基础和根本是人民,本不固则邦不宁。要建国,先要建民;要强国,先要强民;要富国,先要富民。他接续梁启超培养"新民"理论,在其从事平民教育的生涯中一直以"除文盲、做新民"为宗旨,培养智识力、生产力、强健力和团结力"四力"新型农民,试图改变国人的愚贫弱私,振奋乡村民众的精神,达到"民族再造"。

(一) 平民民生的伦理关怀

传统儒家民本思想是中国古代政治文化的反映。统治者提出"民本"旨在推行"德治"与"仁政",追求的理想是"修齐治平"的统治秩序。晏阳初的民本思想是建立在对民情民意有着深切的关心与同情基础上的。他信奉儒家的"仁"与基督的"爱",一生都关注着百姓平民的日常生活。既没有旧知识分子的清高,也没有新知识分子身上的骄矜。谴责那些自命为知识阶级者"动辄以为农民愚,农民穷。"他责问:"试问哪个知道农民穷到如何程度,一天吃两顿饭吗?还是两天吃一顿饭?所吃又是些什么?哪个又知道愚到如何程度,以及愚的所以然?"[①]他提出了"发展生计,增裕民生"的主张,认为解决平民生活的穷困,需要推行生计教育。以生计教育治"贫"。一是普及农业科学,运用简单化实用化的方法,以增加生产。二是组织经济合作以改善农村经济组织,

---

① 宋恩荣.晏阳初全集(第一卷)[M].天津:天津教育出版社,2013:222.

以期解决农民的借贷、购买、运销等问题。三是运用本地的原料与工人开办农村工艺业增进民众生产力。这是农村建设中与文字教育、卫生教育、公民教育相辅相成的一项基本建设。前三种教育分别解决民智、民健、民德,生计教育则在解决民生,养成自立的国民。

(二) 平民教育的权利与机会平等

平民,晏阳初界定为"占全国人民大多数的民众"。晏阳初认为,平民中蕴藏着无限的伟力。问题的关键在于缺少"机会"。这种"机会",表现为"教育权的有无"。"无教"即没有受教育的机会,也即"没有教育权"。因为不能受教育,甚至不能受到最低限度的认识本国最简单、最常用文字的教育,所以平民的"脑矿"从来没有被开发过。1922年12月,晏阳初在《新教育》杂志上发表《平民教育新运动》一文,首次提出平民与平民教育。

平民教育就是为全体平民权利平等的教育。"人的人格本来平等,原无上下高低之分。因为社会制度不良,一部分的人得有受教育的机会,一部分的人没有受教育的机会,于是各人的学问、德行显出不同,而人格的上下高低亦即由是而判别。吾人在社会组织未经改良之前,唯有努力于教育机会的平等,使人人所蕴蓄的无限能力都有发展的机会。"[1] "平等"就是"生而平等"之意思。但在更多的情况下,他所指的"平民",却又分明是政治上受压迫、经济上受剥削、文化上受愚弄的生活在社会底层的所谓"下流"的底层阶级。在人格上也无高低贵贱之分,他们应有平等的权利,平等的待遇,平等的机会。根据当时中华教育改进社的统计资料,全国有八千万学龄儿童,只有七百万就学,且大多是富家子弟。此外还有一亿多青壮年,他们都已超过入学年龄,但都不识学或识字不多。平民教育就是对十二岁以上不识字及识字而缺乏常识的全国男女所施的教育。[2]

平民教育就是为全体平民寻求机会平等的教育,是保障平民发展的起点公平。"必须同情怜悯受苦难的农民。时时提醒为平民教育工作的人们:用你的学术上的头脑;用你的两眼,为平等和公正而张望;用你的同情怜悯的心去为受苦难的人去奋斗。农民不缺乏智慧,只是历代传统不给他们读书机会。

---

[1] 宋恩荣.晏阳初文集[M].北京:教育科学出版社,1989:25.
[2] 宋恩荣.晏阳初文集[M].北京:教育科学出版社,1989:25-26.

因此，平民教育运动就是为全国人民教育机会平等。"①"平民"，在晏阳初的思想里，"他是包括了人民的各类型。我们可以说都是平民，就是那自命为达官贵人，也不能不承认他是平民种！"②

平民教育就是为全体平民寻求平等发展机会的教育。平等必须建立在人的教育程度之上。他曾解释，"平民"的"平"，就是从底层民众的身上蕴藏着的无限"伟力"。当人人拥有平等的教育机会，社会人员的身份才可发生变化，社会阶层才可正常流动。晏阳初认为，中华大国，读书人以"上流"自居，不屑于平民，而没有读书的人又自认为是"下流"人，但是，中国绝大多数人都是没有读书的平民，中国在不知不觉中变成了一个"下流"的国家。因此，中国要"上流"，要站在世界的前头，只有靠教育，下死功夫去研究平民教育，使全体平民都有受教育的机会。他认为，中国虽号称四亿，其得受教育机会的不过八千万人，中国不是没有人才，而是民众的"脑矿"未开，有许多"哲人""智士""豪杰"和其他有用的人，都埋没在不识字的人脑海中了。③ 只有人人有平等的发展机会，才能提升国家的竞争力。平民教育运动的使命，在于"作新民"，乃是一种"造人"工程，将四万万生物学上的"自然人"，造就成社会学意义上的"健全国民"。

（三）平民教育者人格的高尚要求

平民教育的旨归是一场深刻的道德运动。从平民教育运动产生的原动力角度来说，平教工作者具有以下两个方面的道德人格最为重要：首先要对农民有同情心。"技术固然重要，对农民怀有同情心这一点也很重要，如果你们缺乏高尚的道德情操，那么，在你们开始之前就已注定要失败。国际乡村改造学院只希望具有高尚道德情操和技能的人加入其中，因为只有这种男人和女人才能拯救自己的祖国。"④其次，对平民教育事业的奉献精神。要求工作者不做索取者，不去统治，而只要奉献和服务。晏阳初要求投入平民教育运动的成员，尤其是乡村建设运动的领导者，能严格要求自己，使自己成为具有高尚道德的人。自己的言行举止"像是加入了某一宗教队伍"。平民教育不仅仅是一场科学运动、一场社会运动、一场教育运动，而首先是一场道德运动。不管一

---

① 吴相湘.晏阳初传——为全球乡村改造奋斗六十年[M].长沙:岳麓书社,2001:79.
② 晏阳初.晏阳初全集(第二卷)[M].长沙:湖南教育出版社,1992:307.
③ 晏阳初.晏阳初全集(第一卷)[M].长沙:湖南教育出版社,1992:127-128.
④ 晏阳初.晏阳初全集(第二卷)[M].长沙:湖南教育出版社,1992:394.

个男人或女人在自己所专长的方面如何伟大,但是,如果他或她是一个道德败坏的人,那么,这一运动对他或她毫无用处。同样一个人做生意时可能很成功,甚至能成为一个明智的政治家,但是,如果他缺乏高尚的道德情操,那么,他绝不可能成为一个成功的、有所作为的、强有力的乡村改造运动的骑士。①

投身平民教育运动的成员,其道德情操的影响起着支配作用。投身平民教育运动的领导者,他们必须要有运动群众、运动整个社会的"技能",他们必须"自愿深入到群众中去"。作为伟大革命者、乡村建设者,"他们不仅仅是具有某种技能的人,不仅仅是具有爱国主义精神的人,也不仅仅是对农民怀有同情心的人",他们还必须是"具有高尚道德情操的人"。他说:"我们不办教育则已,要办就要有责任心。我们常说:人类有一种东西绝对不能打折扣,是什么东西呢?那就是人格!"②晏阳初认为从事平民教育运动的工作者,必须比其他行业的人有更高的道德修养,如果没有比其他行业更高的道德修养,在其他行业可能可以成功,但是从事平民教育运动那绝不可能成功。一个没有高尚道德人格的人,在平民教育运动中是不可能实现自己的人生价值的。

正是乡村教育运动本身具有的伦理性及其感召力。平民教育运动者,在技能、道德各方面获得乡间诚朴老百姓的支持、理解和敬重,使得这场运动不仅是一种乡村经济的改良工作,更是一场民族文化的复兴运动。但是,由于他们只着重从文化角度分析中国贫弱的病根,没有抓住社会问题的症结所在,企图通过"和平改造"的改良主义道路,很难获得成功。

三、陶行知乡村教育伦理思想

陶行知立足中国乡土实际,以"生活即教育"的理念推进乡村教育改革。对处于内忧外患、民族救亡紧急关头的中国来说,强调教育工作者的伦理担当来解决社会和国家发展面临的具体问题。他提出乡村教育伦理使命,力促平民教育,建设活的乡村教育;教学伦理上,改革乡村教育课程,提倡师生平等,教学做合一,培养"真人";教师师德方面,提出乡村好教师三方面素养要求。防止教育脱离社会而陷于空谈,改进国家经济破落状况,以增进国家之生产力,改善人民之生计。"捧着一颗心来,不带半根草去"是"人民教育家"陶行知

---

① 晏阳初.晏阳初全集(第二卷)[M].天津:天津教育出版社,2013:391-392.
② 晏阳初.晏阳初全集(第二卷)[M].长沙:湖南教育出版社,1992:405.

教育伦理知行合一的真实写照。

（一）活的乡村教育教人化人

针对20世纪初期中国乡村教育问题，陶行知指出："中国乡村教育走错了路！它教人离开乡下向城里跑，它教人吃饭不种稻，穿衣不种棉，做房子不造林；它教人羡慕奢华，看不起务农；它教人分利不生利；它教农夫子弟变成书呆子；它教富的变穷，穷的变得格外穷；他教强的变弱，弱的变得格外弱。"[1]他认为中国乡村教育的落后，不仅表现为规模小，数量少，而且还严重脱离乡村社会实际，根本来说以城市为价值取向。乡村教育之所以没有实效，是因为乡村教育与乡村农业生产生活都是各干各的。教育没有生产生活便成为空洞的教育，分利的教育，消耗的教育。生产生活没有教育，就失去了促进的媒介。只有与农业生产相结合的教育才是活的乡村教育。"活的乡村教育要教人生利，他要叫荒山成林，叫瘠地长五谷，他要教农民自立、自治、自卫，他要叫乡村变成西天乐园，村民变成快乐的活神仙。"[2]为了实现这一目标，他强调生长在乡村的孩子一定要从乡村生活中吸取营养，要通过乡村教育了解农业生产，掌握现代农业科学技术。"从乡村实际生活产生活的中心学校；从活的中心学校产生活的乡村师范；从活的乡村师范产生活的教师，从活的教师产生活的学生、活的国民。活的乡村教育要有活的乡村教师。"[3]

乡村教育的目的是教人化人。社会改造要从改造人入手，"教育是教人化人"。这要求从人改造出发，完成改造社会的目的。"社会是个人结合所成的。改造了个人便改造了社会。"[4]他把教育比作火，火到的地方，必使这地方感受他的热。教育又好比是冰，冰到的地方，必使这地方感受他的冷，冷到极点，便要结冰。教育有力量可以使人"冷到心头冰到魂"。教育教人化人，化人者也为人所化。教育总是互相感化、互相改造的。改造了个人便改造了社会，改造了社会便也改造了个人。在教师的手里操着幼年人的命运，便操着民族和人类的命运。陶行知既坚持以教育改造社会、建设新社会的理想与志向，又能扎实推进教育实践变革；不但用教育理论解释世界，而且致力于对世界的改造。

教育的对象必然是面向人民。他提出了"普及教育""教育为公""机会均

---

[1] 中国陶行知研究会.陶行知教育思想理论和实践[M].合肥：安徽教育出版社，1991：123.
[2] 陶行知.中国教育的觉醒[M].北京：群言出版社，2013：138.
[3] 陶行知.中国教育的觉醒[M].北京：群言出版社，2013：137.
[4] 周洪宇.陶行知教育名论精要教师读本[M].福州：福建教育出版社，2016：104.

等""有教无类"等一系列教育主张。在陶行知看来,实现教育领域中的平等的关键方式在于实施能够为每一个人制造均等的"教育机会"的普及教育,而不应该以这个人的年龄大小、财富大小、政治派别、家庭背景来加以区分。这样,"教育为公"才能够得到真正落实。为了实现"教育机会"的均等,陶行知大力推行平民教育、发动乡村教育和成人教育。他认为平民教育是中国的希望,主张把平民教育转入军队里,善堂里,工厂里,监牢里,尼姑庵里,济民所里。他主张办好乡村教育,通过乡村教育,为三万万四千万农民服务。为此,还创办了乡村工学团。采用做工、学科学的团体教育方法,工学团的主体,都是靠自己种地吃饭的真农人。

陶行知毕生从事乡村教育,充分利用乡村活的教学环境来普及大众教育,培养新型的农民。在"活的教育"的演讲中谈道:"我现在再讲活的教育要些什么材料。这材料也可以分做三段说:一、要用活的人去教活的人。二、拿活的东西去教活的学生。三、拿活的书籍去教小孩子。"①他提倡科学教育其根本目的在于培养学生的主体能力和理智性,而理智性必须通过科学的训练才能逐步形成。在此基础上,才能进一步培养出具有创新精神和善于改造乡村社会的人,最终达到改变整体国民素质的目标。

(二) 生活课程培养"真人"

乡村教育的课程伦理,要求教师教学过程履行运用生活化课程,以生为本、立足学生发展的伦理责任。陶行知极力反对脱离实际的旧教育,指出旧教育的通病,就是拿从前所学的东西抄袭过来传给学生,这些东西就像滥发的假钞票,都是不值钱的"伪知识",把人也变成了书呆子。他认为,教育是生活的反映,生活与生活摩擦就会起教育的作用。因此,课程教学内容必须以现实生活为内容,在生活里找教育是活教育,脱离生活的教育是死教育,要造就学生完美的人格,即真人。"千学万学学做真人"是"人中人",而非传统意义骑在老百姓头上作威作福的"人上人",也不是失去自尊心和自信心而甘受奴役的"人下人"。

乡村学校的课程内容应当和乡村生活相关联。课程内容要和农业生产"携手"。要培养学生热爱农村的情感,造就他们改造乡村的创造能力,使乡村教育改造社会的功能体现出来。陶行知认为大众教育是要教大众以生活为课程。他制定了中国大众教育的纲领,具体阐述了大众教育的原理、方法、性质、

---

① 陶行知.陶行知全集(第一卷)[M].成都:四川教育出版社,1991:408-410.

学校形式等问题，以非常时期的有计划有组织的生活做他们非常时期的有计划有组织的课程。还大力提倡科学教育，培养学生的创造能力，造就科学的儿童与科学的民众，使中华民族成为科学的民族，以适应于科学的世界。因此，他主张对学生进行科学教育是他乡村教育内容中的一个重要方面。这是他在对旧教育的批判中萌发出来的，他认为要改造旧教育，提倡新教育，就必须反对保守与模仿，提倡发明与创造。陶行知率先把"科学教育，创造教育"引入学校教育。儿童教育，应该担负科学教育的责任。高深的科学，固然很难研究，但是浅显的科学，我们日常玩着的，人人都会做。我们用科学的教育训练小孩子，譬如叫小孩子爬树。你教人爬树，如果从小教起，到了长大，便会爬到树顶。如果教成年人学爬树，势必爬到皮破血流，非特长爬不到顶，并且于他的手足伤害甚多。所以我们必先造就了科学的小孩子，方才有科学的中国。他还提出了小先生制，号召全国的小学生都做小先生，把知识传给广大民众。

乡村教育的教学方法，活的方法就是教学做合一。教学做合一是实施创造教育的基本方法。教学方法的传统、落后使学习变成了枯燥无味，学生成了封闭在学校的笼中鸟。活的乡村教育要用活环境，不用死的书本。他要运用环境里的活势力，去发展学生的活本领——征服自然改造社会的活本领[①]。晓庄办学时期，他就注重对学生科学思想和创造能力的培养。他组织学生成立了科学社、生物馆、卫生馆、农艺馆、艺术馆等，还特别重视与农业密切相关的生物科。在改造社会方面，他主张与农学院合作，以谋本乡农林之改进。乡村学校应当做改造乡村生活的中心。

（三）好的乡村教师应具备"四有"素养

陶行知在《中国乡村教育运动之一斑》中指出："学校既是乡村的中心，教师便是学校和乡村的灵魂。"在《教育者之机会与责任》一文中就说："教育者应当知道教育是无名无利且没有尊荣的事。教育者所得的机会，纯系服务的机会，贡献的机会，而无丝毫尊荣之可言"[②]，"好的乡村教师，第一，有农夫的身手，第二，有科学的头脑，第三，有改造社会的精神。"后来在《改革乡村教育案》中，又增加了"有艺术的兴趣"[③]。要做到农民能干的事他们都能干，这样可以

[①] 陶行知.陶行知全集(第一卷)[M].成都：四川教育出版社,1991:101.
[②] 陶行知.陶行知选集(第一卷)[M].北京：教育科学出版社,2011:78.
[③] 陶行知.陶行知全集(第二卷)[M].成都：四川教育出版社,1991:336.

了解农民的疾苦,容易和农民亲近,和农民交朋友;要虚心好学,对一切科学上的新发明,尤其是有关农业上的科学发明,充满着浓厚的兴趣,并力图将这些科学知识介绍给农民;要通过培养新型的乡村建设者,使贫穷落后的乡村变成幸福的乐园,使全体村民都能安居乐业。在乡村中大办师范学校,运用乡村的环境,训练乡村教师,使他们具备培养乡村建设者的能力,从而担负起改造乡村、建设乡村的重任。

乡村教师要到乡村环境中加以培养。1926年,他在《师范教育下乡运动》一文中说:"乡村师范学校负有训练乡村老师、改造乡村生活的使命。师范学校在乡村里设分校,在乡村的环境里训练乡村师资,已经是朝着正当的方向进行了。我们的第二步办法,就是要充分运用乡村环境来做这种训练的工夫。我们要想每一个乡村师范毕业生将来能负改造一个乡村之责任,就须当他未毕业之前教他运用各种学识去作改造乡村之实习。"[①]乡村教师应学会虚心、宽容,与学生共甘苦,跟民众学习,跟小孩子学习。

师生关系要形成生命情感伦理关系。教师必须把自己的生命放在学生的生命里,把学生的生命放在大众的生命里,才算尽到了自己的天职。办乡村师范学校时,陶行知曾具体阐述了这种新型的师生伦理关系。教师不称教员,都称指导员。他们指导学生教学做,与学生共教、共学共做、共生活。他们一起开荒种地,共同建造茅屋。从院长起以至学生,谁不造成茅屋,谁就永久住在帐篷里。师生共生活、共甘苦是最好的教育。因为师生有共甘苦的生活,就能渐渐发生相亲相爱的关系,消除人与人的隔阂,大家共同建筑道德"人格长城"。

案例与讨论

20世纪上半叶,国内先进知识分子在反思中国现代化道路时逐渐意识到,改变中国必须要改变国人的观念,这就需要首先从占中国绝大多数人口的乡村做起。以梁漱溟、晏阳初、陶行知为代表的知识分子走进乡村,通过农民运动、乡村建设、乡村教育等方式,对乡村社会伦理关系和农民道德观念进行理论探究和实践改造。总体上看,他们都倾向于通过道德改良的方式来推动乡村社会的发展。与这种改良性质的乡村建设不同,以李大钊、毛泽东为代表的早期中国共产党人在以马克思主义理论指导中国革命的进程中,深入农村进

[①] 陶行知.陶行知全集(第二卷)[M].成都:四川教育出版社,1991:296.

行调查,号召广大农民团结起来进行革命。中国共产党在革命根据地开展了以土地改革为核心、具有革命性质的乡村建设运动,并开创了农村包围城市的中国革命道路。

——王露璐:《中国式现代化进程中的乡村振兴与伦理重建》,《中国社会科学》2021年12期。

讨论:20世纪初,中国知识分子乡村改造两条路径和目的如何?为何最终融入新民主主义教育之中?对于今日的乡村教育和伦理建设有何启示?

第三节 早期共产党人乡村教育伦理思想

中国共产党是近代乡村教育发展的重要推动者。随着马克思列宁主义在中国的传播,知识阶层中的先进人士迅速转变为早期的马克思主义者。中国共产党领导的乡村教育,发端于革命根据地教育。党的创始人之一李大钊很早就意识到乡村教育的重要性。1919年他在《晨报》上发表《青年与农村》一文,指出中国是一个农业国,大多数的劳动者都是农民,他号召青年知识分子去开发农村,"把现代的新光明,从根底输入到社会里面"[1]。1921年沈玄庐在浙江萧山地区开展农民运动的过程中,创办衙前农村小学,通过农民学文化的过程,传播革命思想。彭湃领导广东省海丰地区农民运动时,成立海丰总农会,制定的章程纲领明确要进行农民教育,要"图农民生活之改造,图农业之发展,图农民之自治,图农民教育之普及"[2],创办了十余所农民学校,不仅教农民识字、写字,还进行革命教育。在农村开展扫盲教育、职业教育、干部教育、社会教育,并开始对根据地旧私塾进行改革,使其成为国家小学的重要组成部分,为新中国建立后乡村教育的改造与现代乡村教育的生成开辟了道路。

一、早期共产党人乡村教育伦理思想基本特点

马克思主义认为,教育与阶级关系问题是一个根本问题。什么人有权到

---

[1] 李大钊.李大钊选集[M].北京:人民出版社,1959:146.
[2] 李春涛.海丰农民运动及其指导者彭湃[J].晨光,1924,2(1):6.

学校去读书,学校为什么人服务。马克思指出,只要社会阶级继续存在,就永远也不会有什么"普遍的义务教育"或"免费教育"。教育政策和实施总是要有利于这一个阶级或另一个阶级。① 1919年,五四运动的爆发标志着以李大钊、陈独秀为代表的先进知识分子开始高举马克思列宁主义旗帜,探寻共产主义思想指导下科学的、大众的、民族的教育,中国教育也由此进入了新民主主义教育时代。教育不再是封建地主阶级、资产阶级或特权阶级的专属物,普通民众尤其是农民群体开始享有真实的受教育权。1921年,中国共产党在上海召开第一次全国代表大会,这标志着中国共产党的成立。从此,中国共产党肩负起救亡图存、振兴中华的使命,广大劳动人民千百年来普遍接受教育的权利公正也逐步成为现实。

(一)坚持乡村教育目的的人民性

早期中国共产党知识分子,接受了马克思列宁主义的历史唯物论,在思考和探索中国革命道路和前途过程中,开始认识到广大工农群众在中国历史发展过程中的巨大作用,逐渐形成了马克思主义新的平民教育伦理观。李大钊、陈独秀等人以马克思主义伦理思想作为诊断教育问题的武器,从历史发展宏观视野分析中国教育与政治、经济的关系以及教育改革的方向等问题,提出只有推翻封建专制和帝国主义殖民的政治经济制度,教育权才有可能真正回归到劳苦大众手中,中国的平民教育问题才能得到真正解决。这是与改良主义知识分子的平民教育观区分的根本点之所在。如毛泽东、梁漱溟都认识到,中国是一个农业大国,农村人口占到80%,其中文盲又占很大比重。农民没有文化会影响经济发展,阻碍社会进步。乡村教育运动各流派的教育思想无不注重乡村教育和乡村社会的进步。他们认为如果中国占总人口80%以上的一个个乡村都进步了,中国无疑就进步了。因此,他们不约而同地选择了乡村教育。他们也最为关心广大农民能否享有文化教育的权利。所以,在教育活动中,努力推行普及农村教育。梁漱溟同样反对把教育看成是少数人的权利。他认为,人人享有受教育的权利。但根本分歧在于所属阶级不同。毛泽东认为教育有阶级性,而梁漱溟认为中国农村无阶级对立,教育更不具有阶级性;毛泽东主张用"革命"手段改造旧中国,而梁漱溟则希望通过改良的方法,实行乡村教育"政教合一"来解决农民的贫困问题。中国共产党人则从历史唯物主

---

① [美]约翰·霍金斯.毛泽东教育思想研究[M].宋伯生,邢锡范,译.北京:职工教育出版社,1990:6.

义出发,明确提出教育为工农劳苦大众服务的人民性教育目的。

(二)激发乡村教育的农民主体性

改良派知识分子平民教育运动,都认识到乡村教育对农民知识文化的社会教育、成人教育的重要性,但他们没有从根本上认识到教育和政治、经济的关系,孤立地把教育作为改造社会的根本途径。1935年10月25日,梁漱溟在山东乡村建设研究院作了题为《我们的两大难处》的讲演,指出了乡村教育无法解决的矛盾:一是"高谈社会改造而依附政权",二是"号称乡村运动而乡村不动"。① 在乡村建设运动中,梁漱溟认为,启发农民的自觉意识是十分重要的,而要"农民自觉""乡村自救",首先就必须对农民进行教育,但将教育农民的责任单纯依靠知识分子道义责任和奉献精神,依靠道德感化,却没有认识和触动农民阶级的根本利益问题。共产党知识分子到农村去,帮助农民觉悟起来,组织起来,为完成中国民主革命即农村民主革命而奋斗。毛泽东在《寻乌调查》中做过统计,寻乌县高小学生大部分是小地主子弟,其他是大地主和富农子弟,中学生全部是地主子弟,大学生则大多数是出身于大中地主。因此,毛泽东得出"秀才是地主阶级的产物"。中华民族的旧政治旧经济是旧文化教育的根据,因此以毛泽东为代表的中国共产党人主张用革命手段改造旧中国。② 毛泽东根据当时的斗争形势,根据农民的需要,创办了各类农民学校并亲自制定教学计划和授课。1931年,中华苏维埃第一次全国代表大会通过《中华苏维埃共和国宪法大纲》,提出"中国苏维埃政权以保证工农劳苦民众有受教育的权利为目的,在进行阶级战争许可的范围内,应开始施行完全免费的普及教育。"③让农民在政治地位和身份、经济地位和物质利益上获得解放,有效激发了乡村教育的农民主体性。

(三)注重理论联系革命实践的政治性

中国共产党早期将乡村教育作为传播革命思想的重要渠道,目的在于把广大农民阶级和工人阶级联合起来,携手夺取革命的胜利。1922年,中共二大提出,普及教育"是对于工人、农民和小资产阶级都有利益的,是解放他们被压

---

① 朱永新.沟通与融合 中国近现代教育思想史[M].北京:人民教育出版社,2004:217.
② 宋佳音.毛泽东、梁漱溟农村教育思想的异同分析[J].中国电力教育,2009(2):1-2.
③ 中华苏维埃共和国法律文件选编[G].南昌:江西人民出版社,1984:8.

迫的必要条件"①。早期共产党人的乡村教育将革命教育厚植于面向农民群体的文化教学中,使得实践活动纷纷开展起来。

乡村教育与乡村生产实践、革命斗争实践相结合,是共产党人农村教育思想的一个基本原则。共产党人历来主张理论联系实际,教育与生产、教育与革命形势相结合。其特点是结合不同历史时期革命实践要求,第一次国内革命时期的农民夜学,土地革命时期根据地内的识字组、文化俱乐部、列宁小学,游击区的"教育跟战争跑",抗日根据地的学校教育、干部教育,都是根据理论联系实际的原则,从当时革命、战争、生产、根据地建设的需要进行教学。让农民普遍享有受教育权利、机会和个人发展,在革命实践中得以实质意义上的落实。

二、李大钊乡村教育伦理思想

李大钊不仅是伟大的革命家,马克思主义在中国早期传播的主要代表,中国共产党的创始人之一,他还是一位伟大的教育家。早在新文化运动之前,李大钊就开始重视农民与农村问题。他把农民的崛起看作是民主主义的泉源,把农民生活的改进作为整个社会进步的基础。他认为让农民在闲暇的时间能增长自己的知识,以更好地促进农村教育的发展。他号召知识青年到农村去,利用文化知识启发农民的阶级觉悟,动员农民组织起来开展革命斗争。其对农村教育的重视开马克思主义者之先河,在早期的马克思主义者不重视农民阶级的力量,不重视对农民进行教育的前提下,李大钊能坚持自己的想法,持之以恒地对农村教育进行探索,对毛泽东、澎湃等产生了重要影响。

(一)拥有知识才能拥有权利

李大钊认为农民阶级一定要有知识,只有拥有了知识才能明白自己所应拥有的权利。"人生必需的知识,就是引人向光明方向的明灯。"②人不能没有最起码的知识,没有最起码生活所必须知识的人将会活得漫无目的,不懂得争取自己应得的权利,更不懂得为了这种权利去进行抗争,为此,李大钊进一步指出"资本家夺去劳工社会物质的结果,是资本家莫大的暴虐,莫大的罪恶,哪

---

① 中国共产党第二次全国大会宣言[M].北京:中共中央党校出版社,1989:116.
② 李大钊文集(上)[M].北京:人民出版社,1984:632.

知道那些资本家夺去劳工社会精神上修养的工夫,这种暴虐,这种罪恶,却比掠夺他们的资财更为可怕,更是可恶!"[1]需要教育农民认识帝国主义本质,逐渐了解全世界革命的工人、农民都是自己的朋友;教育农民认识自己的力量,只有工农劳动人民群众紧密地团结起来,才是争取生活改善安定的唯一途径,我们自己救自己;教育农民认识自己的阶级地位,把狭隘的乡土观念逐渐转化而显出阶级的觉悟,认识到农民的团结应该是扩大的而不是狭隘的,应该是全面联合的而不是一村落一城邑分立的甚至自相冲突的;教育农民并把农民武装起来,与农民自己的革命政权的建立结合起来,提高农民阶级觉悟。

(二) 知识青年与劳动阶级打成一气

重视实践,走理论与实践相结合的道路。1919年2月,李大钊在《晨报》上发表《青年与农村》一文,指出中国是一个农国,大多数的劳动者就是农民,"中国农村的黑暗算是达于极点"。李大钊认为:"我们中国是一个农国,大多数的劳工阶级就是那些农民……他们生活的利痛,就是我们政治全体的利痛。"[2]因此,广大的青年尤其是广大的知识青年,应该到农村去"同劳动阶级打成一气"。在他们农闲甚至劳作间歇以及一切可以利用的时间,各种方式帮助提高农民的知识,同时也使自己的理论知识结合实践得到提升,只有众多的知识分子加入农村教育中,那农村才能进步,才能带动社会的进步。同时知识分子在农村中通过自己的理论知识与实践相结合,能更好地了解现实之所需,更好地指导实践的发展。

(三) 乡村组织化教育

1921年中国共产党成立后,李大钊在北方积极领导工农革命运动,研究农民和农民教育问题。在《土地与农民》等文中,他提出在经济落后沦为半殖民地的中国,农民占总人口百分之七十以上,只有实行"耕地农有"的政策,才能够解决历史上久待解决的农民问题。文化上的堵塞只能通过文化教育机关才能加以解决。农村中严重地存在着农民的狭隘的村落主义、乡土主义,易导致农民运动的分裂,而且易受军阀地主的利用,导致农民四分五裂、农村贫困落后。"只有农民自己组织的农民协会才能保障其阶级的利益。在乡村中做农

---

[1] 李大钊文集(上)[M].北京:人民出版社,1984:632.
[2] 李大钊文集(上)[M].北京:人民出版社,1984:648.

民运动的人们,第一要紧的工作,是唤起贫民阶级组织农民协会,"①更好地保障本阶级的利益,争取本阶级的解放进而争取中国的解放。"要联合乡村中的蒙学教师,利用乡间学校,开办农民补习班"②,充分利用乡间的有利条件,并结合下到农村的知识分子,通过各种浅显易懂的方式做各种日常知识及国民革命的宣传,例如图画及其他浅近歌词读物,易于被农民接受。

三、毛泽东早期乡村教育伦理思想

毛泽东早期乡村教育伦理思想指的是1920—1927年期间,毛泽东从平民改良主义到接受马克思主义的关于农村农民教育所蕴含的乡村教育伦理观及教育实践观。毛泽东自觉运用马克思主义的立场、观点、方法,分析乡村政治和经济的关系及文化教育的关系,他正确地阐释了教育和政治、经济三者之间的辩证关系,为中国共产党新民主主义乡村教育理论作了充分的思想理论准备。

(一) 农民自己组织起来掌握教育权

作为"新民学会"主要发起人之一的毛泽东,他早期的"新民"思想包含两个方面的意思:一是"自新",即加强自我修养,把自己造就成新型国民;二是"新人",即教育和改造别人,使大家都成为新型国民。新民是既有高尚品德和先进思想,又有健壮体魄和相当智慧的新人。1920年夏,毛泽东初步确立了马克思主义的世界观。对资本主义教育的实质,对教育与政治的关系,也有了新的认识。无产阶级要发展教育,就必须掌握教育权,要掌握教育权,又必须首先夺得政权。"共产党人非取政权,且不能安息于其宇下,更安能握得其教育权?"③1922年9月,湖南自修大学增设补习学校,毛泽东亲自选用并讲授《告中国的农民》一文,指出只有起来斗争,从地主手里夺回土地,才是农民的出路。1925年2月,毛泽东到韶山后,以普及平民教育为由,开展农村教育,发动农民。开办18所农民夜校,通过学文化方式,对农民实施马克思主义的启蒙教育,组织和发动农民。1926年12月中旬,毛泽东应湖南省第一次工农代表

---

① 李大钊文集(上)[M].北京:人民出版社,1984:833.
② 李大钊文集(上)[M].北京:人民出版社,1984:834.
③ 中共中央文献研究室.毛泽东书信选集[M].北京:人民出版社,1983:5.

大会电邀,参加农民代表大会的议案起草委员会,指导起草《农村教育决议案》。决议案揭露中国教育的不平等事实,"出教育经费的是贫苦的农民,受教育的则大多数是贫苦农民以外的特殊阶级","中国百分之九十七的贫苦人民,供给百分之三的特殊分子的教育经费",贫苦农民得不到一点教育机会,反遭到特殊阶级的愚弄笑骂。他强调指出:"农民教育普及,全靠农民自己起来,有了自己的团结,从特殊阶级达到减租、减息及废除苛捐之目的,然后农民才能有余力自己举办教育。必须农民能够自己举办教育,然后农民才能开始接受文化;必须由自己举办教育,然后这种教育才是真正适合于农民所需要的。"①毛泽东在1927年发表的《湖南农民运动考察报告》中发现"中国历来只是地主有文化,农民没有文化。可是地主的文化是由农民造成的,因为造成地主文化的东西,不是别的,正是从农民身上抹取的血汗。中国有百分之九十未受文化教育的人民,这个里面,最大多数是农民。农村里地主势力一倒,农民的文化运动便开始了。"②阐明建立农村民主政权是农民享有文化教育权利、根本解决乡村解决公平问题的前提。

(二) 乡村教育应适应农民解放的需要

毛泽东不是孤立地看待教育问题,总是从农民根本利益需求出发,把教育与当时的革命斗争紧密地结合在一起,从政治、经济、军事、文化的整体关系中去研究教育。1926年在广州农讲所授了《中国社会各阶级的分析》《中国农民问题》《农村教育》等课程,对"农村教育"提出:今后的文化教育"用不着新式的资本教育",只能而且必须"以农民之需要而定"③。在他的分析中,排除了资本主义文化教育在农村的可行性。认为当时的学校文化教育的性质,是西方资本主义的,其新思想是"中国人从前没有的"。但这种思想的传播存在着这样几种障碍:一是缺少相应的知识分子,因为当时农村的知识分子"多出自私塾中"。二是"地主阶级反对新学"。如有些老人及僻乡的人,现在还有留辫的,你叫他们削了,是办不到的。三是资本主义文化教育与小农经济和思想相冲突,即"农民反对新学"。由于资本教育不适合农民切身利益,当时的新学、新文化显然不是农民们所需要和能够接受的。毛泽东认为,农民新的需要和愿

---

① 北京师联教育科学研究所.新民主主义时期教育实践与教育理论文献选读[M].北京:中国环境科学出版社,2006:87.
② 毛泽东选集(第一卷)[M].北京:人民出版社,1991:39.
③ 陈晋.毛泽东的文化性格[M].北京:中央民族大学出版社,2004:106.

望就是"农民要解放,必须来革命"这一阶级革命的大趋势。

(三) 教育与生产劳动相结合

《共产党宣言》中指出,无产阶级在夺取政权之后,要把"教育同物质生产结合起来"。1917年11月,毛泽东在湖南一师《夜学日志首卷》中就谈到,"学生不能得职业于社会,学生近之,社会远之,学生亲之,社会离之,永无联结契合之日"①。他反对资产阶级新学的文化科学教育与生产劳动和社会生活相脱离现象。如受教育的人不能做工,做工的人不能受教育。因此,主张要消除、疏通学校与社会两者之间的"隔阂",使"社会与学校团结一气",学校为社会之一个"局部",社会则为"永久之大学校"。乡教领袖们的农村教育思想,主要是通过生产劳动教育解决穷的问题,至于生产合作,则主要是为提高劳动效率,同时希望通过合作培养团体生产习惯而进入他们所要求的新的社会组织,但因为缺乏土地改革这样的前提条件,以致不能广泛开展。毛泽东1921年8月在长沙创办湖南自修大学,其"入学须知"上规定:"我们不愿意我们的同学中有一个少爷,小姐,也不愿意有一个麻木或糊涂的人。"②这个学校分文科和政治经济两科,很重视学员的体力劳动,在校内设有园艺、工厂,供学员劳动时使用。并提出本大学学友为破除文弱之习惯,图脑力与体力之平均发展,并求知识与劳动两阶级之接近。③ 1923年冬创办农村补习教育社,编写农村教育计划;要求学生在假期创办农村补习学校,吸收成年农民学习,提高农民的阶级觉悟;号召学生们到农村去,调查农村情况,参加生产劳动,了解农民疾苦,组织农民为自己的利益而斗争。

(四) 发展科技,扫除文盲

毛泽东把农民群众中文盲、迷信等愚昧落后的东西比作群众脑子里的敌人。《国民革命与农民问题》一文中,就把反帝反封建和抵御自然灾害列为农民问题的两个方面。尽管当时中国共产党还没有掌握政权,无法用科学的方法解决农业天灾与病虫害等问题,但他已经预见到这样的时期快要到来了。在土地革命时期,建立了革命根据地和人民政权,就立即兴办农业学校,组织

---

① 毛泽东早期文稿[M].长沙:湖南人民出版社,2008:84.
② 李桂林.中国教育史[M].上海:上海教育出版社,1989:403.
③ 李桂林.中国教育史[M].上海:上海教育出版社,1989:403.

编写农业科技教材。毛泽东创办的韶山农民夜校学的是群众用得着的知识，讲的是农民为什么受苦，如今的世界是什么样子，农民该怎么办。教学紧密联系实际，结合斗争及生产需要。除教政治外，还教珠算、唱歌和识字。由于把问题讲到了农民的心坎上，夜校办得越来越红火。抗日战争时期，毛泽东等中央领导倡议成立陕甘宁边区自然科学研究会，创办自然科学学院，以解决日本侵略的进攻和国民党包围封锁给边区造成的经济困难。1934年，毛泽东提出苏区的文化教育总方针："在于以共产主义的精神来教育广大的劳苦民众，在于使文化教育为革命战争与阶级斗争服务，在于使教育与劳动联系起来，在于使广大中国民众都成为享受文明幸福的人。"[①]这被称为是新民主主义的教育方针，也成为此后很长一段时期中国共产党发展乡村教育的指导方针。

第四节 国外乡村教育伦理思想

随着文艺复兴、宗教改革和启蒙运动的兴起，伴随着世俗化社会的到来以及工业化、现代化带来的教育问题，西方教育思想关于乡村教育的问题的探讨，从其起源和发展的历史脉络看，孕育在早期的文艺复兴时期的人文主义教育理念，发展于启蒙运动并延续至今。文艺复兴时期但丁、拉斐尔、达·芬奇、哥白尼、培根、笛卡儿等，都大力提倡人文主义教育改革。早期维多里诺、蒙田等人文主义者主张学习万事万物，强调人的尊严、价值和智慧，注重儿童身心和谐发展，追求幸福，反对经院哲学的知识灌输、反对禁欲主义压抑儿童个性成长。宗教改革者马丁·路德、加尔文认为国家应普及义务教育，为新教徒平民子弟设立小学，对贫困儿童实施免费教育。捷克教育家夸美纽斯首次提出了较为完整的教育体系，其《大教学论》是近代西方第一部教育学专著。他要求学校不分贵贱贫富，向全体人们开放，教育要让学生在身体、智慧、德行和信仰方面和谐发展。

启蒙运动时期伏尔泰的健全理性自由人教育、孟德斯鸠爱祖国爱平等政治品德教育、卢梭适应自然的平等教育等思想，影响广泛深远。受其影响，裴斯泰洛齐创办新农庄、孤儿院教育农民和教导儿童。他主张自然和谐地发展

[①] 毛泽东.毛泽东同志论教育工作[M].北京：人民教育出版社，1958：15.

每个人的天赋,提高人的生活能力,从而在根本上改变贫苦人民的生活状况。蒙台梭利还关注智力缺陷特殊儿童群体的心理和教育。进入20世纪,教育得到各个国家普遍重视,因第二次工业革命带来系列教育问题,欧美出现了以杜威为代表倡导进步主义的新教育运动。20世纪五六十年代随着后工业社会形态社会的到来,传统乡村社会体系由于全球化、标准化、城市化的普遍强势影响,带来乡村传统价值体系的解体和危机。乡村教育重视地方知识、社区生活以及乡村生态的回归。尽管,乡村教育伦理还没有形成学科自觉,以哲学、教育学、生态学等多学科融合的批判性视角审视乡村社区教育变迁和未来,蕴含了丰富的伦理思想资源。

一、杜威生活教育伦理思想

杜威生活教育思想是对中国近现代乡村教育产生深远影响的主要西方教育思想之一。杜威于1919—1921年来华,并进行了一系列学术演讲。在杜威"教育即生活"思想影响下,胡适、陶行知、梁漱溟把杜威观念分别发展为"教育即实验""生活即教育""教育即生命",推动了平民教育改良主义运动,出现了"实验学校"、教学改革等教育实践运动。杜威在其多部著述中,如《学校与社会 明日之学校》《我们怎样思维 经验与教育》《民主主义与教育》等,主张尊重学校和儿童个性、差异性发展;强调多元化、包容性;加强学校和生活、社区之间的联系;促进社会公正和进步,教育美好生活构建等,这些观点至今还发生着巨大影响。

杜威认为教育是社会进步和社会改革的基本方法,学校是社会进步和改革的最基本的和最有效的工具[1]。但针对20世纪初,美国教育脱离了社会,脱离儿童的弊端,提出"教育即生活"的生活哲学观,呼吁教育回归儿童日常社会生活,要求将教育与生活相结合,教育应参与儿童学习和生活的成长过程。杜威在《民主主义与教育》中认为:"'生活'包括习惯、制度、信仰、胜利和失败、休闲和工作。"又认为,生活这个词来表示个体的和种族的全部经验,"生活就是通过对环境的行动的自我更新过程"[2]。其基本命题有:(1)教育即生长。(2)教育即生活。(3)学校即社会。(4)实验即方法。(5)知识工具。教育生活就是教育经验过程,而教育的根本目的离不开人的生命和生活经验,通过儿

---

[1] 赵祥麟,王承绪.杜威教育论著选[M].上海:华东师范大学出版社,1981:171-172.
[2] [美]约翰·杜威.民主主义与教育[M].王承绪,译.北京:人民教育出版社,2001:6,7.

童个体和学校群体的经验,促成生活向"好"的方向延续和更新。一方面,教育不是再现生活,去学校化。杜威反对的是,传统教育理论中的各种脱离生活经验的形而上学、绝对主义独断。不是屈从或纵容持有一种"嬉皮士"的生活态度,而放弃知识教育、科学教育以及学校教育的使命。另一方面,杜威将教育视为达成社会进步的一项手段。强调一个进步的社会里,经验与利益应为社会成员共有、共享。教育作为每一个生命个体生长经验的一种历程,绝不可为少数人所垄断,应为社会全体成员共有。教育本身应是一种美好的生活,教育应与现实生活相联系,教育应成为促进每个人美好生活的积极手段。

案例与讨论

　　卢梭以前就有不少人对这种旧有的教育方式进行批判,但卢梭在批判之后,还进行了积极的理论建设。他把未成熟的儿童不再当成是可怕的、令人厌恶的状态,而是一种待发展的状态。他反对原罪论,强调以天性为师,顺应天性,人力能控制的因素应该服从天性这个不能为人所控制的因素,在"幼年时期应施行消极教育。所谓消极教育就是不给儿童养成品德,却防止儿童趋于恶邪;不教儿童以知识,却防止他们产生对于事物的误解。"

　　——[法]卢梭著,李平沤译:《爱弥儿:论教育》(上下卷),人民教育出版社,2001年,译者序言第19页。

　　苏霍姆林斯基深知儿童的天性是"用形象、色彩和音响来思维"的。他把自然万物当作"活的教科书",把他的"小学预备班"办成蓝天下的"快乐学校"。最突出他的自然教育思想的是他独创的"思维课"。他认为大自然是培养学生智力道德美感最好课堂。学生"全面发展""和谐发展"与"个性发展"美感上,"能欣赏周围世界的美,并为他人创造美""能感知美和领会美""珍惜和爱护美",还有"心灵美""热爱祖国,热爱乡土和劳动人民"。

苏霍姆林斯基专题片

　　——王天一:《苏霍姆林斯基教育理论体系》(第二版),人民教育出版社,2003年,第38页。

　　讨论:卢梭、苏霍姆林斯基都强调亲近自然的自然教育对儿童人格养成的意义,如何认识和谐人格的养成与自然教育的关系。

二、苏霍姆林斯基乡村教师伦理思想

苏霍姆林斯基是一位出生在乡村,热爱乡村教育事业,并一直坚守在乡村教育第一线的苏联教育家。二十世纪五六十年代,苏霍姆林斯基在帕夫雷什乡村中学成功地运用辩证的整体观来全面规划学校与社会、学校与家庭、课内与课外、学生与教师、个人与集体等方面活动关系,形成德、智、体、美、劳"五育"并举、和谐发展的教育体系。1974年9月1日,《真理报》评论道:"时间在流逝,可这位乡村学校校长的教育遗产却不仅吸引着教师们的注意力,而且许多其他读者也崇敬地投稿《真理报》","不难发现,这位教育家的思维、思想、经验是多么现代而又多么具有现实意义。"[1]苏霍姆林斯基身处普通乡村学校,他主要通过自身系统学习和反思中小学乡村学校教育的经验教训,其理论通俗,具有丰富教育叙事案例支撑,充满浓郁的乡村教育生活气息。

集体的施教观。乡村教师集体观贯穿苏霍姆林斯基整个教育思想体系。乡村教师是在共同情感、思想、智力、组织基础上,有区别于城市学校特殊使命的集体。这个特殊使命就是培养新一代普通农村劳动者。教师集体要为学生的终身发展打下良好的基础,要为学生热爱农村、扎根农村信念的形成提供良好的氛围,要为学生乡村知识体系的学习和建构提供优质环境。由此,他认为,作为校长的使命就是使教师们在教育和教养的一些重大问题上具有统一的观点和信念。观点的统一能使每个教师的个人创造性得到充分发挥。每个人身上都有某一方面的优点,每个人都具有独特的活力,都能在精神生活的某个方面比别人更鲜明、更充分地表现自己。每个教师正是通过发挥个人所擅长的对教育少年这一复杂过程做出贡献的。但同时,每个教师都应当是统一整体的一分子,这个统一的整体就是智力素养、道德素养、美育素养、体育素养、心理素养和情感素养的源泉。[2]学校对全体学生发展的影响力取决于教师集体的素质。苏霍姆林斯基为帕夫雷什中学选派的教师,并不全是受过师范教育的人,只要具备当一名农村教师的基础和条件,具备求知的精神,就可以选择做教师,然后由学校集体对他进行培养和指导。因此,帕夫雷什中学的教师队伍非常稳定。

---

[1] 蔡汀.苏霍姆林斯基选集:五卷本·第1卷[M].北京:教育科学出版社,2001:5.
[2] 刘长海.跟苏霍姆林斯基学做中学教师[M].武汉:湖北教育出版社,2013:51.

统一体的教师人格观。苏霍姆林斯基认为,作为乡村教师的教师人格的形成和发挥作用,不是单独的教师个体素质的某一方面产生的,而是作为统一体的形态以教师集体方式共同发挥影响力的,并且学生也是作为集体的方式受教师人格的号召自觉行动的。他说:"什么东西能吸引儿童和青年,什么东西能使他们变成我们的学生(就这个概念的深刻含义来说),什么东西能在精神上把学生联合起来,从而造就一个在思想上、道德上、精神—心理上保持一致的学生集体呢? 这首先就是教师在生活、工作、行为中体现的理想、原则、信念、观点、道德——伦理立场的和谐的统一体。没有这个统一体,也就没有教育者完美的人格,也就没有真正的学生集体。"①集体的形成,就是学生收到老师的感召,跟着老师走形成的。号召感越强,集体行动就越明显。"教师真正的教养性表现为:学生能从他身上看到一个引导他们攀登道德高峰的引路人,从他的话里听出他在号召他们成为忠于信念、对邪恶毫不妥协的人。儿童是在惊奇和赞叹中认识世界的,少年是在怀疑和受到鼓舞中认识世界的,青年则是在取得信仰中认识世界的。"②教师的知识掌握得越多,视野越广阔,各方面科学知识越清楚,他就越能经常并巧妙地开阔学生的科学视野,学生就会表现越好,掌握劳动技能。教师人格的影响变成一种现实的力量要依靠一个学校的教师集体,并能把集体的思考和创造联合起来化为教育信念和教育良知,形成学校优秀传统,并持续传递下去。

创造性的劳动教育观。劳动教育是贯穿苏霍姆林斯基全部教育活动与理论体系中的根本任务和原则要求,也是乡村教育理论的一个主要支点。创造性的劳动应成为学生精神上的需要。学生求真的信念,是在求知过程中获得劳动创造性体验的。苏霍姆林斯基强调劳动教育不是把学生培养成传统的熟练掌握技能的技术工人,而是要通过创造性的劳动,激发学生的天赋,让每一个人都在劳动中发挥到极致。劳动教育也是德育、智育和美育的重要因素,必须渗透到学生课内外生活的每个角落。学生的任何一项劳动,都不应该只是物质生活的创造,更应该是精神生活的创造。只有出于精神上对自我完善和自我教育的需要,才会产生真正的劳动者。"如果一个孩子在生活中只知道消费,如果他从小只看到我们生活的一个方面:社会在无微不至地关心他,长辈

---

① [苏]瓦·阿·苏霍姆林斯基关于全面发展教育的问题[M].王家驹,等译.长沙:湖南教育出版社,1984:158.
② [苏]瓦·阿·苏霍姆林斯基关于全面发展教育的问题[M].王家驹,等译.长沙:湖南教育出版社,1984:159.

们创造一切条件使年轻一代无忧无虑地生活,那么我们就很难把他培养成一个真正的公民。一个人,只有从童年特别是从少年时代起,就以自己的行动改造世界,使世界变得更美好,他年轻的心灵里才能焕发公民精神。"①学习、教养和审美素养是互相关联的,而起决定意义的则是道德上联系。一个人只有在劳动关系中不愧为一名公民的时候,在学习上才能成为一名真正的劳动者。

服务乡村的教育责任观。苏霍姆林斯基认为:"每一个人都应当有责任感。每一个人都应当奉献。要有对劳动、对行为、对爱与恨以及对你所说的话负责的责任心"②学校生活是一种人对人负责、人对社会负责的体系,犹如无形的精神链条,将在各种互动关系中传递和扩散。帕夫雷什中学的教师,既能全面教育乡村青少年引导孩子,又能直接间接地对学生家长、乡村群众施加教育影响,同时培养具备一定农业生产技能和管理水平,使学校和乡村、教育和生活更紧密地联系起来。帕夫雷什中学将全村近2 000家农户划分成180个"文化单元",每个单元以一家农舍为"文化基地",集中周围十来户村民,由三四个高年级学生在此举办科学知识讲座或文学晚会等活动,传播科学文化知识,消除有关偏见。③ 教师成为促进乡村教育和科学文化进步发展的一支主体力量,学校成为乡村文化实践中心。苏霍姆林斯基把学校建成学习、研究、沟通的场所,他要求每个教师都应该成为他所教学科的研究专家。在《和青年校长的谈话》中,他这样描述研究对于教师幸福的重要意义:如果你想使教育工作给教师带来欢乐,使每天的上课不致变成单调乏味的苦差,那就请你把每个教师引上进行研究的幸福之路吧。④ 学校配有图书馆、实验室、试验基地供教师学习,积极组织教师参加教学科研方面的各种学术会议、座谈会等。教师们在工作中自修,在教学中科研。

三、温德尔·拜瑞在地化教育伦理思想

温德尔·拜瑞(Wendell Berry)是一位美国农民、诗人、随笔作家和小说家,近年来受到美国教育界和哲学界极大的关注。乡村学校与社区交互存在的复杂性促使部分西方国家出现了以在地化教育为支点的乡村教育,即依托

---

① 邹时炎.苏霍姆林斯基精选文集 和青年校长的对话[M].乌鲁木齐:新疆青少年出版社,2004:41.
② 蔡汀.苏霍姆林斯基选集:五卷本·第1卷[M].北京:教育科学出版社,2001:375.
③ 蔡汀.苏霍姆林斯基选集:五卷本·第3卷[M].北京:教育科学出版社,2001:610.
④ 刘长海.跟苏霍姆林斯基学做中学教师[M].武汉:湖北教育出版社,2013:40.

地方,开展学校教育,强调个体、地方、学校之间的联结。早在20世纪70年代产生了在地化教育的发展哲学。其研究与实践肇始于美国,后扩散至澳大利亚、加拿大以及其他西方国家,多面向贫穷地区和乡村地区。较早提倡构建以地方为中心的乡村教育发展哲学的学者是美国的温德尔·拜瑞,提出从"生态区域主义"的视角来审视日益工业化和城市化的乡村教育。拜瑞认为,乡村教育不同于城市教育,需要从乡村教育自身的特点出发设置符合乡村教育的知识结构,增进个体、社区和生态体系利益和福祉。

发展本土化的伦理型社区。拜瑞来认为,人在本质上是一个创造者和一个道德人,其人性的完善是视和土地的联系而定,人只有在和周围的地理空间(土地)和社区的联系中才能完善其人性。[①] 乡村学校的首要责任是丰富人类的精神,发展本土化的社区。乡村教育不应该简单模仿和复制城市学校,而应该首先关注它们自己生存和生活的地方。如果儿童受教育只是为了离家挣钱,失去家庭和社区向心力,就会产生职业霸权和对外在经济的依赖。"每个人都要问一问,我所做的对我的邻居,我所居住的地方,到底会有什么影响?"[②] 在真正的伦理的民主社区,人不是孤立的、自利的原子,人有自觉的判断力和自我决定的能力。民主不仅是关于政治理论的真理,也是关于人与人之间关系的真理。每个人都能知晓自己的心智,每个人都有机会交流和辩论,建立符合真理的社区关系。判断力的养成需要自由课程和本土化知识的支撑。

实施自由课程和本土化知识教育。与现代工业化教育要求实用工具化的课程相反,拜瑞提倡在乡村学校中实施自由课程,语文和算术是其核心,由此推出历史、文学、哲学和外语等自由课程。拜瑞坚持把语言与伦理联系起来,认为一个遵守自己话语的人同时也是一个具有较高道德水平的人。判断力源自好的文学作品。在乡村学校的课程里,课程学习必须和本土化的乡村知识和乡村事物结合起来。他认为,通过广博的自由课程以及深深根植于社区的本土化知识培养出来的公民才能充分参与和维护根植于土地和社区的生命,才能做出与其所居住的土地以及其上所有生命的福祉相一致的判断。[③] 乡村教育的内容不但应是本土的乡土知识,还要是具体的知识。乡村学校在课程设置上应考虑本土化情境,以本土化社区为透镜来组织学校课程。

---

① 徐湘荷,谭春芳.温德尔·拜瑞的乡村教育哲学[J].比较教育研究,2009(1):13-16.
② 谢锰逊.乡村教育之文化困境与出路探析——基于温德尔·拜瑞乡村教育哲学的思考[J].教育科学论坛,2011(4):8-10.
③ 徐湘荷,谭春芳.温德尔·拜瑞的乡村教育哲学[J].比较教育研究,2009(1):13-16.

联结个体幸福与乡村社区福祉。温德尔·拜瑞认为:"乡村教育的目的应该是增进个体的幸福,并为社区和生态体系谋福祉。"①乡村教育城市化偏向,削弱了乡村青年对其所在社区的依恋和身份认同,割断了个体成长的地方根基,消解了青年人的扎根感、责任感和归属感。人们应以创造性的、负责任的方式来对待自然,成为创造性的、有同情心的和公正的生命,以达成人性的完善,体验真实的生命幸福感。个体的幸福与乡村社区居民的相互了解及相互关爱,彼此分享田地里的劳作,彼此尊重邻里的价值观以及世代流传下来的智慧,达成道德的自律和文化的繁荣,重新建立人和自然的平衡。

四、阿马蒂亚·森反贫困乡村教育伦理

阿马蒂亚·森是印度籍经济学家,长期从事发展中国家的发展问题和反贫困问题的研究,1998年诺贝尔经济学奖获得者。他的经济思想为经济学重建了"伦理之维",被誉为"经济学的良心"。他从农民政治、经济以及社会机会等权益公正问题入手,认为抓好贫困地区基础教育是反贫困的关键。基础教育是一个人可行能力和权利的始点,良好的基础教育能为贫困者打开大门,去获取实现其人生价值的平等机会。

乡村贫困的根源是可行能力被剥夺。森认为:"一个社会成功与否,主要应根据该社会成员所享有的实质性自由来评价。"②一个人能力是一种自由,是一种可能过有价值的生活的实质自由。"有很好的理由把贫困看作是对基本的可行能力的剥夺,而不仅仅是收入低下。"③所谓"可行能力"是一个人获得实质自由的综合能力,一个人的可行能力指的是此人有可能实现的、各种可能的功能性活动的组合。基本的可行能力的要素包括:阅读和写作(通过基本教育),得到充分的信息和通报(通过自由传播媒体),拥有现实的社会机会(通过教育、保健等方面的社会安排),自由参与机会(通过选举、公决以及公民权利的普遍实施)等。乡村人的各种可行能力的获得的基础是教育,各种实质自由应成为衡量乡村教育发展的重要价值标准。乡村教育问题在于乡村教育机会的公正缺失。贫困并不仅仅是收入低下。反贫困的奥秘,在于扩展农民和乡

---

① 谢锰逊.乡村教育之文化困境与出路探析——基于温德尔·拜瑞乡村教育哲学的思考[J].教育科学论坛,2011(04):8-10.
② [印]阿马蒂亚·森.以自由看待发展[M].任赜,于真,译.北京:中国人民大学出版社,2002:13.
③ [印]阿马蒂亚·森.以自由看待发展[M].任赜,于真,译.北京:中国人民大学出版社,2002:9.

村学校学生的实质自由,来提升其自身的可行能力,最终依靠自身选择能力提升得到实质自由能力的发展。

"可行能力"是美好生活追求和实现的发展。森指出,一个人的"可行能力"指的是"此人有可能实现的、各种可能的功能性活动的组合",是一个人"所拥有的、享有自己有理由珍视的那种生活的实质自由"。[①] 判断一个人或社会发展好与坏,就看生活在这个社会中的人生活得怎么样,看其可行能力的集合或空间的大小。一个人可行能力集合较大,这个人就发展得较好,生活质量就较高。一个人可行能力的集合或空间就是一个人生活质量的重要指标。森认为反贫困的关键在于营造一个公平、公正的社会环境,给每一个有梦想、踏实肯干的人提供平等的机会,而基础教育的普及在扩展贫困地区人们的实质自由中具有十分重要的作用。森的"可行能力"观点,对乡村教育发展具有重要启发意义。乡村教育发展应追求公正与效率的统一,以扩展乡村实质自由、提升乡村儿童可行能力,是一个值得思考和借鉴的方向。乡村物质贫困可以通过外在力量短期得到缓解和解决,但精神贫困,往往由于缺乏主动摆脱贫困的精神动力,是一个相对困难的问题。由于乡村儿童教育文化差异性,使得他们眼界与视野受限,影响着他们的生活价值观念、责任意识、劳动技能和行为方式等,缺乏获取知识、技能、机会和表达需求的主动性。教育发展的意义在于拓展了人的自由,使人具有了各种实质的"可行能力"。乡村教育发展重要价值在于以满足乡村儿童美好生活需要为导向,让乡村儿童获得改善现实、创造美好生活的可能性能力,让教育帮助儿童寻找到生命价值并最大化实现生活和生命价值。

思考与探讨

1. 从乡村教育伦理视角评价"有教无类"观?
2. 如何认识 20 世纪 20—30 年代的乡村教育运动?
3. 从教育伦理视角分析"乡村贫困的根源就是人的可行能力被剥夺"。

---

① [印]阿马蒂亚·森.以自由看待发展[M].任赜,于真,译.北京:中国人民大学出版社,2013:63.

拓展学习

1. 李森、汪建华:《我国乡村教育发展的历史脉络与现代启示》,《西南大学学报(社会科学版)》2017年第1期。

2. 杨义成、屠毅力:《中国乡村教育百年:历史与未来》,《探索与争鸣》2021年第4期。

3. 张善富:《中国共产党乡村教育的百年历史书写:1921—2021》,《当代教育论坛》2021年第5期。

4. 周勇:《20世纪二三十年代教育学者的乡村转向与地方行动》,《探索与争鸣》2021年第4期。

5. 曲铁华:《民国时期乡村教育的基本经验与历史局限》,《教育史研究》2021年第3期。

6. 谢锰逊:《乡村教育之文化困境与出路探析——基于温德尔·拜瑞乡村教育哲学的思考》,《教育科学论坛》2011年第4期。

7. 曲铁华:《民国乡村教育研究》,湖南教育出版社,2018年版,第8章。

8. 雷家宏:《中国古代生活丛书 中国古代的乡里生活》,商务印书馆,2017年版,第6、7章。

第三章
乡村教育伦理的基本问题

> 【内容提要】乡村教育伦理两个基本问题是:"不平衡不充分的发展",关涉事实背后的公平与优质发展伦理问题。城市化进程中乡村教育的价值取向:乡村教育公平优质发展,重建乡村教育自信,促进乡村学生全面发展;乡村教育的个体价值和社会价值确立。

第一节 乡村教育伦理基本问题

一、新时代社会的主要矛盾与新发展理念

中国共产党的十九大报告指出,我国社会的主要矛盾已经转化为人民日益增长的美好生活需要和不平衡不充分的发展之间的矛盾。同时也明确,必须坚持以人民为中心的发展思想,不断促进人的全面发展、全体人民共同富裕。我国社会主要矛盾的变化,没有改变我们对我国社会主义所处历史阶段的判断,我国仍处于并将长期处于社会主义初级阶段的基本国情没有变,我国是世界最大的发展中国家的国际地位没有变。两个没有变,决定了发展是解决我国一切问题的基础和关键。发展必须是科学发展,全面贯彻创新、协调、绿色、开放、共享的新发展理念,把新发展理念贯穿发展全过程。

创新是引领发展的第一动力,只有坚持创新发展,才能解决发展动力转换问题。协调是持续健康发展的内在要求,只有坚持协调发展,才能解决发展不平衡问题。绿色是永续发展的必要条件和人民对美好生活向往的重要体现,

只有坚持绿色发展，才能建设美丽中国、解决人与自然和谐共生问题。开放是国家繁荣发展的必由之路，只有坚持开放发展，才能进一步提升开放型经济水平、解决发展内外联动问题。共享是中国特色社会主义的本质要求，只有坚持共享发展，才能不断增进人民福祉、促进社会公平正义。

新发展理念有利于解决发展不平衡问题。发展不平衡是当前我国经济社会发展面临的突出矛盾和问题，主要表现在生产力水平、城乡之间、区域之间、经济和社会、物质文明和精神文明等方面发展的不平衡，这是我国社会主要矛盾的主要方面。新发展理念蕴含解决发展不平衡问题的取向和功能。协调发展旨在缩小城乡、区域发展差距，补齐发展短板，促进城乡、区域、经济和社会、物质文明和精神文明的协调发展。党的十九大报告提出的实施乡村振兴战略、区域协调发展战略，是协调发展理念的贯彻落实，力求通过建立健全城乡融合发展体制机制和政策体系，加快推进农业农村现代化，推动城乡协调发展。

新发展理念有利于解决发展不充分问题。不平衡与不充分是既有区别又有联系的两大问题。一方面，发展不平衡主要是就结构来说的，发展不充分主要是就程度而言的，二者的侧重点不同。另一方面，发展不平衡的原因包含发展不充分，发展不充分加剧了发展不平衡，二者密切联系。新发展理念既有利于解决发展不平衡问题，也有利于解决发展不充分问题。我国发展不充分问题主要表现在发展质量、创新能力、社会保障、公共服务等方面。新发展理念蕴含解决发展不充分问题的价值取向和功能。

新发展理念有利于满足人民日益增长的美好生活需要。随着经济社会发展和生活水平的提高，人民不仅对物质文化生活提出更高要求，而且在民主、法治、公平、正义、安全、环境等方面的要求日益增长，社会主要矛盾是顺应这一诉求而提出的。新发展理念推动解决发展不平衡不充分问题，归根结底是为了满足人民日益增长的美好生活需要。通过创新发展，推动理论创新、制度创新、文化创新，推进社会主义民主政治制度化、规范化、程序化，保证人民依法通过各种途径管理国家事务、经济文化事业和社会事务，推动文化事业和文化产业发展，有利于满足人民在民主法治、文化消费方面日益增长的需要。

通过协调发展，在实现城乡、区域协调发展的同时，协同推进经济建设、政治建设、文化建设、社会建设、生态文明建设，更好地满足具有全面性、丰富性和增长性的人民需要。绿色是人民对美好生活向往的重要方面，绿色发展要求尊重自然、顺应自然、保护自然，坚定走生产发展、生活富裕、生态良好的文明发展道路,在经济发展的同时,提供更多优质生态产品以满足人民日益增长的优美生态环境需要,实现人与自然的和谐共生。通过开放发展,坚持引进来与走出去相结合,增进国家之间、企业之间的经济合作与文化交流,有利于满足人民日益增长的对外交往需要。共享是中国特色社会主义的本质要求,通过共享发展,不断增进人民福祉,促进社会公平正义,彰显中国特色社会主义制度对公平正义的追求与保障,有利于满足人民对公平正义日益增长的需要。坚持新发展理念能从多方面回应人民的期待和向往,满足人民日益增长的美好生活需要。

二、教育发展问题与新发展理念价值取向

社会主要矛盾的变化是关系全局的历史性变化,在教育发展领域体现为教育发展不平衡不充分问题。党的十九大报告首次提出实施乡村振兴战略,同时强调必须把教育事业放在优先位置,加快教育现代化,办好人民满意的教育。这一重大思路的目标即是要解决城乡教育发展不平衡不充分问题。解决城乡教育发展问题要立足于做好农村教育发展这篇大文章,走城乡一体化发展路径。要通过建立健全城乡融合发展教育体制机制和政策体系,加快推进乡村教育现代化。在教育发展领域,"不平衡不充分"的问题早已成为社会的焦点,反映出社会主要矛盾比较早地在教育上体现了出来,并且在相当长的一段时间内表现明显。

(一)新时代教育发展基本问题

社会主要矛盾反映到教育上,就是人民群众接受更好教育的需要与教育发展不平衡不充分的矛盾,而最大的发展不平衡,是城乡教育不平衡;最大的发展不充分,是农村教育发展不充分。"十三五"期间,乡村教育得以快速发展,但是"城乡教育差距持续存在,乡村教育仍然存在多处短板。乡村基础教育质量问题较为突出,乡村教师队伍缺乏稳定性、不断流失,小规模学校与大班额现象使教育质量改进更加困难"。[①] 城乡教育发展中的基本矛盾与基本问题,教育不均衡的矛盾依然突出,薄弱环节在乡村。当前,乡村社会空心化、家庭空巢化、人际关系商品化等问题日益凸显,农村内部大小各类矛盾突出,农

---

① 李春玲.新型城镇化与大流动环境下乡村教育发展的新征程及突破口[J].探索与争鸣,2021(4):9-11.

村基层社会矛盾处于易发多发期。乡村振兴,治理有效是基础。农村人口还会是一个相当大的规模。实现乡村振兴,打破城乡二元结构,寻找乡村教育发展的新路径,是乡村教育发展的主要责任。

乡村教育发展呈现出的趋势:政策上从"扫盲普小"向"普中小幼"的农村全民教育转变;城乡关系上从"非均衡发展"向"一体化发展"的城乡融合教育转变;管理体制上从"人民办"向"政府办"的政府主体责任转变;结构上从"单一"向"多元"的服务乡村振兴转变。① 乡村教育发展的关键和难题是教师队伍建设问题。教育发展的不平衡和不充分,宏观领域表现为教育自身发展与社会其他方面的发展存在既不平衡又不充分的关系,与全球化背景下国家经济社会发展整体要求还不相适应。教育发展不均衡更集中表现为教育系统内部不同学校、不同地区、不同学段之间的不均衡,其中地区、城乡之间的不均衡问题尤为突出。

(二) 教育发展不均衡问题

教育均衡发展是与经济社会的均衡发展相协调的。从宏观角度来说,它是指不同区域间教育的均衡发展;中观来说,指的是区域内城乡间的均衡发展;从微观角度来说,它是指学校间的均衡发展。内容上主要指的是每所学校办学水平、投入经费、设施改进、师资力量、办学规模和教学质量等提升的过程和成果。第一,教育资源的分配相对均衡,不是指向完全均等的教育资源分配。第二,教育入学机会的平等和就学环境的公平。第三,教育均衡发展是一个从量的累积到质的提升的过程。②

自20世纪90年代末期开始,党和政府陆续出台了一系列政策、法规,采取了一系列相应的改革措施,如将免费义务教育由理想变为了现实,实施国家贫困地区义务教育工程,启动实施对口支援西部贫困地区学校工程,实施农村中小学危房改造工程、农村寄宿制学校建设工程,启动全国中小学校舍安全工程、农村义务教育薄弱学校改造工程、义务教育学生营养改善计划试点、农村中小学现代远程教育工程,全面启动实施教学点数字教育资源全覆盖项目,启动实施义务教育学校标准化建设项目等,并取得了显著的成效。③ 党的十八大

---

① 邬志辉.中国农村教育发展的成就、挑战与走向[J].探索与争鸣,2021(4):5-8.
② 周守军.县域义务教育均衡发展研究[M].北京:光明日报出版社,2013:9.
③ 范先佐.乡村教育发展的根本问题[J].华中师范大学学报(人文社会科学版),2015(5):146-154.

以来,先后出台了一系列发展乡村教育的政策举措,诸如师范生公费教育政策、农村薄弱学校改造计划、乡村教师支持计划等,加大乡村教育投入,推动城乡教育一体化。党的十九大报告首次将"城乡融合发展"作为现代化事业的重要目标,确定实施乡村振兴战略。中国乡村教育的发展有了新的理念与追求,即改变过去的教育布局和结构,努力消弭城乡二元结构,优化城乡教育关系,实现城乡教育一体化发展。[①] 乡村普及义务教育、经费投入、师资队伍建设以及办学条件等方面,近年来成效尤为显著。2022年6月教育部宣布,历经2012年—2021年,我国义务教育在实现全面普及的基础上,仅用10年左右的时间进一步实现了县域基本均衡发展,成为我国义务教育发展史上又一个新的里程碑。义务教育工作的重心已由"基本均衡"转向"优质均衡"。[②]

乡村振兴基石在教育。乡村产业振兴、组织振兴、生态振兴、文化振兴、人才振兴离不开乡村教育。但必须清醒地看到,中国现在仍有约6亿人居住在乡村,即使2050年实现了全面现代化,达到70%的城镇化率,也意味着还有4亿多的农村人口。人民对教育不均衡的切身感受依然较强,即便在被验收认定为实现了教育均衡的地区也是如此;多数地方通过规范入学秩序、集团化办学、城乡一体化发展等措施,择校的压力高峰期已过,但择校的潜在压力仍然存在,在一些地区还有可能出现反复。有数据显示:虽然高中阶段教育趋于普及,但城市与农村家庭出身的青少年接受高中阶段教育的比例仍有明显差距。城市家庭出身的90后接受高中阶段教育的比例(94.1%)高出农村家庭出身的90后相应比例(61.5%)约33个百分点,同时,城市家庭出身的90后接受高等教育的比例(80.1%)则是农村家庭出身的90后相应比例(40.5%)的两倍。在00后代际群体中,两者之间的差距虽有所缩小,但仍持续存在。城市家庭出身的00后接受高中阶段教育的比例(99.9%)高于农村家庭出身的00后相应比例(90.2%)约10个百分点。[③] 乡村教育经费相对短缺,办学条件相对落后,教师队伍稳定性不强和质量不高,人才培养结构与经济发展需要不匹配。[④] 乡村学校规模不断萎缩,过度集中于县城和乡镇中心区域,出现"乡村小规模学校""乡镇寄宿制学校"和"城区大班额学校"、流动或留守儿童、中部塌陷、西部落

---

① 刘奉越,张天添.中国共产党百年乡村教育发展历程、成就与展望[J].河北大学学报(哲学社会科学版),2021(4):47-54.
② 高毅哲,林焕新.十年,义务教育实现县域基本均衡发展[N].中国教育报,2022-06-22(01).
③ 李春玲.新型城镇化与大流动环境下乡村教育发展的新征程及突破口[J].探索与争鸣,2021(4):9-11.
④ 邬志辉.中国农村教育发展的成就、挑战与走向[J].探索与争鸣,2021(4):5-8.

后等现象。基础教育学校的布局仍然存在教育不均衡、规模性择校和城区大班额现象。在整体社会资源总量有限的情况下弱势、小规模的乡村学校、教学点的存在和发展是否还有必要？乡村弱势群体受教育权利又如何持续得到有效保障？

（三）教育发展不充分问题

教育发展不充分问题，指的是随着物质和精神生活水平提升，相对人民群众已经提高和更新了的教育需求，主要表现在教育发展资源不够丰富，教育发展程度不够高，内涵和质量上还不能满足人民群众的需求。不充分主要指的是教育内涵发展不充分。既表现为教育热点难点问题，更有深层次价值理念问题。现代教育区别于传统教育，在很长时期内是一种选择性体制，教育资源在总体上会一直存在稀缺问题。现代教育承负的社会分层功能以及实现社会分层的社会流动机制将长期存在。教育发展从外部形式看已然从精英教育阶段过渡到大众教育阶段，但内在观念形态看，教育精英主义、等级主义理念还远未消除。这些观念在头脑中决定人们对好教育、好学校的判断。不充分主要体现为局部中的整体发展不够，体现在各级各类教育质量还不能满足人们"上好学校"的教育需求、满足每一个学习者多样化的学习需求，体现为教育在现代化建设中的战略引领作用还不够。这体现为一些乡村教育深层问题依然有待破解，如乡村教育价值城市中心偏好、乡村教育与乡村社会明显脱节、乡村教育对乡村振兴的支持度不足等。如对于乡村教育来说，现在的主要问题"不只是新建多少教室、新配多少设备、新招多少教师，而是如何确立农村教育自信，探索低成本、可复制、有特色、高成效、可持续、生态化的农村教育道路，让农村学生有实实在在的学习获得感、幸福感和力量感，让农村学生甚至农村人的思想和行为发生积极的改变"[1]。

1. 教育发展内涵质量提升不充分

这表现为人们对"有学上"到"上好学"的需要转变，择校问题、大班额、课业负担都是与人们对优质教育的需要紧密关联。从人们对优质教育的获得感和幸福感看，优质教育资源仍显得不充分、教育质量仍需不断提升。教育观念上立德树人、学生为中心教育思想上的转变还不够充分，实践上，学生整体发

---

[1] 邬志辉.中国农村教育发展的成就、挑战与走向[J].探索与争鸣,2021(4):5-8.

展和个体天赋、能力、个性差异性未能给予充分尊重,对学生的核心素养和实践创新能力的培养还未能给予充分重视。

2. 满足人们多样化教育需求不充分

未来社会是更加多元化、个性化发展的社会,面对学生不同个性差异和家长多样化的需要,让每一个学生在获得机会公平的同时,获得适合自身的教育,培养青少年可持续生活发展能力,成为未来教育改革发展中的重点。未来课堂与传统校园、教室、教师组合课堂不同,智能化时代课堂模式、教师角色、学习方式正在发生变化。与学生和家长需求、与社会其他领域变革进程相比,教育的发展整体而言还不够充分。

3. 教育与时代发展新科技结合不充分

新时代是人工智能的时代,对教育发展提出了更多新要求和新挑战。要求教学途径、教育技术发生相应变化,尤其是人的观念、知识、能力结构也必将发生变化,教育从数字化、网络化向智能化迅速跃升。2017年国务院发布的《新一代人工智能发展规划》中明确提出,要在中小学设置人工智能相关课程,逐步推广编程教育。在教育实践中,尤其是乡村地区,现代信息技术在教育中的应用和发展还不够充分。

4. 教育服务经济社会生活发展不够充分

教育是社会经济活动之外最重要的社会活动,是社会文化结构中最为基础的也是最重要的内容。一个社会的知识和文化再生产途径主要依靠教育,教育需要教会学生具备可持续发展能力的基础方法、知识、能力和素养。随着社会经济的发展,教育应持续保持与时俱进适应并促进社会发展的内生动力。教育需要不断提升服务国家和地区重大发展战略能力,满足社会经济高质量发展新要求。教育应该以未来为导向,扎根中国大地、传承优秀文化、立足学生生活,更好地实现立德树人的根本使命。教育的不充分发展深层问题,集中表现为教育与经济社会发展、与学生生活可持续发展需求的协调适应能力还不够充分。教育新发展观念贯彻上还未能全面深入,改革模式上呈现出一定的同质单一性、资源分配欠缺实质公正性等。

(四) 教育新发展理念价值取向

十八大以来,党和国家做出了优先发展教育事业、加快实现教育现代化和建设教育强国的重大战略部署。十八届五中全会提出以创新、协调、绿色、开放、共享为核心的新发展理念。《中共中央关于制定国民经济和社会发展第十四个五年规划和二〇三五年远景目标的建议》确立了建成教育强国的远景目标,"建设高质量教育体系"的政策导向。创新理念要求追求以人为本的教育,把创新发展价值取向摆在发展全局的核心位置。教育的创新发展,根本目标是培养具有创新意识、创新精神、创新能力的人才。2015年5月,习近平总书记在给国际教育信息化大会发的贺信中明确指出,"推动教育变革和创新,构建网络化、数字化、个性化、终身化的教育体系,建设'人人皆学、处处能学、时时可学'的学习型社会,培养大批创新人才,是人类共同面临的重大课题"①。教育的创新发展需要抓住培养创新人才这一根本,"要深化教育改革,推进素质教育,创新教育方法,提高人才培养质量,努力形成有利于创新人才成长的育人环境"②教育要坚持以学生为主体,以学生为中心,充分发挥学生的主动性,把促进学生成长成才作为教育工作的出发点和落脚点。尊重教育差异性、突破整齐划一的教育方式,让每个学生成为最好的自己,给每个人最大的发展空间。树立自信,戒除急功近利、心浮气躁心态,即创造新的教育发展模式,落实教育创新驱动发展战略,发挥教育与科技创新的引领作用。从教育理念、教育方法、培养模式、教育手段、评价标准、育人环境等方面,实施全方位、系统性的改革与创新,加快构建体系开放、结构科学、机制灵活、渠道互通、选择多样的人才培养体制机制。

　　协调理念是教育持续健康发展的内在要求。基于发展的全局系统、统筹协调的思维观念和方法论,加大教育政策保障力度,把握中国特色社会主义教育事业总体布局,正确处理教育发展中的重大关系,重点促进城乡区域教育协调发展,促进经济社会协调发展。形成以城带乡、城乡一体的区域教育发展新格局,探索城乡互补的新机制,并对已经形成的区域教育规划作出必要调整,突出一体化发展总体思路。健全教育协调发展的统筹机制。教育协调发展需要对各级各类教育、区域之间的教育、城乡之间的教育、学校与学校之间的教育进行统筹谋划,需要统筹公办教育与民办教育的协调发展,需要对学校教育、家庭教育、社会教育进行协同。

　　绿色理念是教育永续发展的必要条件和人民对美好生活追求的重要体

---

① 习近平致信祝贺国际教育信息化大会开幕——让亿万孩子同在蓝天下共享优质教育[N].中国教育报,2015-05-24(01).
② 敏锐把握世界科技创新发展趋势切实把创新驱动发展战略实施好[N].人民日报,2013-10-02(01).

现,其关键是建设"美丽学校",助推"美丽中国"。在教育发展中树立敬畏生命意识,学会运用生命哲学生态思维,推进教育事业发展。大力开展生命教育和生态教育。通过教育丰实和拓展每一个学生的生命质量和生活质量,通过绿色知识体系、绿色课程体系、绿色目标体系和绿色师资体系的构建,增强对学生的生态价值观教育,培养学生绿色健康的生活方式,助力教育绿色发展。倡导健康的教学方式、学习方式,打造健康高效的课堂。绿色健康的教学和学习方式,有助于最大程度地发掘课堂实践技术与艺术的巨大潜力。

开放理念是教育繁荣发展的重要特征。用开放发展理念推动教育体制改革,农村、城乡学校之间互为开放,共同发展,推进教育现代化和国际化进程。学校教师和学生通过各种形式加强交流研学,不断提升自己的能力和素养。让教育系统更有活力,扩大教育资源供给,满足了人民群众优质多元化教育选择需求。推动教育开放,也意味着社会对外开放,把中外教育精英吸纳到教育系统来。着力推进城市教育、示范学校与农村、滞后地区学校教育协同发展,解决我国城乡教育失衡发展、充分发展问题。通过区域城市教师支援农村,城乡校长、教师交流,城乡学校对口帮扶,示范学校组建"农村教育集团"等形式,有效推进农村及滞后地区的教育发展。

共享发展理念是社会主义教育本质要求。共享理念引领教育公平与教育扶贫,守住教育起点公平和机会公平的底线。社会主义教育发展的共享理念对教育公平提出了更高的要求。以人民为中心应成为社会主义教育公平的核心价值取向。教育公平是社会公平的基础,为所有的孩子提供相对均衡、相对优质的教育,是共享理念在教育上的基本体现。城乡教育一体化的提出,标志着共享理念在新时代新发展阶段的新教育发展战略,通过扩大乡村地区优质教育资源的有效供给,深化区域间城乡教育资源的均衡配置,保障城乡学生平等接受义务教育,全面提升义务教育质量,促进校际优质资源共享,有序、有效解决区域和校际教育不公平问题。

三、乡村教育伦理基本问题与乡村教育价值

近代以来乡村教育发展,离不开城乡关系的观照视角。现代社会特性要求整体社会的现代化转型,形成乡村教育的城市化。有研究指出有两种类型:一种是乡村学校在教育内容、教育目标等方面完全照抄照搬城市模式,这是一种"内在式乡村教育城市化";另一种是乡村学校的布局调整,也就是乡村学校

向城镇集中,这是一种"兼其内在外在式乡村教育城市化",或者说是"釜底抽薪式乡村教育城市化"。① 其优势在于在国家主导下,社会现代化、城市化速度、效率和步伐,在短时间内很快提升。乡村教育问题实然层面是显性的。其主要矛盾已经转化为村民日益增长的优质教育需要同不平衡、不充分的乡村教育发展之间的矛盾,即从规模扩张走向质量提升。

(一) 乡村教育伦理基本问题

马克思主义公平理论认为,"一切人,或至少是一个国的一切公民,或一个社会的一切成员,都应当有平等的政治地位和社会地位"②。教育是社会发展基础,教育公平是社会公平和社会发展伦理问题的重要基础。经济、政治、社会、文化、生态等各领域发展均朝着高质量方向前进,乡村教育发展在教育发展体系中,还处在短板的位置。只有公平的乡村教育,才能有均衡的教育发展;只有好的乡村教育、优质的乡村教育,才能算是有好的、优质的教育和教育发展。公平优质的乡村教育是教育发展的应有之义,也是乡村教育伦理的基本问题。

1. 从教育(尤其是学校教育)的特殊性出发来研究乡村教育伦理问题

充分尊重乡村教育活动自身的特殊性,突破传统教育对教师职业道德、课程、教学、学校架构等方面问题关注的狭义教育伦理问题域,相对孤立地研究农村学校教育现象和问题;从乡村教育与乡村社会的联系出发研究乡村教育伦理问题,突破传统教育伦理模糊乡村教育与城市教育之间的差异性和特殊性;从乡村文化发展出发研究乡村教育伦理问题,突出乡村教育的内在教育属性和教育责任。

2. 研究乡村教育伦理问题,需要基于乡村教育发展和改革过程中问题的事实逻辑

乡村教育问题是整体教育问题的局部和缩影,需要全局视野加以观照,也需要从乡村教育自身内在结构和秩序加以分析。将乡村与教育真正结合起来,做到既有农村,又有教育。既要立足于农村,把农村教育问题视为农村社会问题的一部分,又要立足于教育,凸显出农村教育之于农村社会和城市教育的特殊性。

---

① 陈旭峰.乡村社会转型对教育转型影响的机制与路径研究[M].杭州:浙江大学出版社,2016:24.
② 马克思恩格斯选集(第三卷)[M].北京:人民出版社,1995:444.

从教育问题产生的原因看,一种是由教育自身原因引发的教育问题,这是农村教育理论研究的主要领域。此种问题产生的原因主要是教育领域内部矛盾发展变化使然,例如教师体罚学生,虽然也有社会背景,但主要是教师自身素质不高的问题,不必扯上什么社会原因,把责任推给社会。这类问题是教育矛盾自身发展变化过程中出现的问题,所以也必然是教育学要研究的问题。一种是由社会原因所引发的教育问题,这类问题表现为教育问题,实际是农村社会(以及整个社会)问题在教育领域中的表现。这一问题不仅在教育领域反映出来,也在社会其他领域中得以反映,所以,这类教育问题实际上是社会问题。这类问题不可能在农村教育的框架内单独解决,而需要在整个社会层面才能得到解决。

3. 研究乡村教育伦理问题,还要依据伦理学基本原理进行合理演绎,证成其理论体系中的合理性

从伦理学基本问题的学理讨论看,伦理学基本问题有以下几种观点:

其一,道德与利益的关系问题是伦理学的基本问题。这个问题包含两个方面:第一是道德意识与经济利益谁决定谁的问题。第二是个人利益与集体利益谁为第一性的问题。这个问题决定着伦理学所建构的道德规范体系的基本原则。也就是说,是个人主义还是集体主义的问题。[①] 其二,善与恶的关系问题才是伦理学的基本问题。因为善与恶是道德中的特殊矛盾,也只有伦理学才研究善与恶的矛盾;善与恶的问题也是古今中外一切伦理学家、学派都要研究的中心和重点问题;善与恶的矛盾也是道德和伦理学发展的动力,并贯穿在人类生活的始终及其一切领域;善与恶也是伦理学范畴的核心。[②] 其三,道德与社会物质生活条件的关系是伦理学的基本问题;伦理学的基本问题是道德的性质、起源和标准问题;伦理学的根本问题是科学地说明什么是善的问题。当然还有其他各种提法,总体可归之为义利、群己关系问题,也是一个德福关系问题。伦理学基本问题从学科知识体系看是学科知识逻辑建构的基础和核心,从学科研究问题域看是全部伦理问题的元问题,是决定如何理解和解释其他所有伦理问题的根本问题。因此,伦理学基本问题无论在理论还是实践问题指向、溯源看,都应该是存在的,但应该指出的是,作为伦理学理论体系的基本问题与作为研究对象的基本问题与现实的道德生活所面临的基本问

---

① 罗国杰.伦理学[M].北京:人民出版社,1989:10.
② 魏英敏.当代中国伦理与道德[M].北京:昆仑出版社,2001:78.

题,是两个有联系、总体一致但有时候并不纯粹一致的命题。

乡村教育伦理基本问题,从伦理学问题研究视角和意义看,是关于乡村教育其他所有伦理问题的元问题和根本问题,关于乡村教育的义利、好坏价值评判的根本问题。从教育伦理看,在教育中什么是合法的和合理的。其蕴含教育价值取向在教育过程中具有核心的建构、范导、激励意义,体现乡村教育义利、德福一致的教育伦理公正,有助于实现乡村教育个体善与社会善的统一。综上可以认为,乡村教育基本问题是乡村教育发展的不均衡不充分问题,反映在乡村教育伦理价值领域的问题就是乡村教育的公平发展和优质发展问题,这一问题构成了乡村教育伦理的基本问题。

(二)乡村教育价值及其实现

乡村教育公平和优质发展问题既是一个事实,也是一个价值问题。涉及乡村教育发展应然层面的观念问题、制度问题、主体性问题。纵观我国乡村教育的发展历史,"乡村人的发展"是乡村教育发展的基本价值取向。乡村教育在国家与乡土社会的相互博弈中向前发展,一种科学的乡村教育制度是推动乡村教育发展的重要动力。乡村教育与乡村发展相结合、乡村教育发展应树立乡村教育自身价值自信,强化自我认知和认同,创新体制机制,吸纳优质的师资,提升教育质量。

中国共产党的十九大报告,在"提高保障和改善民生水平,加强和创新社会治理"部分,首先谈到的是"优先发展教育事业"。提出实施"乡村振兴战略",并且史无前例地把乡村振兴战略写进了党章。新的社会主要矛盾反映到乡村教育上,就是人民群众接受更好公平优质乡村教育的需要与乡村教育发展不均衡不充分的矛盾。教育最大的发展不平衡,是城乡不平衡;最大的发展不充分,是乡村教育发展不充分。乡村人的优质教育需要就是乡村教育发展的重点。"我们要把人民对教育的期盼和需求,作为教育发展的重点;把人民对教育不满意的地方,作为下决心改革的内容,让人民共享教育发展的成果。"反映在乡村教育的价值取向上,自然就是以乡村人发展和需要为中心,农村教育的振兴就是重中之重。党的十九大以来,抓住新时代社会的主要矛盾,最大限度满足农村群众对教育的需求,必然要求在乡村振兴战略中提高农村教育公平和品质。

1. 重塑乡村教育价值自信

乡村教育从城市价值取向的"附属性""次生性"和"输入性"价值观念中解

脱出来，树立乡村教育价值的自身内在价值地位。全社会应当真正形成尊师重教的良好氛围。乡村教育的目的和动机：为乡村发展服务，为满足村民需求服务。改革乡村教育"离农""离土"的教育、城市教育的"克隆版"问题，让乡村成为城市优秀人才（学生）后备基地，避免脱离乡村发展、鲜少关注村民需求的教"无根"的乡村教育现象。

2. 依靠当地教育文化基础

教育的目标不只是一种职业准备而是促进人的发展。乡村教育应当关注乡村发展，面向乡村生活，同地区的乡土文化传统、风俗习惯、地理环境相结合。乡村教育发展是有根的特色教育发展。乡村教育的发展不能"一刀切"，应因地制宜，充分尊重和考虑不同地区乡村教育的发展特点，汇聚多方力量，开展形式多样的乡村教育。强化本土生态教育，打造乡村教育的亮点，引导学生参与到农业劳动之中，培养地方和职业知识教育兴趣，在劳动中塑造品格，才能塑造学生乡村情怀，学生的发展才会有其与价值相匹配的发展。

3. 发挥乡村多元主体作用

"乡村教育是嵌于乡村文化、农民权益、社会治理等多个领域之内的焦点和中心问题，教育元素要与其他元素协同配合，共同'下好一盘棋'"[1]。发挥新乡贤对乡村教育的积极作用。支持新乡贤作为沟通国家管理与乡村社会自治管理的桥梁。由他们来担任乡村社会的教育活动的组织者和主导者。历史上，历代乡村教育中士绅都扮演着极其重要的角色，既为乡村经济发展培养了大批技术人才，也为国家输送了不少能人贤士。丰富乡村教育内涵，激活大乡村教育的主体性力量，乡村多元主体的社会力量是促进乡村教育发展的重要动力。

当今的乡村教育遭遇着双重困境：一方面，它不能充分挖掘和利用乡村教育资源来传承合理的乡村文化信仰，帮助村民树立正确的文化自信；另一方面，它又没有充分彰显城市文明的民主、法制、竞争、契约、创新等积极价值，无法让村民借助教育获得精神解放。因此，城市与乡村渐行渐远，市民与农民渐行渐远，然而它们之间的矛盾却日益凸显。城乡教育一体化发展不应该仅仅是在硬件上的统筹，让城市学校兼并、同化乡村学校，更重要的是要承认乡村教育作为国民教育系统一部分的正确定位，确认乡村教育的独特价值，如此才能真正实现城乡教育均衡发展。

---

[1] 徐秦法，刘星亮.乡村教育要为乡村振兴贡献什么[N].光明日报，2022-06-07(15).

第二节　乡村教育的公正发展

马克思主义认为,制度只不过是个人之间迄今所存在的交往的产物。① 制度是规范化了的社会关系。制度一旦从人的交往活动和社会关系中产生和固定下来,就不仅赋予社会关系以合法性,而且也成为人的生存和生活方式。制度的设计、实施和维系,离不开价值观念的支撑。罗尔斯在《正义论》中指出:"正义是社会制度的首要价值,正像真理是思想体系的首要价值一样。"② 社会利益关系主要依赖制度的维系,教育的发展需要规范的制度来保证,也需要公平正义伦理价值的支持。

一、关于制度伦理

(一) 教育制度伦理价值

一定的社会教育制度在教育发展的过程中往往有其双重性,既可为推动教育发展提供保障和支持,成为教育发展的积极力量,也可以成为使教育应有的作用难以发挥的阻碍性力量。教育制度是以其利益关系调节,服务特定阶级和阶层利益需求,以伦理价值为制度认同基础。教育要实现其价值目标和价值取向,要求教育制度的制定和实施应当经过必要的价值伦理的考量。关注制度的伦理层面,即对教育制度设计、实践及其后果进行价值思辨、审思、评判,从理性层面审视其合理性和从经验层面检验其合法性,获得了公正的价值属性后,才会为人们所遵从。制度自身,也获得可持续的创新与发展活力。教育制度只有与人的发展以及社会伦理价值取向相吻合,才能获得实际的普遍效力。"伦理本身就充满了'善'的崇高,其公正性自然成为人类对善的终极追求。所以说,社会(制度)伦理公正是伦理公正的最高境界,而教育则是为达到

---

① 马克思恩格斯全集(第 3 卷)[M].北京:人民出版社,1995:79.
② [美]约翰·罗尔斯.正义论[M].何怀宏,等译.北京:中国社会科学出版社,1988:3.

这一最终崇高境界的最重要具体领域。"[①]

伦理考量和审视,体现一种实践理性力量,也推动教育制度的变革和创新。教育发展需要教育制度经过伦理考量的同时还需要教育制度的不断创新。制度的创新意味着教育制度能够冲破陈腐的教育观念的束缚,突破制度本身固有的强大惯性的影响,不断吸纳先进的教育理念以适应教育发展的现实需要,并朝向更高更远的教育价值方向进行追求,不断优化和提升教育品质。教育制度坚守教育公正的伦理原则所形成的教育精神,在社会发展中可起到校正弊病、引导社会进步的作用。

(二) 乡村教育的制度伦理

制度伦理是指对一定组织的规范体系和运行机制的伦理要求和反思,即对组织制度化、规范化的伦理的思考与建构。制度伦理一般指对以社会性正式组织为主体的规范体系和运行机制的内在联系的伦理思考和要求。制度在特定伦理理念指导下建立,是特定伦理精神的现实存在。因而,制度内在地具有伦理属性。制度伦理以权利—义务关系为核心,以正义为首要价值。制度通过权利—义务关系分配,为社会成员确定日常生活的具体责任与义务,维护特定的社会伦理关系及其秩序。制度具有伦理规范性,直接规定了社会成员某些道德责任的基本内容,并以强制的方式约束社会成员的相关道德活动。制度的规范性要求具有道德价值精神引导功能。制度的这种道德价值精神引导功能,以权利—义务分配的利益诱导为机制。[②] 教育制度是根据国家性质和法律建立起来的教育机构系统和教育规范系统的总称。现代社会的教育制度可分为教育根本制度、教育实施制度和教育管理制度。教育根本制度由教育宏观规范系统(法规、方针、政策)和相应的机构系统(中央和地方教育部门)构成。教育实施制度由各级教育实施机构系统和实施规范系统构成。教育管理制度由各级教育管理机构系统和管理规范系统构成。[③]

从教育制度伦理内容构成要素看,教育公正价值为制度伦理之灵魂。制度伦理实质是以对教育伦理主体、政府、学校、教师的权利—义务的边界加以界定和规范。制度伦理的主体、权利义务、公正实为制度伦理不可或缺的三要

---

① 段治乾.试论教育制度伦理公正[J].中州学刊,2004(2):148-150.
② 朱贻庭.伦理学大辞典[M].上海:上海辞书出版社,2010:50.
③ 段治乾.教育制度伦理研究[M].郑州:河南人民出版社,2005:83.

素,也是分析制度伦理的三个关键。

从主体结构上看,国家、政府、乡村社会、学校、家庭、师生等都是不同级次制度伦理的主体,是制度伦理主体构成的要素。从客体结构来看,教育制度政策制定实施活动等是制度伦理的主要客体。教育教学活动是制度伦理的研究对象。从制度伦理的微观结构来看,制度的制定、制度的实施、制度的审核、制度的监督、制度的奖惩等方面是其主要客体,是对制度伦理的具体安排。教育制度伦理行为、制度伦理意识、制度伦理评价等也是教育制度伦理客体的组成部分。对制度本身的伦理行为和伦理评价主要通过正义、公正、平等、民主、自由、信用等范畴和意识加以展现。如何实现制度的教育正义、公正、平等、人道等,是教育制度的价值观念和规范原则。

因此,乡村教育的制度伦理是指存在于乡村教育组织系统和教育规范系统中的伦理原则和价值规范。既是乡村教育主体本身所遵循的伦理规范原则或乡村教育及其发展的机制蕴含的伦理价值,也包括人们对之做出的伦理评判。对提升国家乡村教育政策的引领性和认同感、厘清乡村教育价值地位、确立乡村教育自信和乡村教育精神、乡村教育发展价值系统功能优化、乡村教育育人价值等提供重要价值支持。

二、教育政策伦理理性

教育政策的科学性本身体现的是教育政策包含的伦理合理性可能,它是对教育政策进行道德性拷问的重要内容。同时,教育政策的道德性也包括对教育政策"公正"的追问。这里,尝试从教育政策所包含的理性与公正两个方面对其进行道德性分析。教育政策的理性,是评价教育政策的重要维度。在教育政策的制定模式中,有一种就叫理性模式,要求政策制定者根据完备的综合信息、客观的分析判断,针对许多备选方案进行优缺点评估,排定优劣顺序,估计成本效益,预测可能产生的影响,经过充分地比较分析后,选择最符合经济效益的最佳方案。这种模式强调以理性的定量分析来保证政策的经济合理性。事实上,影响政策理性的因素除上述决策的方式外,还包括政策主体,决策的时间、过程等,其中政策主体是非常重要的因素。政策理性的政策主体因素有三个方面:一是政策主体的组成;二是政策主体的素质及其参与政策的积极性;三是构成模式。目前对政策主体的研究认为,政策主体包括三个组成部分:决策主体、咨询主体和参与主体。其中决策主体是政策主体的核心,一般由党、政府部门的代表人物来担任,具有一定的权威性;咨询主体一般由学科专家组成,从而保证政策的学理性;参与主体主要是政策的执行者,由他们发现政策执行中的实际情况,根据反馈信息不断对政策进行修正,以增加其合理性成分。在政策主体中,如果缺少了咨询主体与参与主体的积极参与,政策的理性成分就要大打折扣了。在我国教育政策的制定中,形成这三类主体共同参与的模式经历了一个过程。

案例与讨论

材料1:十年,义务教育实现县域基本均衡发展

本报北京6月21日讯(记者 高毅哲 林焕新)今天,教育部举行第五场"教育这十年""1+1"系列发布会,介绍党的十八大以来义务教育改革发展成效。教育部基础教育司司长吕玉刚表示,2012—2021年,我国义务教育在实现全面普及的基础上,仅用10年左右时间实现了县域基本均衡发展,成为我国义务教育发展史上又一个新的里程碑。

这10年,党中央、国务院对办好义务教育作出全面系统部署。《国务院关于统筹推进县域内城乡义务教育一体化改革发展的若干意见》《中共中央国务院关于深化教育教学改革全面提高义务教育质量的意见》《中共中央办公厅国务院办公厅关于进一步减轻义务教育阶段学生作业负担和校外培训负担的意见》等系列重要文件先后印发,并从布局规划、学校建设、经费投入、教师队伍、学校管理、质量评价等方面完善义务教育政策保障体系。经济社会发展规划、财政资金投入、公共资源配置等优先保障义务教育,2012—2021年,财政性义务教育经费从1.17万亿元增加到2.29万亿元,占国家财政性教育经费投入的比例始终保持在50%以上。

这10年,教育部认真落实脱贫攻坚重大政治任务,聚焦义务教育有保障,健全控辍保学联控联保长效机制,加强跨部门数据比对和精准摸排,挂牌督战重点地区,切实做好劝返复学工作,确保辍学学生找得到、劝得回、留得住。

——《中国教育报》,2022年6月22日,第1版

材料2:央视视频:[新闻30分]教育部 2035年全面实现义务教育优质均衡发展

——央视网 2022年06月21日 12:17

讨论:结合上述材料,分析义务教育仅用10年左右时间实现了县域基本均衡发展,这些事实所蕴含的教育制度政策伦理意义。

三、乡村教育权利选择

(一) 主体价值选择与教育利益冲突

乡村教育主体类型与价值选择。乡村教育活动的主体涉及三个方面，一是以国家政府为代表的主体，包含国家、民族、政府教育行政管理部门、学校及教师等施教者主体。二是乡村社会，是乡村教育生存与发展社区组织、环境主体。三是受教者主体，主要包括乡村教育活动对象，即乡村的学生、村民等个人和群体。乡村教育价值选择就是与乡村教育活动关涉的主体基于自己的乡村教育价值标准和尺度，在处理与乡村教育活动有关的利益冲突、关系时所坚持的价值排序、取舍与选择。

教育是一个民族和国家发展的基础事业。国家乡村教育政策方针反映了国家政府对乡村教育的意志，也是一种价值取向和选择。乡村教育和其他教育一起成为国家政府意志一种有组织、有计划的行为。而具体施教者主体学校、教师则是行为的委托执行者。乡村教育的社会价值取向需要着眼社会聚合价值取向和社会发展价值取向。乡村教育的育人价值取向需要秉持乡土价值取向和公民价值取向。[1] 乡村教育价值社会取向倾向乡村教育回归乡村社会的乡土文化，让乡村教育更多促进乡村社会的发展，强化乡村教育价值育人取向，为乡村儿童提供合适的教育，促进乡村儿童的全面发展，构成乡村教育的内在价值。

(二) 价值选择与利益冲突

乡村教育的价值选择问题，存在于主体之间利益关系的处理上。各种利益主体总体是一致的，但主体自身权力地位力量对比、信息不对称，权力运作的惯性力量使得利益在特定层次、领域和时间段内，发生利益与道义理性的冲突，进而使得价值取向导致价值反思、评判、排序和选择成为可能。现代市场社会条件下，现代人的价值选择标准是多元的，但背后又呈现趋同的市场逻辑特征：一是趋利性。市场生活行为中的群体或个体都存在利益驱动性。成本最小化和利益最大化，成为主体价值选择的基本尺度和不断追求。二是效率

---

[1] 王天平.社会转型时期乡村教育的价值取向[J].西南大学学报(社会科学版),2017(1):79-86.

优先性。效率考量总是要被优先考虑的。三是自主独立性。权利制度化,赋予人的行为的个体独立和自我负责。四是竞争性。教育价值主体的选择,涉及国家、乡村社会(学校)、个人三个不同层次的价值主体,在进行教育选择时,各自根据其所处的地位和目的,选择教育价值。价值选择最终要落实到接受教育者个体层面。"乡村教育价值取向的实现是不能脱离现实的,需要坚持现实条件与理想追求相统一。这使得乡村教育价值取向的产生、作用、效果等需要基于乡村教育主体的生存发展需求、所处的现实境遇、所承载的历史传统等。"[1]选择的标准也有一定层次性。但应服从教育以人为本的总体原则。

在现实乡村教育生活实践中,多元价值并存,受市场逻辑的功利主义价值标准制约,多元价值主体之间的利益冲突集中体现为:乡村教育城市化价值偏好与乡土知识文化价值式微,农业职业理论知识与乡村生活实践经验价值、社会化价值主导与个性化价值选择等方面出现冲突。乡村教育存在的价值往往被狭隘化为城市输送劳动力和少数精英,乡村学生的乡村知识获得仅停留在有限书本和眼前自身周围环境层面,乡村儿童个性特长缺乏教育足够激励和支持等。发展乡村教育常被理解为加大经费投入、实施标准化学校建设、教师待遇提升、校舍面积增加等物质条件改善,这在很大程度上有效改善了乡村教育现状,而乡村教育史背景、文化底蕴、价值取向、知识选择和文化引领等深层次问题,仍需要国家政府主体政策引导、乡村社会文化主体自觉,根本上还要取决于受教育者主体价值选择。

四、乡村教育主体权利公平

(一)乡村教育主体权利公平的实践

关于教育权利的公平,国际上《联合国人权宣言》中指出:不论社会阶层,不论经济条件也不论父母的居住地,所有儿童都有受教育的权利。《中华人民共和国教育法》也明确规定:公民不分民族、种族、性别、职业、财产状况、宗教信仰等,依法享有平等的受教育的机会。显然教育权利是人发展的最基本的权利之一,应该公平地被每一个人所享有。这些体现在教育领域就是教育权利的公平,包括公平地享有个人发展所必需的教育资源、公平地

---

[1] 王天平.社会转型时期乡村教育的价值取向[J].西南大学学报(社会科学版),2017(1):79-86.

享有对高级教育利益的竞争机会权等。因此,也可称之为是一种教育起点的公平。

中国为促进乡村教育权利平等的历史实践。有研究者从中国共产党百年历程视角梳理乡村教育事业发展历史阶段,历经"探索期、奠基期、调整期以及优化期"四个发展阶段。① 在探索期(1921—1948年)的"教育为革命和战争服务"总方针的指导下,劳动人民子弟历史上取得了义务、平等、普及、免费的教育权利。苏区政府乡乡有小学一至二三所以上,甚至有些地区已村村设有小学。奠基期(1949—1977年)落实普及小学教育的任务,保障农民子女能够受到完整的初等教育。在乡村普遍建立公立小学,通过"公办民助"或"民助公办"的方式依靠乡村集体和农民自身的力量办学。调整期(1978—2000年)把九年制义务教育作为发展乡村教育的重点。基本实现了"村村有小学,乡乡有初中"的宏伟目标。优化期(2001年至今)首次将"城乡融合发展"作为现代化事业的重要目标,努力消除城乡二元结构,优化城乡教育关系,实现城乡教育一体化发展。加强乡村小规模学校建设,办好公平优质的乡村义务教育。

新中国成立前,接受教育特别是中高等教育,对普通农村人尤其是出身贫苦的青少年来说是一件困难的事。教育权利平等无从谈起。只有代表工农大众利益的新中国政权成立以后,生产资料公有制缩短了各阶层间的收入差别,才改变了旧中国工农大众接受教育权利的不平等现象。中国共产党主持制定的《中国人民政治协商会议共同纲领》明确了新中国的新民主主义文化教育政策,提出"教育为工农开门,为生产建设服务"和"学校向工农子弟和工农青年开门"的教育方针,制定了一系列有利于工农及其子女受教育的措施,为促进社会主义教育权利平等做出了积极努力。国家制定了保障公民受教育权利的法律制度。国家通过宪法等从法律上确立了各族人民子女享有同等受教育的权利和机会,并采取大量具体措施推动我国全民教育和教育机会平等。在1949年第一届中国人民政治协商会议制定的《共同纲领》中规定,"要有计划、有步骤地实行普及教育"。1956年最高国务会议通过的《1956—1957年全国农业发展纲要(草案)》中也有具体规定,"从1956年开始,按照各地情况分别在七年或者十二年内普及小学教育"。与此同时,政府还号召各族人民群众广泛开展大规模扫盲运动。

---

① 刘奉越,张天添.中国共产党百年乡村教育发展历程、成就与展望[J].河北大学学报(哲学社会科学版),2021(4):47-54.

党的十一届三中全会以后,1980年12月党中央和国务院发出《关于普及小学教育若干问题的决定》,提出了全国要在80年代基本上普及小学教育的历史任务。1982年12月,中华人民共和国第五届全国人民代表大会第五次会议通过并颁布的《中华人民共和国宪法》第19条明文规定,"国家举办各种学校,普及初等义务教育";第46条规定,"中华人民共和国公民有受教育的权利和义务"。1984年6月,江苏省通过了《江苏省普及义务教育条例》,率先迈开国内省区范围有步骤实施义务教育的步伐。特别是1986年《中华人民共和国义务教育法》的颁布实施,有力地推动了我国教育权利平等的进程。1988年至1992年,我国又相继颁布了《扫除文盲工作条例》《中华人民共和国残疾人保障法》《中华人民共和国义务教育法实施细则》《中华人民共和国未成年人保护法》《中华人民共和国妇女权益保障法》和《禁止使用童工的规定》等与义务教育相关的法律法规,从不同的角度规定了保障少年儿童接受教育的措施,维护了儿童受教育的权利。1995年3月我国颁布《中华人民共和国教育法》,明确规定"国家实行九年义务教育制度"。

(二) 乡村教育受教育者权利公平的问题

罗尔斯(John Ravels,1921—2002年)是当代美国著名的新自由主义政治哲学家,著述《正义论》(1971年)、《政治自由主义》(1993年)和《万民法》(1997年)等。《正义论》在世界产生相当大的影响。社会正义观是其政治哲学思想的核心,他认为,正义是社会体制的第一美德,就像真实是思想体系的第一美德一样。正义的基本主题就是社会的基本结构,社会体制分配基本权利和义务以及确定社会合作所产生的利益分配的方式。他提出了两个正义原则及其优先原则。第一,平等的自由原则。每一个人都有平等的权利去拥有可以与别人的类似自由权并存的最广泛的基本自由权。第二,差异原则。对社会和经济不平等的安排应能使这种不平等不但可以合理地指望符合每一个人的利益,而且与向所有人开放的地位和职务联系在一起。① 受教育权利已经成为现代公民基本权的一部分。教育公平是社会正义的一个方面,教育公平表现为给每一个人他所应得的这种基本的形式。教育公平的状态表达了一个社会在其教育资源仍然短缺的条件下分配教育基本权利和义务以及由社会合作所产生的教育利益的制度设计方式。

---

① 约翰·罗尔斯.正义论[M].何怀宏,等译.北京:中国社会科学院出版社,1998:6-8.

"受教育权利"的规定。《中华人民共和国教育法》第9条规定:"中华人民共和国公民有受教育的权利和义务。公民不分民族、种族、性别、职业、财产状况、宗教信仰等,依法享受平等的受教育机会。"这里受教育机会的平等,即无差别的"机会面前人人平等"。瑞典教育学家胡森教授提出的"每个人都不受任何歧视地开始其学习生涯的机会"和"以平等为基础对待不同人种和社会出身的人"。

受教育的自由权。侧重于权利的"自由""选择"属性。在我国《义务教育法》中,受教育不仅是一种权利,也是一种义务。受教育者没有是否接受规定阶段教育的自由权,但有接受什么样教育的自由权。受教育者受教育的自由权表现为:有选择教育形式的自由权,有选择学校的自由权等。受教育的要求权,侧重于权利的"主张""权能"的属性,它依赖于"受教育权利"作为"权利与义务复合的宪法规范"中的权利相对应的"义务"属性,即要求从对方应履行的"义务"中接受协助与服务的权利。这里的权利主要指的是基本权利。在教育权利实践领域,还要区分基本教育权利领域和公共教育资源领域以及非基本教育权利领域和非公共教育资源领域。

由于长期城乡教育二元化发展政策以及乡村传统教育观念等因素影响,乡村教育整体还处于弱势地位,优质教育资源缺乏,教育质量整体较低。部分地区对乡村教育的战略意义认识不足,对国家扩大乡村地区优质教育资源的有效供给、深化城乡区域间教育资源的均衡配置政策落实不够到位。受教育者权利公平的问题,在乡村教育发展实践中主要体现为:① 起点不公平问题,校际教育不公平、留守儿童教育、学前教育不公平等。② 过程不公平问题,基础设施不公平、教师资源不公平、教学过程不平等。尤其在教书育人和人格上的平等对待问题上,部分家庭困难、学业落后、身心障碍的弱势群体学生得不到公平对待。③ 结果不公平问题,教育结果的不公平主要是指学生们在教育结束之后的可期待的职业待遇和发展能力差异悬殊。这些问题原因有:教育政策中的"城市取向"、城乡二元结构、农村教育投入严重不足、基础教育薄弱,教育经费尤其是义务教育经费不足、优质师资稀缺等。

第三节　乡村教育的优质发展

进入新时代,乡村教育发展伦理的必有之义就在于帮助乡村儿童获得美好生活的能力。乡村美,中国才能美;乡村强,教育必须强。让优质教育振兴乡村,让乡村振兴促进乡村优质教育。乡村教育的优质发展,既是一个受教育权事实要求,也是乡村教育价值诉求。联合国教科文组织发布的"教育2030年行动框架"要求,"确保全纳公平的优质教育,使人人可能获得学习机会"。《宪法》第33条和第46条、《教育法》第9条和第37条以及《中华人民共和国义务教育法》第1条、第3条和第4条等,均对公平优质学习机会权作了具体规定。党和国家的教育方针政策都强调"努力让每个孩子都享有公平而有质量的教育"[①]。中国共产党的十九大报告提出,努力让每个孩子都能享有公平而有质量的教育。乡村教育优质发展,不仅是法权意义上的受教育权利,更是一个主体性行为的实践精神。更为优质的教育是一个比较性概念,可包括以下几方面内容:一是实现现有教育资源配置的进一步优化,使资源效益最大化;二是教师队伍建设取得更为全面性、实质性的进展,教师的师德师风、专业知识与教学能力等达到基本理想状态;三是课程与教学能够满足不同生命特征、个性的孩子的需要,可以实现每个人自由而全面的发展;四是具有教育发展所需的良好环境,既指自然环境优美,也指社会环境和谐。[②] 从伦理视角看,乡村教育优质发展是一个主体性自觉建构的过程,乡村教育行为回归乡村生活、丰富生命价值、创造美好生活的伦理向上、向善选择过程。

一、优质发展伦理主体性建构

从伦理意义看,发展的目的和内在价值应该是为了人,为了人类的福祉和人的自由全面发展。一旦偏离它的"人"的目的,就会走向发展的异化。英国鲍曼讲,在后现代主义与实证主义泛滥肆虐的今天,"我们不知道从哪里获得

---

① 龚向和.论新时代公平优质受教育权[J].教育研究,2021(8):48-58.
② 柳海民,邹红军.高质量:中国基础教育发展路向的时代转换[J].教育研究,2021(4):11-24.

道德知识,并且当道德知识提供给我们时,我们也几乎不能确定我们是否可以坚定不移地相信它们"[1]。传统规范性伦理主体,尤其从现代启蒙理性知识文化起,其主体性生成试图抽离感性偏好,执着于超越现实生活的理念规范世界,从一开始便带有先天不足特性,最终由于后天技术、权力、权威等工具理性,市场化功利价值的扩张与失调,构成了制约人主体性的复杂力量。

(一) 乡村文化主体性建构

乡村文化是乡村教育成长的环境和精神的土壤。市场利益观念为主导文化发展,如果不能得以有效制衡,乡村社会本身就可能不再作为乡村自身文化发展与更新的主体,而只是作为被动接受的空间。乡村社会实际上作为文化主体就会出现消亡危机。乡村文化的重建,其核心就是要恢复乡村文化价值自信,重建乡村社会和乡村美好生活目的价值作为社会文化有机体存在的地位。一是发掘、培植、提升目前还存留着或可能恢复的乡村文化遗传和记忆,予以合理扶植,使其具备自我生存与发展的能力,扩大传统乡村文化生存的空间。二是建立科学的机制,鼓励先进文化下乡,以乡村喜闻乐见的形式或载体,真正走进乡村生活世界之中,融合成为乡村文化的内涵。三是城乡文化良性交接融合。通过教育让乡村孩子考上好大学,过上城市体面生活或"人上人"生活而"改变命运",也只是生活的一种选择,而不是好生活的唯一选择。城乡文化良性交融互动,有助于改变这种乡村多年形成的观念。乡村教育需要承担起在乡村文化虚化的现实中营构一种积极的文化想象空间的职责。

(二) 乡村教师主体性建构

教师伦理主体性是教师个体基于教育教学道德责任感,依据内心认同的价值观和伦理准则,在面对教育教学困境和抉择,做出道德判断、自主选择和评价审思的能力。师资是决定乡村教育质量的关键之所在。缺少了好的教师,往往是学生感受不到有意义的教育、乡村学校学生流失、孩子失学的关键内因。营构乡村教育的文化想象空间,需要那种真正能理解乡村、理解乡村少年境遇、扎根乡村社会、有远见、心智活泼的教师。乡村教师的素质要求绝不仅仅是知识的多少与学历的高低,更不是身在乡村心在城、教育价值观念面向城市倾斜的"离乡而教",而是对乡村社会的亲近与广博的爱。

---

[1] [英]齐格蒙特·鲍曼.后现代伦理学[M].张成岗,译.南京:江苏人民出版社,2003:20.

教师的伦理主体性是在解决具体的伦理困境问题中表现出来的。教师伦理困境的产生自有其社会、经济和历史根源,而其实质却是责任和义务的冲突性或对抗性。这种责任和义务的对抗性是现代和后现代社会中的角色扮演的多样化和个人身份认同的多元化现象造成的,而且随着现代社会向后现代社会的过渡,这种冲突趋势还会加强。教师运用伦理自主性进行独立的道德判断,独立自主地行事,最终对自己的行为承担责任。因为在具体的教育情境中,法律和内部组织政策不可能具体到足以涵盖教师所遇到的所有情形和偶然事件,公众参与也不可能深入教育行为的细节中去,教育管理部门对行动范围的监督也是有限的,因此需要教师充分运用伦理自主性,按照一定的准则和程序的要求去选择自己的行为,才能保证教育行为的伦理有效性。只有教师个体不断发展伦理自主性,才会体验教育生活实践中真实关系现实状况,深刻理解教育场域中生命精神和人格的鲜活性,理解相互尊重、互相学习的必要性,切实感受到自己所担负的道义上的教育责任,从而萌生责任动机和履行自己的责任。

教师在现代教育的过程中应该主动地选择创新理性,其目的就在于通过对学生主体地位和主体人格的尊重,培养乡村学生的自主性、主动性和创造性,使他们在掌握人类优秀科学文化和乡土文化知识的基础上,体悟传统,升华地方性乡土情感,学会学习,学会创造,最终让乡村学生的精神世界充实起来。

(三) 乡村学生主体性建构

现代伦理学主体性的确立,意味着个人道德人格的自觉和确立。马克思主义认为,一个人的人格都不是某种先验存在,而是在其现实的生活实践中不断生成和建构的。坚持将社会性寓于现实个人及其个性之中,不是抽象地讲社会性或个体主体人格独立性。马克思说:"首先应当避免重新把'社会'作为抽象的东西同个人对立起来。个人是社会的存在物。因此,他的生命表现,即是不采取共同的、同其他人一起完成的生命表现这种直接形式,也就是社会生活的表现和确证。"[1]人格的确立,只有在与他人和社会发生关系时候,才有现实意义。这些关系主要的是,权利义务关系与人格主体性、道德权利义务关系与道德主体人格确立。在现代教育的契约伦理中,卢梭第一次提出"儿童有受

---

[1] 马克思,恩格斯.马克思恩格斯全集:第42卷[M].北京:人民出版社,1979:122-123.

教育的权利"。学生应该享有一定的选择权利,也有选择教育方法与学习方法的权利。苏霍姆林斯基提出,"人的精神生活,即内心世界是否丰富,取决于他同周围世界的实际关系是否丰富多样,取决于他同自然界和其他人的相互作用的内容与性质","在这些关系和相互作用中占首要地位的是劳动的积极性、思想与感情的活跃性,这种积极性和活跃性最终必将发展成为改造世界的活动"。① 关系越丰富,人的精神成长就越健康。这种积极性和活跃性也是学生主体性形成的主要标志。

乡村教育向城市教育看齐,其课程统一教学内容,城市化倾向严重,学习获得成果、升学教育模式、检验和考核标准与城市学校没有差异性。部分乡村学生学前教育、读小学时学习知识基础就与城市学校拉开距离,读中学时学习跟不上的越来越多。乡村文化精神的整体失落,学习课程地方知识的缺失,割裂了乡村学生与生活关系的文化和精神的纽带,成为导致乡村儿童精神生活的贫乏重要成因之一。

乡村儿童是乡村教育的起点,也是目的。乡村儿童的生长和发展,是乡村家庭和社会理想所在。学生为中心的理念,要求教育能促进儿童自然生长和全面发展。以儿童为教育的出发点,即把儿童当作目的,而不是当作手段来看待,确立起儿童健全道德人格。乡村教师教得辛苦,学生学得很累,根本不足以积极应对、消解这种贫乏。这样的结果便是乡村儿童精神生活的荒漠化。如乡村留守儿童问题:一是家庭教育功能缺失。自我教育能力欠缺。"养而不教",祖辈、亲戚、邻居教育不能有效地发挥作用,学生自理、自控和自我教育能力普遍缺乏,厌学、逃课,甚至辍学现象高发。二是学校品格教育缺失。基本条件相对落后,优秀教师资源匮乏,缺乏针对性心理健康和道德品格活动。教师对成绩落后的农村留守儿童的关心爱护不足,经常批评他们。导致出现大量的乡村少年不爱读书,厌恶读书,对读书失去了那份美好的情感。三是社会不良环境浸染。乡村茶馆活动室常变为赌钱博弈场所、家庭麻将场几乎处处可见、各类宗教迷信仪式活动。潜移默化滋长了儿童好逸恶劳,不劳而获心理,使得儿童难以形成科学、健康、积极、向上的兴趣爱好。乡村儿童生活存在的文化根基遭遇抽离,作为个体生命成长的支点受到侵蚀。

乡村学生主体性构建的基础,必然是扎根在现实活生生的教育生活的土壤和环境中的。只有注重现实性,强调理想与现实在实践基础上的统一,学生

---

① [苏]苏霍姆林斯基.学生的精神世界[M].吴春荫,林程,译.北京:教育科学出版社,1981:28.

爱国爱乡村的家国情怀,自强不息的生命意志力,公正、平等和守法观念、积极的竞争合作意识,生态意识,勇于探索、乐观创新品质等主体性特质,才能不至于流于教育的浅层形式上。

(四) 学校主体性建构

乡村学校主体性建构内涵:确立乡村学校立德树人主体自信,能自觉将党和政府乡村教育制度政策、课程教学、教师文化、校园文化等资源化为关爱乡村学生的伦理资源,让学校成为促进乡村学生健康成长、自由全面发展的精神园地,在城乡教育一体化发展过程中形成自身优势和特色。学校是乡村的文化核心。与城市学校比,乡村学校存在优势:基于乡土地域和长期历史中形成的文化传统优良、自然资源丰富、生态环境较好、人际情感关系质朴等。办学灵活性和自主性较强是乡村学校的重要特点。

村落是中国传统文化的核心与载体,承载着深厚的历史文化和民族传统。乡村学校作为一种文化力量,为乡村担负着生产和传播知识与价值观功能。作为一个整体的学校以及教师和学生,能够一定程度上排除外在功利引诱等非教育因素的干扰,按照立德树人、教书育人、以文化人的意志从事与乡村教育有关的各项事务。

乡村学校的主体性构建表现在不同的方面。一是回归自然教育,构建乡村学校新型生态伦理。学校教育要发挥身处自然之中的优势,运用多种教学方式,开展耕读、园艺、景观等活动,回归大自然的本真教育,致力于培养学生亲近自然、爱护家园、敬畏生命,与自然和谐共生的生态意识。二是主动融入乡村社会,发挥构建新乡土文化的中心效能。学校应主动开放校门,融入乡村社会,与乡村世界建立起新社区教育共同体关系,利用图书馆、教室、运动场和现有师资为乡村服务,开展技术培训,宣传新思想、新文化、新道德和新风尚,培养乡村文化人才。三是加大课程内容中地方知识的教育力度。开发地方课程和校本课程,引导乡村学生理解乡村世界,弘扬乡村文化,重新树立乡村自尊心和乡土意识,认同乡土文化。四是重视教师文化建设,激活教师集体行动力。科学有效地落实党和政府的乡村教师制度政策,形成机制,激励优秀教师,鼓励教师扎根乡村,乐教从业。一个城市有一个城市的标识,一个乡村有一个乡村的符号。每个乡村学校周围都有独特的文化育人资源,都应该形成自己独特的育人特色。

二、优质发展的行为特征

随着社会主要矛盾的变化,乡村教育对优质资源供给提出更高要求和更高期待。进入21世纪,人口流动和城镇化的快速发展造成了流入地和城市优质教育资源相对短缺,出现"城挤、乡空、村弱"结构失衡问题。优质教育资源的供给不足和结构失衡造成了优质教育资源分配不合理。① 2022年国务院教育督导委员会印发了《关于公布通过义务教育均衡发展国家督导评估认定县(市、区、旗)名单的决定》,公布了2021年通过义务教育均衡发展国家督导评估认定的县名单,共94个县正式通过义务教育基本均衡发展国家督导评估认定。至此,我国31个省(区、市)和新疆生产建设兵团的2895个县都实现了县域义务教育基本均衡发展。从2012—2021年,我国义务教育在实现全面普及的基础上,仅用10年左右的时间实现了县域基本均衡发展。义务教育进入从基本均衡到优质均衡发展阶段。优质均衡更加注重内涵发展和质量提升,核心是实现"四个更",即"全面发展的理念更鲜明、标准化建设程度更高、教师队伍更强、人民群众更满意"。②

(一) 教育内涵多元化

教育多元化、城乡一体化的历史演进,带来教育结构的相应调整。单向度、二元化的片面教育结构体系向多样化的教育结构体系的转变,将打破以往的学校教育模式。陶行知曾依据他的"生活即教育,社会即学校"理念,对乡村教育改造开出的"药方",就是要"建设适合乡村实际生活的活教育",并提出了教育要"大规模联合"的思路,仍有现实价值。他说,"第一要教育与农业携手,教育更须与别的伟大势力携手。教育与银行充分联络,就可推翻重利;教育与科学机关充分联络,就可破除迷信;教育与卫生机关充分联络,就可预防疾病;教育与道路机关充分联络,就可改良路政"③。乡村教育既承载着为乡村地区经济发展和文化传承培养人才、塑造乡风文明的任务,同时也是实现农村农业现代化的重要抓手,并且随着乡村振兴战略的全面实施被赋予新的时代

---

① 课题组.扭转教育功利化倾向[J].教育研究,2020(8):4-17.
② 李远方.我国义务教育实现县域基本均衡发展[N].中国商报,2022-6-29(03).
③ 胡晓风.陶行知教育文集[M].成都:四川教育出版社,2007:158.

内涵。[1]

教育主体的多元化。乡村教育形式多元化带来教育投资主体多元化、教育行为主体多元化。乡村教育和人才已经成为经济增长的决定性因素。以往那种靠政府为主出资办教育,或者由全日制正规学校独揽乡村教育职能的格局,已无法满足社会经济发展对教育和人才的需要。传统意义上的全日制学校教育所占比重将逐步降低。

教育资源的多样化。发展需要依靠资源,资源挖掘运用促进发展。内部资源即为当地的乡土教育资源,如乡村自然资源、人文资源、文化资源等;外部教育资源则是源于政府、社会组织提供的,如资金、信息、技术、人才等。乡村独特的自然资源和人文资源是乡村教育的重要资源。乡村教育振兴乡村发展,乡村发展促进乡村教育振兴,关键和基础在于教育资源多样化发展。

教育对象的多元化。教育对象也从以青少年在校学生为主,演变为各种不同身份、不同年龄、不同职业、不同学习目标的学生并存的多元化格局。

教育结构的多元化。除了传统的基础教育,还有学前教育、职业教育、成人教育、特殊教育、民办教育、智慧教育等多种形式。学前教育、普通高中成为义务教育的延伸;高职教育成为职业教育发展的主要方向。职业教育将为城乡一体化培养适用人才,提供坚实的人力和智力支持。

教育方式的多元化。除了传统的以教室和黑板为主要载体的教学方式外,多媒体网络技术与远程教育技术将逐步成为进行现代教育教学的主要手段,从而加速教育技术手段的现代化。新型教育手段的出现为乡村教育资源更广泛、更有效的利用和优化配置开辟了道路。

(二) 教育目标导向优质化

国家教育发展政策目标导向,从乡村学校建设的支持性政策演变看,逐渐由外在条件改善转向内在深度变革。乡村教育与乡村学校建设的相关政策大量出台,几乎涉及乡村教育与乡村学校建设的方方面面,既有国家层面的宏观导向,又有关于师资培养、办学条件改善、校舍建设等的专项政策,还有地方层面的各种扶持政策。即"由过去的通过加大资源投入、增购硬件设施等方式提升办学效益,到现在的有针对性地培养乡村教师、挖掘并彰显乡村学校办学特

---

[1] 刘奉越,张天添.中国共产党百年乡村教育发展历程、成就与展望[J].河北大学学报(哲学社会科学版),2021(4):47-54.

色,提升乡村学校内在的教育品质","各项政策之间相互联系、相互作用,形成合力,共同对乡村教育改革、乡村学校建设发挥着综合作用"。①

(三) 教育模式个性化

个性化教育对乡村教育尤为重要。学生掌握思考与学习能力,具备积极学习动机、创新素养、合作精神、志愿意识和乡土情怀。每一个受教育者得到足够的潜能发展和参与社会发展的机会;学生全面素质的培养和长远的发展能力普遍通过个性化的因材施教方式得以有效实施。

学校和教师对学生差异个体主体性的尊重。尊重、理解和仁爱成为乡村教学宽容的核心价值。课程多样化,专业多样化,交叉综合化,课堂教学多样化,才能培养出多样化的人才。在尊重和满足学生的个体差异的基础上,来设定教师学生的具体义务。学校应根据育人目标及学生实际的需要,提出学校课程的总体目标。学校遵循课程应该体现社会需求的变化、更加贴近学生的实际需要的原则,学生才获得了自身的有效发展。给予学生更多的发展空间,既包括对选修课程的选择,又包括选择的变动性与灵活性。

📖 案例与讨论

讨论:城乡一体化下乡村学校质量根本依靠什么？石梁学校公平优质的教育表现在哪些方面？对实现教育目的有何意义？

浙江天台石梁学校:"乡村名校"托起乡村希望

三、优质发展的行为选择

从伦理决策和行为选择看,乡村教育优质发展是一个依据一定价值理念的集体向优、选优、创优教育行动。一是创新、协调、绿色、开放、共享的新发展理念,贯彻到乡村教育主体决策和生活行为选择过程中。二是统筹城乡教育的协调发展,重心下移到广大乡村地区。三是坚持平等、民主、以人为本的教育教学观,以人的发展为终极目的,提升乡村教育生活质量、特色和品味,提高

---

① 刘景超,刘丽群.我国乡村学校建设政策的演进逻辑[J].河北师范大学学报(教育科学版),2020(4):64-70.

人的素质,促进人的终身发展。四是消除乡村教育和乡村文化在发展进程中被异化、物化、边缘化等发展失调的现象,提升教育生活世界的乡村文化意义。

库珀主体行为决策伦理对乡村教育优质发展具有一定启发意义。特里·L·库珀(Terry L·Coopper),美国著名行政伦理学专家,其《行政伦理学手册》《行政伦理学:实现行政责任的途径》奠定了他在美国行政伦理学史上的大师地位。库珀在《行政伦理学:实现行政责任的途径》一书中提出:"作为一个负责任的行政人员,一方面要在客观上为自己的行为负责,另一方面在主观上还要使自己的行为与职业价值观相一致。"[1]该书中涉及的行政人员的行政责任及冲突、行政组织的负责任行为选择和评价等。负责任的行政管理行为对教育行政伦理决策,也对乡村教育的教育教学决策有一定的实践启发意义。

库珀认为,现代行政伦理学集中体现了角色的多元化和差异性、相对主义和社会多元化等问题。面对复杂的环境,无论个体,或者组织,面对权力冲突、利益冲突、角色冲突等利益关系选择,应自觉做到主客统一。自觉承担决策责任,既是其本身的职责要求,也是化解决策冲突的伦理途径。责任和义务是关于人的社会角色使命的规定,一个人在社会群体中扮演什么样的角色,也就应当承担相应的义务。

库珀将伦理决策模式分为五个步骤和四个环节,在决策过程中,个人道德品质、组织制度、组织文化和社会期待四个因素互相促进、共同发展,致力于实现科学化、伦理化的负责任行政行为。

第一步是"描述情形"。即超越情感的影响去描述事实真相。某一问题的起初状态通常呈现出片段或扭曲的形式,并伴随有评价性语言或思考。对情形的描述要避免带有个人色彩和盲目的"等级信任"。

第二步是"定义伦理问题"。即从伦理角度而不是从实践角度给问题下定义。根本上来说,伦理问题和交通运输、建筑以及外科手术等问题一样,都具有动态性。因此,必须时刻准备好依据时间的改变和事件的变化而改变已有的处理方法。伦理角度的定义是"效忠冲突"。

第三步是"区分可供选择的方法"。即运用一切方式和技巧超越非此即彼的思维方式,考虑各种可以替代的方法。任何一种模式(包括这里所提供的模式)都不可能给人们提供一个最"准确"的决策方案,但却能给我们提供一个样

---

[1] [美]特里·L·库珀.行政伦理学:实现行政责任的途径[M].张秀琴,译.北京:中国人民大学出版社,2010:5.

板,正是这个样板可以帮助我们每个人在具体的情况下(即在诸多不确定因素以及时间期限的限制等条件下)创造性地设计最佳决策。

第四步是"设想可能的后果"。即充分运用自身的道德想象力设想每种方法的可能后果。一旦拓宽了可替代解决方案的范围,就有必要设想每一种替代方案的积极或消极的后果。

第五步是"选择一种方法并做出决策"。这是伦理决策的关键阶段,是以伦理思考第二、三层次为依据的实践运用。[①] 决策包括义务论(以义务为导向)和目的论(以目的为导向)这两种方法,前者注重遵守某种伦理准则(如诚实和公正等)的义务,它强调的是义务的首要性;后者注重行动的后果,正如功利主义信仰"最大多数人的最大幸福"一样,目的论追求的是最好的结果。这一阶段所讨论的这一模式,既包括义务论也包括目的论,因为在实践中,永远不可能将它们二者截然分开。尊重人类尊严的义务与不尊重人类尊严的可怕后果是分不开的。

伦理决策模式的四个环节:一是"道德规则";二是"答辩彩排",即模拟在大庭广众之下对自己所选择的方法进行辩护的方式,用自问的形式,系统地思考每一种可选择的方法;三是"伦理准则",即考虑伦理基本准则的等级次序并详述正当理由;四是"预期的自我评价",即测试行为过程与我们的自我形象的适合程度如何,倾向于感性对理性的批判与适应。这四个环节并不是完全次序分明的,道德规则与伦理准则的分析是上下来回进行的;答辩彩排在道德规则阶段和伦理准则阶段都需要用到;预期的自我评价则可能推翻已形成的理性决策而使得上述过程从头再来。[②]

乡村教育的优质发展,重在教育内涵和品质优化,富有多元化个性的乡村文化教育品牌和特色的出现。而其价值维度和伦理文化意义在于乡村教育主体的伦理责任和品质的提升。乡村教育伦理责任与品质,存在于主体的教育教学政策制定、决策计划、教育教学文化活动等具体决策行为过程中。库珀主体行为决策伦理的理论意义及启示:一是教育行动的道德责任感建立。公共组织中的每一个角色不论职责大小、职位高低其行为既受制于制度的他律,又出自内心的道德。教育主体在履行制度规定的外在责任过程中,应把外在责

---

① [美]特里·L·库珀.行政伦理学:实现行政责任的途径[M].张秀琴,译.北京:中国人民大学出版社,2010:32-36.
② [美]特里·L·库珀.行政伦理学:实现行政责任的途径[M].张秀琴,译.北京:中国人民大学出版社,2010:36-39.

任内化为自身的道德需要,外在的"他律"升华为内心的道德责任感,成为主体积极向善的价值导向。二是教育行动伦理能力的增强。乡村教育伦理能力的优化发展与进步,在于发挥教育教学个人和组织的主体能动性。更注重教育公平,尊重决策对象的个性。三是教育行动决策与实践体系的健全。完善教育教学决策制定、实施、评价等全过程环节,决策要求决策者应以尊重对象伦理自主性为前提,设定多元化的发展策略,建立负责任的、责任和义务同在共促的体系。这些对乡村教育的优质发展具有重要意义。

思考与探讨

1. 乡村教育发展如何贯彻新发展理念?
2. 乡村教育两个基本伦理问题是什么?与乡村教育价值有何关系?
3. 乡村教育主体有哪些,如何理解乡村教育主体伦理建构?
4. 调查一个乡村教育发展案例,研究应如何优质发展。

拓展学习

1. 刘奉越、张天添:《中国共产党百年乡村教育发展历程、成就与展望》,《河北大学学报(哲学社会科学版)》2021年第4期。

2. 余应鸿:《乡村教育发展的内生机制研究》,《西南大学学报(社会科学版)》2020年第2期。

3. 赵宇星、崔兴平:《十八大以来党的教育公平思想内涵及其当代价值》,《教育现代化》2020年第7期。

4. 孙杰远:《乡村教育应在文化选择中重塑主体性与自觉性》,《探索与争鸣》2021年第4期。

5. 冯建军:《从同一性到差异性:重构乡村教育的正义之维》,《探索与争鸣》2021年第4期。

6. 顾明远:《均衡与优质 教育公平与质量比较研究》,山东教育出版社,2015。

7. 冯建军:《教育公正——政治哲学的视角》,福建教育出版社,2008,第5、7章。

第四章

乡村学校发展与改革伦理

【内容提要】围绕乡村学校发展,阐析教育发展的伦理内涵、乡村学校发展的利益关系,以及乡村发展中乡村学校主体性地位确立。探讨乡村学校资源分配公正问题、学校改革的课程知识、师生关系、教学改革伦理规范等问题。

第一节 乡村学校发展主体性自觉

一、关于发展与教育发展的伦理内涵

(一) 发展概念的伦理考察

2020年,联合国发展计划署颁布了《2020年人类发展报告》,报告的副标题为"新前沿——人类发展与人类世"。在该书提出了"人类世"概念,指出我们进入了一个"生活在由人类的选择来决定的时代","我们生存的主要风险正是我们自身"。[①] 人类发展,能力、能动性和价值观三因素密不可分,其中价值观是我们理解什么是好生活的基础。发展不仅意味着物质生活层面变得越来越丰富就是好生活。在《牛津英语辞典》中发展是指"谷物、植物或动物萌芽中事物的成长或绽开","相当于演化"。泰勒在《先民文化》第一卷中引述道:"它

---

① 联合国发展计划署.2020年人类发展报告:新前沿——人类发展与人类世[R/OL].[2022-4-15]. https://www.cn.undp.org/content/china/zh/home.html.

的不同等级可以被认为是发展或演化的阶段,即每一种早期历史的结果。"《德文文化辞典》强调,发展是"文化的、社会的、历史的、政治的、经济的和我们国家的社会发展"。意即一种实体随着时间,从存在的低级阶段进入到某种更高或更"复杂"的阶段。① 发展有两层含义:一个意思是指生命体器官的发展过程,如从小树苗长到大树。所有的有机生命都有生命或自然史。它们诞生、成长或发展,最后死亡。但是它们也会再生,那么,一个单一有机体的死亡也绝不是物种的死亡。第二层含义,这个含义是一个算术上而不是生物上的概念。发展通常只是简单地指"更多"。我们现在拥有的,明天会拥有更多。发展到底是要发展什么?②

发展,西方古拉丁文本义含有舒展、展开、发育等义,指生物有机体演变、成长和成熟的自然进程,本没有好坏、高低、优劣、先进落后价值意义之分。从发展学角度来看,发展主要是西方近现代资本主义工业社会以来的经济事件和社会事件。刘潜认为:"发展之所以提出来,主要还是由于有的国家发展速度比较快,其他的国家速度比较慢,逐渐处于经济和社会发展的下游,然后才想起来了'比学赶帮超',由此才出现关于发展这样一个说法,同时出现一个新的概念叫'发展中国家'。相对于发展中国家,发达国家就是已经'充分'发展了。而发展中国家就是在发展的途中这样一个意思。"③同时,发展又意味着一种文化事件,它内蕴着特定的文化的、伦理的价值意义观。直到18—19世纪西方文化将发展与"进步""进化"(虽然有将进化和发展做一定意义上的区分)的意义等同起来,发展被预设了西方资本主义现代性文化价值意义前提,蕴含了事物、社会、历史在人的理性自觉努力下向更高级的形式和状态以及更加美好的目标无限线性进步的意义。至此,"简单"与"复杂"、"低等"与"高等"、"差劣"与"优越"以及"先进"与"落后"等的现代性发展价值意义凸显。

"发展首先是一个事实,指人及人类社会自身现实的进程,这种进程又包含人的活动内容,它与纯自然过程不同,蕴涵着一种价值判断,展示人生存的意义。""发展又是人的各种价值追求的集合。"④发展既是涉及人的理性自觉的

---

① [美]伊曼纽尔·沃勒斯坦.否思社会科学:19世纪范式的局限[M].刘琦岩,叶萌芽,译.北京:生活·读书·新知三联书店,2008:75.
② [美]伊曼纽尔·沃勒斯坦.否思社会科学:19世纪范式的局限[M].刘琦岩,叶萌芽,译.北京:生活·读书·新知三联书店,2008:135.
③ 刘潜.走向深发展观[J].自然辩证法研究,2013(10):26.
④ 焦鸿.论发展的多重内涵[J].唯实,2004(7):10.

自主的观念以及它在特定发展观念指导下的实践行为方式,又涉及由此形成的人特定的价值意义系统。这些价值意义系统体现了人的整个生存方式和生活方式的变革、变迁和转型。因此,发展成为人类的哲学、经济学、社会学、文化学以及人自身的人类学等各门学科的研究对象。发展既可描述为一种人类行为、活动、实践的客观事实,又在其内部承载着特定的价值意义。

(二) 教育发展的伦理意义

"教育"的概念,中国最早见于《孟子·尽心》上,"得天下英才而教育之"。汉许慎《说文解字》:"教,上所施,下所效也;育,养子使作善也。"《礼记·学记》讲:"教也者,长善而救其失者也。"《大学》则明确提出"修道之谓教"。教育发展是人类特有的理性发展实践行为和活动,离不开特定的发展价值观的引领和指导。教育的发展,是特定发展价值观在教育发展领域的具体实践和运用;同时,又由于教育的实践活动的特殊性,教育的发展又担负起传承优秀的发展文化价值、反思和引领现实的发展价值观、着眼于整体和未来的发展价值、发展人的全面人性和本质等特有的发展责任和使命。教育自身的发展价值观又会在一定程度上深刻影响(促进或促退)社会整体发展价值观的反思、深化、丰富和完善。从一定意义上说,教育的发展则是发展的发展。黑格尔指出:"伦理是自由的观念,它是活的善,这活的善,在自我意识中具有它的知识和意志,通过自我意识的行动而达到它的现实性,另一方面,自我意识在伦理性存在中具有它的绝对基础和起推动作用的目的。因此,伦理就是成为现存世界和自我意识本性的那种自由的概念。"[1]伦理的教育发展必然蕴含着一种向善的理念和善的精神。它是教育发展实践行动在道义上和人性上保持一种合乎普遍认同价值和理想的发展状态的精神前提。在价值意义上,它应体现为教育发展主体与对象在教育发展行动中"应该"如何的价值体系和价值诉求。

教育发展的价值意义在于,教育发展不仅要承载一般的经济、社会、文化等价值,且应当以自己特有的方式加以承载,更重要的是要实现对现实低层次价值的智慧性超越,引领社会,创新文化,不断深入全面理解和把握人性的本质,并促进人的本质能力的实现。因此,从教育自身发展在社会系统的发展中特殊性着眼,教育发展的向善性应从以下两个维度展开,一是教育发展的公共善,二是教育发展的个体善。

---

[1] [德]黑格尔.法哲学原理[M].范扬,译.北京:商务印书馆,1979:164.

1. 教育发展的公共善

从教育发展的公共善的基本特征来看,首先,具有公共性、公益性、整体性、普遍性、长远性等特点。教育的发展或发展教育是适用和针对所有人、整体人而不是部分人,发展的价值标准决不能是双重的。其次,应以人为本。教育发展围绕人为中心、出发点和宗旨,而不是制度体系、组织秩序及其少数阶层自身利益。再次,利益性。发展公共善围绕的核心是利益的调整。各种教育公共制度、体系、机构、秩序的变革,始终围绕各种利益关系的调整和变化。最后,道义精神性。在发展生活实践的现象中,公共善总体现为一种非私人性、非情感性、对所有人都"一视同仁",崇尚一种以普遍的共同体利益为基础的功利理性,但其本质上是要体现一种真正的德性精神和道德价值。教育道义精神的价值就在于,它能够使得在发展主体和对象所涉及的种种关系间保持着一种公平、正义、平等、和谐的利益分配伦理秩序。

2. 教育发展的个体善

教育发展的公共善承载着的伦理价值属性,本质上是教育发展的利益性,围绕和调节的核心是利益,其最终目的指向也是最大多数人的教育发展公共利益。在处理道德的人—不道德的社会的现代性、个体道德与公共道德的悖论时,美国的尼布尔、罗尔斯等人认识到,人和公共制度、规范对现代人生存和发展的重要影响和意义,主张社会公共道德、制度伦理建设优先的原则。强调公共制度的伦理性、秩序的道德性对个体道德的影响作用。但这仅是问题的一个方面——即"人生存在制度中"。还有另一方面,他们忽略了,即"制度也生存在人中"。任何制度的策划、运作、执行及其成效、后果的评价以及变革和发展都离不开个体的人。教育发展亦如此。教育发展的目的和宗旨归结于个人。教育发展的伦理向度的根本在于提升和发展教育发展主体和对象的向善能力——教育发展的个体善。

个体善的发展不是由外部强制的,但确是由外部促成的。教育的发展不能成为教育个体善逐渐迷失的过程,而应是相反。个体善自我发展是指个体自我道德的发现、道德德性精神的张扬、道德境界的提升。教育发展的个体善是指教育发展必须而且应当促进个体的个体善的自我发展,而不是促进个体的个体善的自我迷失和自我泯灭。人的身体生命是有限性的、有朽性的,但精神生命的欲求则是趋向于一种无限性、不朽性,总是呈现一种超越于现实的未完成性、无限的创造性。个体善总是指向个体精神、道德精神的。这种精神主要包括:其一,是仁爱、利他、奉献的道德精神;其二,是自由、自决、自律的道德自由精神;其三,是人与对象世界关系的外部和谐发展道德精神;其四,人内在的人格系统内在和谐发展的道德精神。

二、乡村学校发展:失落的文化主体与利益主体伦理自觉

(一) 现代性教育的功利性发展

从发展教育和教育发展的目的性来看,现代性教育则偏执于教育的功用性;从教育系统在社会整体系统的地位来看,教育是工具性、从属性的。教育已经被牢牢禁锢在其对社会的实用性、工具性之上。加拿大教育家史密斯认为,现代公共教育萌芽于16世纪时的新教改革。当时,普及文化已经成了让大众自己阅读圣经以寻求真义的议程的一部分。宗教改革所激发起的新型的个人自主感,同时也引发了要求按民主程序办事的运动。国家从教会手中接管了教育的大权。现代教师充当着世俗文化的主要传播者角色;现代教育产生的另一关键因素是笛卡尔学说的兴起和启蒙运动客观理性和方法论的实证主义工程。自然科学的方法论前提直接促成了所有当代社会科学,如经济学、政治学以及教育学本身等科学。[①]

现代公共教育主要职能从发展的起源和初衷来看就带有浓厚的世俗性、功用性、实证性、工具性等先天特性。1861年英国的赫伯特·斯宾塞在其《教育论》中认为,教育的目的就是为了完美的生活做准备。而这"完美的生活"主要与个人身体健康、生产活动、养育子女有关。个人身体健康的实际生活科学是最有价值的知识,而文学和人文科学是无价值的知识,既不能证实,又不能解决生活实际问题,只是一些"花哨提议"和"虚文华饰"。斯宾塞为此,进行了课程排序:与人的身体健康课程为第一等;其次,是生产活动的课程;再次是如何养育子女的课程;最后是人文课程,只能供人闲暇消遣之用。赫胥黎也认为人文教育课程华而不实,"教育之树的根在空中,而叶子和花在地上,科学教育就应使之真正颠倒过来,""自由教育"就是关于"自然规律的智力训练","人文教育"就是"引导人的情感意志与智力训练同一方法上来"。[②] 这样的教育发展

[①] [加]史密斯.全球化与后现代教育学[M].郭洋生,译.北京:教育科学出版社,2000:144.
[②] 熊志翔等.高等教育制度创新[M].广州:广东教育出版社,2002:79.

理念,事实上深刻影响着现代整体教育课程发展的理念。

法国社会学家布尔迪约则从现代的经济理性主宰的社会文化视角,进一步论述现代教育的文化发展意义上的工具性及对人的发展影响。"教育系统在整个社会系统中是一种专断权力化生的产物,教师——国家雇佣的小先知(马克斯·韦伯语)","所有的教育行动客观上都是一种符号的暴力"[①]。现代教育的行动被强加了一种文化的专断权力,最终以集团或阶级(阶层)之间的权力关系为基础,使它们的文化专断得以复制或再生产,从而有利于这些集团或阶级(阶层)的实际权力得以复制或再生产。而现代教育的再生产和发展模式又以一种现代科学认知理性的方式(如心理学、道德学、教育科学)加以教育技术意识形态化,使得这种文化专断权力得以隐蔽化,遮盖了这种专断的强制性及其真正企图。这些使得整个现代教育发展的社会意义始终超越不了功利理性的算计和博弈。得以合理化的专断性的教育文化权力也必然始终或直接或间接保证了特定权力集团或阶级的利益和价值得以合理化。这种文化权力在当下又体现为一种"市场理性"与社会的、经济的最终是市场的"权力"的合谋的权力,使得现代性教育发展的价值意义呈现出强烈的"单向度"特性,近乎沦为纯粹意义的功利化的工具价值。教育功利化倾向的形成"不是单一教育主体功利行为的结果,而是多方教育主体和社会的共谋,是社会教育观念工具化、优质教育资源分配市场化、教育过程简单化以及教育主体因从众效应被强力裹挟等四个方面综合作用的结果"[②]。

教育发展对教育系统自身来说,表达自身目的性,似乎已单向度依赖于外在可以量化的被计算、规划和测评的技术理性力量。学校、教师和学生势必依靠的是考试的分数、升学率、名校率等各种"指标""指数""数据"的上升,去适应和迎合这样的攀升。教育被迫去适应技术理性和市场发展的需要,更缺乏一种真实的内在动力去审思和实践人本质的全面发展。

(二) 乡村教育文化的失落

现代市场理性统领下乡村学校的教育发展也势必趋向于"经营"而非发展教育。现代性教育发展的运作模式和理念,是一种权力的再生产(一种权力的发展),为市场和市场理性服务的再生产。功利理性和市场理性不可避免地要

---

① [法]P·布尔迪约等.再生产——一种教育系统理论的要点[M].北京:商务印书馆,2002:128.
② 课题组.扭转教育功利化倾向[J].教育研究,2020(8):4-17.

渗透进教育发展领域并占领和统领这个领域。丹尼尔·科顿姆说:"'有什么用处'这是现代西方世界最著名的教育,或者说是最著名的错误教育之一。"① 随着市场的全球化,这样的教育发展价值理念近乎蔓延到世界教育它所能够到达的各个角落。现代学校也相应成为"工厂制"、知识工厂或追逐现实、现实利益的"小社会"。学校的意义只是生产、再生产出符合市场和市场理性所需要的专业知识的智能性商品,而非真正意义上的人。

对乡村学校来讲,乡村学校在此大潮中只能亦步亦趋,其根本冲击标志就是乡村教育文化的失落。近代乡村教育运动中的梁漱溟认为,中国自从废科举兴学校以来,大家讲求实用,注重职业教育,但这种教育并未成功。因为职业技能是工具,工具靠人运用,只注重从工具入手而忽略运用工具的人的精神状态是不行的。② 他发现,旧社会组织构造崩溃,中国的风俗习惯、制度、学术思想等都有了很大改变,从沿江沿海通都大邑开始,逐渐延及内地乡村,引起了"乡村破坏"。中国绝大多数人都住在乡村,乡下人的精神破产,就等于是整个中国民族精神破产。他的诊断是文化失调问题,仅仅依靠政治等单一手段是没有办法的。

文化是一个民族或群体在潜意识的过程中选择国家或群体的生存的一个状态。文化这个概念不仅仅包括了人与整个社会和自然之间的互动交流,同时也包括人类在道德和信仰方面。随着现代性为主导的城市文化不断扩展和延伸,原本富有淳朴、多元、人性、教化意义的乡村本土文化正经历不断消亡的过程。乡土文化在乡村学校教育中消亡只不过是教育发展趋利性的精神现象表征。其外在表现则是源自市场理性中各种教育利益主体"追求利益最大化"的强烈冲动,是利益至上主义的经济发展价值观去拼命向教育索取"效率"的结果。乡村学校趋利特性很难说就低于其他学校,只不过是在教育资源的配置效率上、"分层化"技术、"隔离化"技术、惨烈竞争理念方面成为遗忘者、代价者甚至是牺牲者而已。

在传统乡村伦理价值秩序的解体,而新的合理的价值秩序又远没有建立的过渡时期,功利绩效导向成为无以替代的价值标准。权力、市场领域出现的资源分配的"马太效应"、职业倦怠、腐败等现象和问题也都在教育发展领域有不同程度呈现。传统教育关系、教育活动乃至教师光环在这种新实用主义价

---

① 丹尼尔·科顿姆.教育为何是无用的[M].仇蓓玲,等译.南京:江苏人民出版社,2005:198.
② 梁漱溟.乡村建设理论[M].邹平:乡村书店,1939:21.

值标准下,逐渐黯然消逝。"教育的主体和对象都是人,教育的根本目标和根本任务是培养人。在整个文明体系及其历史发展中,教育履行和完成的是一种文化使命和文化任务","学校作为一种履行特殊社会功能和文化使命的组织,其人文本性应当是一个共同体,一个教育共同体","教育共同体必须是一个伦理实体","伦理实体,是教育作为一个共同体的人文本性的实质"。① 这些是教育及其发展价值观的应然状态下,教育实体的本性的揭示和阐释,但在现代性的"单向度"发展与教育发展价值观念宰制下,现实的教育发展行动却很难实现自己的超越。

📖 案例与讨论

乡村学校原本是文化教育的载体,但在乡村教育一步步向城市整合的过程中,乡村学校逐步成为孤立的存在且再不具任何实际价值。刘云杉用"孤岛",来代指与乡镇"悬浮型政权",相伴而生的"文字上移"现象中的乡村学校,越来越多的家庭选择寄宿制学校,而乡村学校悬浮在普通人的生活之上,无形中成了空间意义上以及心理情感和文化认同上的孤岛。从更宏观的乡村治理角度来看,税费改革影响下的"悬浮型政权"是导致这种困局产生的不可忽视的重要存在,在"知识改变命运"的诉求下,面对稀缺教育资源的分配,如何从孤岛中突围引起了人们的深度思考。

——李珍:《社会变迁视角下乡村教育发展研究述评》,《湖北农业科学》2019 年第 20 期。

讨论:你是否认同乡村学校"孤岛"现象?理由是什么?

(三)乡村学校利益主体的伦理自觉

新时代乡村教育的振兴"不仅需要外在力量的支持,更需要来自乡村教育实践场域内主体力量的支撑"②。失去了教育的文化价值精神的合理性和合法性,乡村教育便会沦为一种单纯的适应市场理性的知识、技术的培训工作,而非本质意义真正的教育。正如雅斯贝尔斯说:"有的人将抛弃历史传统,他们将教育进行下去,就好像教育与时代完全无关一样,他们为使教育只有下列内

---

① 樊浩.教育的伦理本性与伦理精神前提[J].教育研究,2001(1):25.
② 王红.新时代提振乡村教育自信的实践理路[J].上海教育科研,2019(10):16-20.

容组成:即技能的训练、获得知识以及为儿童能在当今世界取得一席之地而提供信息。"[1]现代性教育发展价值观使得教育知识化、专业化、碎片化,怀疑历史、过去和传统,相信当下。由于失去了传统整体文化精神的支持,教育的发展变得神经质起来,很不自信。处于价值工具性地位的教师、学生围着教育和教育发展的虚伪宗旨和目的疲于奔命,精疲力竭。雅斯贝尔斯认为现代性教育及其发展的"令人不安的因素":"在教育缺乏任何统一思想情况下,人们在教育学方面做了大量的努力,教学方面的'新书'汗牛充栋,教学法不断发展。今天每一个教师个人比以往任何时代更有自我牺牲的精神,但他们实际上由于缺乏整体传统文化精神的支持,极端缺乏自信,软弱无力。教育中的一种尝试很快让位于另一种尝试,教学的内容、目标和方法不时被改变。对于一个没有自信的时代来说,它所迫切关心的是教育,就好像在这个领域内可一次从虚无中做出建树。"[2]

回归教育本义,回归生活,乡村学校具有独特优势。教育发展根本上是一种实践伦理精神,在于人对于发展对象关系的一种精神性把握。它体现了人的存在方式、生活方式和实践方式,而不是纯粹生成于人的观念中的东西。它必然与人的生存发展实践相联系,并由人在生存发展实践中创生和体现出来。

从发展效用论视角看,乡村教育发展利益主体性问题集中体现为:教育行动的适应性和超越性关系问题。教育发展的适应性,使得学校都成为利益体系中主体成员角色,均要接受发展教育的效用性、功用性和功利性统一标准的衡量。即教育资源的投入与产出比较的结果。学校对社会的经济、市场、科技、社会、生态、政治等方面所产生的及时性、可以测量和评估的成效,都可以通过技术量化手段进行衡量和评价。教育发展的超越性,要求任何学校都应该成为伦理人、文化人主体角色,学校要担负发展教育的文化性和精神性功能,对社会、文化和人的内在精神应产生的长远性、整体性、内在性的影响不能被及时地测量和评估。适应性和超越性本质上是统一的,适应性应以超越性为价值意义导向,超越性也不应游离适应性的基础和条件。但由于现代性发展价值观的统领和宰制下,适应性从超越性中游离、释放出来,适应性成为实用性。教育发展实践趋向成为单向度适用性发展,教育发展的超越性由于脱

---

[1] [德]卡尔·雅斯贝尔斯.现时代的人[M].周晓亮,宋祖良,译.北京:社会科学文献出版社,1992:57.
[2] [德]卡尔·雅斯贝尔斯.现时代的人[M].周晓亮,宋祖良,译.北京:社会科学文献出版社,1992:57-58.

离技术理性尺度，而被形式化、悬置或遮蔽了。

乡村学校应处理好适应性与超越性关系。在适应性方面，尽管国家和政府会以各种制度决策加以利益调节，有形资源投入，但从发展实践历史趋势看，资源的均衡不等于平均，每个乡村学校永远不会取得均等的资源数量。其人才培养社会层级上，如精英人才培养，也难以比照其他类别学校。但乡村学校因其独特文化优势如本土文化、生态文化及其文化孕育出的乡村精神、淳朴天然特性，使得乡村学校主体伦理建构有自身的优势。在教育实践过程中，教师与学生朝夕相处、守望相助，更容易达成伦理共同体的伦理自律和责任担当。

三、乡村学校自主及其利益关系调节

一个健康积极向上的乡村社会，往往有着良善适合的乡村教育发展价值观念及其制度支持与保障。当良好的教育惠及城市与农村的大多数时，更多的人就可以在同一个平面上竞争，从而让社会充满活力。从利益关系视角看，教育改革发展，也是利益关系不断调整和整合，形成新利益秩序的过程。这些利益关系中有直接利益和长远利益，有学校个体利益、局部利益和整体利益，有学校内部利益和学校外部利益等。教育发展在实现中国教育现代化过程中，乡村教育在利益关系整体结构中是一个相对薄弱的环节。这种薄弱体现在方方面面，包括农村教育的师资、办学条件等资源的紧缺，办学理念、教育方法的落后，教育质量相对的低层次等。

从新中国成立到1978年改革开放，乡村教育总体看，强调的是政治力量的驱动。在国家力量主导下，农村教育被定位成为农村服务的教育。农村教育的培养目标、教学内容、手段，紧紧围绕为农业服务、为农民服务、为农村服务等中心内容。改革开放之后，随着经济的快速发展，农村教育的发展更多依靠经济力量驱动。这一时期农村教育的定位立足于商业化、物质化的时代，逐步向城市学习，向城市输送更多更好的毕业生成为大多数农村学校的育人追求。乡村教育面向城市，其评价标准失去了乡村学校话语权，好与坏是按照城市教育的标准来评价的。乡村学校培养出来的人，并不是为了留在农村。

党的十八大以来，整体社会经济发展进入了新常态。随着新型城镇化的推进和城乡一体化的发展，农村教育面对的学生发生了新的变化，他们并不都仅仅生活在农村，在新型城镇化进程中，很多人甚至出现了逆城镇化的倾向。

此时,农村已不是过去意义上的农村,农村学校培养的人才定位也不再是仅仅为第一产业服务,它还要为工业和服务业服务。同时,在教育内容和手段上也发生了很大变化,真正实现更加公平和更有质量的教育。在这个时期,农村教育不仅仅面向农村,也不仅仅使培养的人才都脱离农村走向城市,而是强调为未来服务,即无论在乡村还是城市,更加强化培养社会主义事业的建设者和接班人目标。

在此背景下,乡村学校自主权问题伴随学校班级"城挤农空"现象同时出现。学校自主是治理理念。推进治理体系和治理能力现代化,是国家全面深化改革的重要目标。教育治理能力和治理体系的现代化,是国家治理体系的重要组成部分。学校应逐步确立依法办学、自主管理、民主监督、社会参与的现代学校制度,充分体现更加现代化的管理。"城乡统筹和城乡教育均衡都是实现城乡教育一体化发展的不同阶段,其最终目的都是达到城乡教育协调发展,实现教育公平。"[①]

一是更公平的新发展观念。新时代强调教育的均衡发展,集中体现了创新、协调、绿色、开放、共享发展理念中的共享思想。在国家层面,要推进城乡义务教育一体化,关注教育的精准扶贫;在学校层面,要关注所在学校每一个人的发展,无论这个人是学习暂时有困难,或是家庭生活某些方面存在一些问题,都应给予充分地关注。

二是更有质量。随着新时代社会主要矛盾的变化,人们对美好生活的向往体现在教育领域,就是越来越多的人对优质教育的追求日益强烈,上好学校的诉求更加明显。办人民满意的教育,其实就是办人民满意的优质教育、办更有质量的教育。教育质量不仅仅是教学质量,教学质量也不仅仅就是考试的质量,而考试的质量也不仅仅就体现在考试的分数上。"追求高质量成为突出的时代话语,面临着由'量'到'质'的语境转型。如今,质量概念已从符合性质量、适用性质量上升到满意性质量。"[②]

三是更现代化。农村教育的现代化不仅仅体现在硬件的现代化、技术手段的现代化上,更体现于思想理念以及学校管理的现代化。乡村作为现代中国特别是现代化、城市化的前身,往往被理解为过去的历史的时空记忆。乡村文化不仅是乡村人的,更是属于民族的、国家、文化的根脉存在。这些实际上

---

① 徐艳伟.农村中小学教育优质均衡发展的困境及建议[J].河南教育,2022(4):27-29.
② 柳海民,邹红军.高质量:中国基础教育发展路向的时代转换[J].教育研究,2021(4):11-24.

是乡村学校、乡村教育既有的资源优势。新的乡村教育现代化，不是遗忘、跳离这些记忆，而是立足这些根脉，贯通城乡教育，城乡教育互为开放，形成新型城乡教育文化共同体。

在社会主义市场经济体制改革的背景下，政府、社会、个人作为不同层次的利益主体，有着各自不同的利益诉求。由于各种教育资源向城镇集聚，城镇学校办学条件不断改善，"城镇化进程中教育发展的主要矛盾是城镇学校办学条件的优化与乡村学校办学标准化难以实现的矛盾"[1]。所以，农村教育供给制度创新的过程也是利益重新调整的过程。只有各利益主体的利益都得到了满足，这种制度才有可能成为能够"自我实施"的制度。一旦制度没有照顾到或损害了一方或多方的利益，制度的运行就会受到阻碍。我国当前所进行的教育制度变革，就恰恰受到了此类问题的困扰，或者相关利益主体的利益诉求没有得到重视，或者各利益主体之间的利益诉求存在着较大的差异，这些都影响了教育改革的顺利进行。因此，政府在进行城乡教育制度创新的过程中，要遵循激励兼容原则，通过民主性的决策流程，统筹兼顾各相关主体的利益，这样才能提高决策的针对性和实效性，提高制度效率，加快城乡教育一体化进程。国家在处理城乡关系时，应对城乡教育一视同仁，建立城乡一体的学校办学条件标准、人员编制标准、课程标准、学生学业成绩标准等，推进教育公平。

第二节　乡村学校发展资源分配公正

乡村学校发展离不开发展资源。发展资源在乡村教育现代化发展进程中是国家力量、社会力量的配置与展示。乡村教育发展的主要矛盾是新时代社会主要矛盾在乡村教育领域的具体化，即乡村的优质教育需要同乡村教育不平衡不充分发展之间的矛盾。其中资源分配问题是乡村教育不平衡不充分发展的主要问题。这些迫切需要国家与社会力量，引领乡村教育发展方向，颁布并落实乡村教育政策和制度规定，予以乡村学校必要的经费与资源投入，提供服务保障，促进教育资源分配公正。

---

[1] 徐艳伟.农村中小学教育优质均衡发展的困境及建议[J].河南教育，2022(4)：27-29.

一、乡村学校资源均衡发展与教育公正

(一) 城乡教育资源的均衡发展问题是乡村教育公正的基础问题

乡村学校资源分配劣势地位是现代教育发展公正一个突出问题和表现。进入20世纪,一些发达国家依然存在乡村学校教育资源不足、乡村教学环境复杂下的适应困难、乡村教师培养不能适应乡村教育需要等问题。美国农村学校教育资源的情况一方面表现为学校的办学条件不达标的占比超过半数,调查数据显示,51.7%的农村学校至少有一幢建筑物不符合标准,54%的学校至少有一项环境指标不达标,如能源(39%)、室内空气质量(18%)或通风状况(24%)等;在课程资源安排上,教科书的生产商和课程书籍开发者忽略农村学校的需要;农村学校普遍存在缺乏数学、科学及特殊教育等学科的教师,某些州的农村学校中有高达49%的科学教师要教授4门科目。人口稀少地区设立微型学校,全校只有几名教师和兼职教师,农村教师留任率偏低。澳大利亚人权与机会平等委员会在其关于乡村地区教育调查的报告指出,大多数的教师培养没能教给新入职者在澳大利亚乡村和偏远地区从教所需的知识和技能。如西澳大利亚,约有48%的初中教师为短期代课教师。一项关于澳大利亚39所大学的调查表明,其中仅有11所提供了针对乡村教育的课程,并且大多是选修课而不是核心课程。[①]

乡村教育公正,指的是为乡村的生产生活服务的教育,包括有农业户口的乡村地区的适龄人群平等接受基础教育、职业技术教育、成人教育等教育权。我国农村人口基数大,文化素质相对较低,为了改变命运,更加需要教育的公平,在教育起点、过程、机会、资源的配置等方面,实施平等公正待遇,努力办好人民满意的教育。

(二) 乡村教育资源发展从"基本均衡"向"优质均衡"的变迁

我国乡村教育资源均衡发展伴随乡村教育发展历经四个阶段:第一阶段是"促两基"阶段(1986—2001年)。基本普及九年义务教育,基本扫除青壮年文盲。1986年颁布的《中华人民共和国义务教育法》对义务教育学校进行布局

---

① 高慧斌.乡村教师激励制度研究[M].北京:知识产权出版社,2020:128-130.

调整,大规模撤点并校,教育资源更集中,乡村资源多汇集到乡镇中心学校。第二阶段是"促均衡"阶段(2002—2012年)。2002年颁布的《教育部关于加强基础教育办学管理若干问题的通知》(教基〔2002〕1号),首次提出义务教育均衡发展的要求。第三阶段是"基本均衡"阶段(2013—2016年)。教育部启动的全国县域义务教育均衡发展督导评估活动,采取的基本措施包括加大中西部地区、贫困地区义务教育经费投入,实施"特岗计划"和"国培计划"等。第四阶段是"优质均衡"阶段(2017年开始)。教育部印发的《县域义务教育优质均衡发展督导评估办法》,2019年正式启动全国县域义务教育优质均衡发展督导评估认定工作。① 优质均衡发展的四方面内涵要义:全面发展的理念更鲜明、标准化建设程度更高、教师队伍更强、人民群众更满意。2022年6月教育部颁布的有关文件显示:我国义务教育已实现县域基本均衡发展,到2035年全面实现优质均衡发展。从2012—2021年,我国义务教育在实现全面普及的基础上,仅用10年左右的时间实现了县域基本均衡发展。

二、乡村学校资源均衡发展成就

(一) 国家制度政策上支持,乡村人口受教育年限大大提高

1949年,第一次全国教育工作会议上提出,教育工作在相当长时期内以普及为主。《中共中央国务院关于教育工作的指示》(1958年)、《中共中央国务院关于普及小学教育若干问题的决定》(1980年)、《中共中央关于教育体制改革的决定》(1985年)等多个文件都把普及义务教育作为重要的教育任务。1986年《义务教育法》的颁布,以法律的形式确立国家实行九年义务制教育,为保护所有农村子女的受教育权提供法律依据,越来越多的农民子女获得受教育的机会。2002年,《教育部关于加强基础教育办学管理若干问题的通知》首次提出"积极推进义务教育阶段学校均衡发展"目标。2005年,为进一步减轻农村子女教育负担,国务院提出逐步免除农村义务教育阶段学生的学杂费,让农村子女不再因贫辍学。正式提出义务教育的区域之间、城乡之间、校际的均衡发展。2006年,《中共中央关于构建社会主义和谐社会若干重大问题的决定》进

---

① 曹东勃,梁思思.优质均衡:后脱贫时代乡村教育振兴之道[J].华东理工大学(社会科学版),2021(2):42-51.

一步明确指出,发展农村教育,推动城乡教育均衡发展是构建社会主义和谐社会的现实需求。颁布的《关于实施农村义务教育阶段学校教师特设岗位计划的通知》、大学生志愿服务西部计划(2006年)、城镇教师支援农村教育政策(2006年)、免费师范生政策(2007年)、国培计划(2008年)等一系列政策进一步聚焦农村师资补充、提高等方面,改善了农村地区教育发展的师资水平情况。2015年,中央全面深化改革领导小组第十一次会议指出,"发展乡村教育,让每个乡村孩子都能接受公平、有质量的教育,阻止贫困现象代际传递,是功在当代、利在千秋的大事"[1]。2015年,国务院出台《乡村教师支持计划(2015—2020年)》,这是首个聚焦乡村教师队伍建设的政策文件,标志着乡村教师队伍建设已成为国家战略。2018年,《乡村振兴战略规划(2018—2022年)》指出,要"继续把国家社会事业发展的重点放在农村,促进公共教育、医疗卫生、社会保障等资源向农村倾斜",采取"优先发展农村教育事业"的乡村教育发展政策。[2]

农村人口受教育水平实现了飞跃式发展。2019年,学前教育毛入园率达到83.4%,九年义务教育巩固率94.8%,高中阶段毛入学率89.5%,劳动年龄人口平均受教育年限已达到10.8年。乡村中小学教师学历层次和入职门槛逐步提高,教师在职学习、脱产进修、远程教育、自学考试、攻读教育硕士等学历提升渠道日益多元,教师学历水平显著提高。[3]

(二) 确立乡村义务教育经费投入机制,办学经费城乡不平衡逐步消除

我国城镇教育的资金来源渠道一般多于农村,数量也多于农村,而大部分农村用于发展教育的资金都十分有限。国家财政性教育经费在城乡投入比例存在差距,出现教育机会不均等的问题。从新中国成立初的"村村办小学"到2001年的"以县为主"义务教育经费投入体制的确立,再到2005年的中央与地方分项目、按比例分担的农村义务教育经费保障机制的建立,逐步将乡村义务

---

[1] 习近平"扶贫观":扶贫先要扶志阻止贫困现象代际传递[EB/OL].(2015-04-02)[2021-04-21]. http://cpc.people.com.cn/xuexi/n/2015/0402/c385475-26790586.html.
[2] 中共中央国务院印发《乡村振兴战略规划(2018—2022年)》[EB/OL].(2018-09-26)[2021-04-07].http://www.gov.cn/zhengce/2018-09/26/content_5325534.htm.
[3] 邬志辉.中国农村教育发展的成就、挑战与走向[J].探索与争鸣,2021(4):5-8.

教育全面纳入公共财政的保障范围。① 2015年,国务院颁发《关于进一步完善城乡义务教育经费保障机制的通知》,强调统筹设计城乡一体化的义务教育经费保障机制;继续坚持城乡一体化原则,保证经费投入努力朝着城乡义务教育均衡发展方向转变;加大义务教育投入,重点向广大农村地区倾斜。扶弱补缺,投入必不可少。数据显示,农村普通小学、初中生均教育经费支出保持较快增长,2017年比2012年增长了约60%。中央财政教育转移支付由2016年的2 817亿元增加到2018年的3 067亿元,80%用于中西部农村和贫困地区,1/4左右用于集中连片特困地区、少数民族地区。② 持续加大投入,完善经费保障机制,优先落实教育投入资金,是推动农村贫困地区教育发展的必要条件。"十三五"期间,中央财政累计安排教育补助经费达7 495亿元,年均增长5.97%,其中用于农村地区的资金占比一直保持在90%左右。③

(三) 师资队伍建设效果显著,教师供给质量明显增强

师资是教育质量的关键。由于农村经济条件薄弱,交通闭塞,生活艰苦等不利条件,很难吸引优秀人才。乡村教师教学任务繁重,培训、进修机会少,教学问题凸显。中老年教师,教育观念传统,教法单一,新教学技术无法得到很好实施。专职教师严重不足。2013年,国家出台连片特困地区农村教师生活补助政策,各地全面落实集中连片特困地区农村教师生活补助政策和艰苦边远地区津贴政策,明确农村教师享受乡镇工作补贴。2015年,全国22个省(自治区、直辖市)的699个连片特困县中,已有604个县实施该政策,农村学校和农村教师受益面分别达到94%和87%。④ 如实施师范生免费教育、农村教师特岗计划等,出台城乡统一的义务教育学校教师编制标准。实行城乡统一的中小学编制标准,对农村寄宿制学校、村小和教学点人员编制单独核算并适当增加,保证每所完全小学以上规模学校有一名以上音、体、美和计算机教师。建立城乡义务教育校长教师交流轮岗制度,在职称评定、专业发展等方面对农村教师予以照顾倾斜,引导教师向农村学校流动。《2019年全国教育事业发展

---

① 刘奉越,张天添.中国共产党百年乡村教育发展历程、成就与展望[J].河北大学学报(哲学社会科学版),2021(7):47-54.
② 底部攻坚补齐农村教育短板——党的十八大以来我国城乡义务教育一体化改革取得新进展[N].中国教育报,2018-08-17(01).
③ 杨梦帆.中央财政下达城乡义务教育补助经费1739.3亿元[N].农民日报,2021-05-20(01).
④ 范先佐等.中国教育改革40年[M].北京:科学出版社,2018:162-165.

统计公报》数据显示,2019 年小学专任教师学历合格率为 99.97%,与上年持平;初中专任教师学历合格率为 99.88%,比上年提高 0.02 个百分点。小学阶段,2001 年乡村师生比为 1∶22.68,镇区师生比为 1∶19.99,2018 年乡村师生比为 1∶14.30,镇区师生比为 1∶17.75。初中阶段,2001 年乡村师生比为 1∶20.15,镇区师生比为 1∶19.43;2018 年乡村师生比为 1∶11.51,镇区师生比为 1∶13.00。①

(四) 办学条件显著改善,城乡差距明显缩小

乡村学校危房改造效果卓有成效,乡村学校危房面积减少。据 1978 年不完全统计,乡村危房面积 5 000 余万平方米,占中小学校舍总面积的 17.2%。就乡村小学而言,2009 年危房面积为 8 989.40 万平方米,2016 年减少到 714.14 万平方米,7 年减少了 92.06%;2001 年危房面积所占(校舍建筑面积)比例为 7.41%,2016 年为 1.39%,比 2001 年减少 6.02 个百分点。乡村初中而言,2009 年危房面积为 4 732.97 万平方米,2016 年为 469.86 万平方米,减少了 90.07%;2001 年危房面积占比为 4.98%,2016 年为 1.16%,减少 3.82 个百分点。②

城乡教育信息资源获得的机会不平衡状况大为改善。在现代教育中,信息资源及其传播对于教育质量有较大的影响,体现在智慧校园的布局、在线课程的供给、学习终端的配备、在线平台的建设、师资标准的提高等方面。乡村学校信息化水平不断提升。党的十八大以来,我国乡村学校的信息化水平呈不断提升的趋势,初中阶段高于小学阶段。如乡村小学生均计算机 2012 年为 0.05 台,2017 年为 0.12 台,比 2012 年增加了 140%;建校园网学校 2012 年比例为 11.84%,2017 年为 56.81%,比 2012 年增加 44.97 个百分点。乡村初中生均计算机 2012 年为 0.11 台,2017 年为 0.21 台,比 2012 年增加了 90.91%;建校园网学校比例 2012 年为 38.69%,2017 年为 68.33%,比 2012 年增加 29.64 个百分点。③ 在线教育发展速度相当快,带来相应课程的体系化,教学管理、作业布置和反馈、师生互动高效及时,教学质量显著提升,有效推进城乡教育一体化发展。

---

① 秦玉友.农村义务教育师资供给与供给侧改革[J].教育研究,2020(4):139-151.
② 刘奉越,张天添.中国共产党百年乡村教育发展历程、成就与展望[J].河北大学学报(哲学社会科学版),2021(4):47-54.
③ 刘奉越,张天添.中国共产党百年乡村教育发展历程、成就与展望[J].河北大学学报(哲学社会科学版),2021(4):47-54.

三、城乡教育资源均衡发展的展望

党的十九大报告提出建立健全城乡融合发展体制机制和政策体系,就是要通过制度变革、结构优化、要素升级来重塑城乡关系,以破解城乡二元结构,推动城乡地位平等、城乡要素互动、城乡空间共融,建立城乡融合发展的新型工农城乡关系。乡村教育承担着为乡村产业振兴、人才振兴、文化振兴、生态振兴、组织振兴培养人的使命和任务。新时代城乡义务教育一体化下的乡村教育资源优质均衡发展,区域之间、城乡之间、学校之间和不同受教育群体之间的差别极大缩小,让更多乡村儿童都能享有相对均等的教育条件。面对国家、乡村社会以及乡村儿童全面发展的需要,不同区域、不同发展阶段所需要的乡村教育不尽相同,关键在于让城乡要素的自由流动和资源的共享,使每一学生的个性差异和发展潜能都能得到充分尊重与最大限度地发挥。

(一) 资源均衡发展正义的多元化

随着党和政府对三农问题的持续深入关注,农村教育的相关政策资源支持会不断增强。政策资源从基本保障到优化保障阶段。支持农业发展、农村教育的优先性仍将成为国家长期发展战略。在城乡义务教育普及程度不高、基础不牢、基础资源发展不均衡阶段,注重国家分配正义性,以保障每一名孩子有学上、能上学。教育基本机会、教育基本权利保障、教育基本资源等要素在发展过程中的城乡、社会群体之间进行公平分配,强调弱势补偿,重视资源配置的同等化和效率问题。例如,农村义务教育免费、师范生免费、农村教师特岗计划等。在具体实施过程中,出现诸如免费师范生毕业去向的城市选择倾向、特岗计划中教师得到编制后离开农村等问题,一些有关农村教育政策的根本性问题逐渐引起关注。但到了城乡发展融合、教育资源基本均衡达成的新阶段,分配正义带来的附加问题也相伴出现。"教育分配正义有其局限性,其只限于可分配的物质资源,对其他资源则无能为力。"[1]义务教育优质均衡更多开始关注空间正义、关系正义、承认正义问题。

空间正义。城乡空间资源配置不合理、不均衡,对城乡高质量发展形成双重制约性不利因素。我国城乡融合发展站上了新起点,城乡之间不再是二元

---

[1] 冯建军.后均衡化时代的教育正义:从关注"分配"到关注"承认"[J].教育研究,2016(4):41-47.

分离的、割裂的两个体系,而是共生共融共促的新型发展融合关系。马克思主义社会空间思想认为:"空间作为一切生产和人类活动的要素,在资本利益的渗透和控制下,逐步由纯粹的经济性价值范畴扩展到政治、经济、文化以及社会关系等各个方面,并由此造成了空间资源的分配不均衡、空间地位的不平等,而城乡对立的矛盾根源则来自空间生产异化为资本逻辑体系以及空间权利的秩序失衡。"[1]资本、技术、市场等要素内在要求突破城乡空间区隔,进一步释放生产活力。城乡分离与对立影响整体社会经济的发展,影响到城乡空间中的人的获得感。空间正义,多维空间正义以人为核心,"致力于统筹城乡空间中的政治、经济、文化、社会及生态多维空间,实现经济、社会与环境效益的综合平衡"[2]。

关系正义和承认正义。以格维尔茨、霍耐特、弗雷泽等人为代表,提出的正义观,认为正义不仅是经济资源的制度分配正当公平问题,还涉及社会关系、文化、价值观层面。关系正义是指向群体的人与人的社会关系的正义。人与人在社会关系中是否受到平等对待,这种平等对待并不是资源的分配问题,而是有关社会关系的本质和排序的问题,关注的是群体或阶层间的社会互动关系。承认正义是基于主体间性而提出的正义,在文化秩序和价值关系上,通过承认所有人的个体尊严的目标来定义。承认的不正义是由人与人在社会地位系统中的不平等引起的主体间关系的非正义。[3] 多元复合的正义不只有分配正义和承认正义,还包括以分配为主题的矫正正义、程序正义等,以及以承认为主题的关系正义、多元文化正义等。

城乡二元导致乡村学校在大多数村庄空间中空位与教育资源在城乡教育中偏位,既要防止乡村教育追求与城市教育形式化的均衡趋同而忽视乡村教育需求差别性和特殊性,也要反对文化价值观上过度乡土化思路而拒绝城市文明,导致广大农民更加被现代社会边缘化的问题。在制度政策上,教育资源要素配置上优先满足乡村,在财政资金上优先保障乡村教育投入,在公共服务上优先乡村学校需要。同时,科学规划县域空间,弥补城乡、地区、学校和群体之间的教育差距,基于平等、尊重、关怀伦理原则,让处于弱势地位的乡村教育主体,发出自己的真实表达,激发其自身的发展动力,融通城乡文化,吸纳多元文化,打造城乡之间教育发展联合体,建构一种有尊严的乡村教育生活。

---

[1] 吴国清,李强.从分离到融合:新时代城乡关系的空间正义反思[J].理论导刊,2021(10):10-16.
[2] 贾秀飞.重塑多维空间正义:中国城乡关系的演进实践与未来延展[J].中国地质大学学报(社会科学版),2021(4):16-27.
[3] 冯建军.后均衡化时代的教育正义:从关注"分配"到关注"承认"[J].教育研究,2016(4):41-47.

（二）城乡学校师生均衡发展的优质化

乡村中小学专任教师和优质生源流失问题，成为制约乡村基础教育发展的瓶颈。随着城镇化的推进，优质师生资源不断向县域城镇集聚。需进一步探索具有可行性和前瞻性的县域教育乡村义务教育资源配置标准体系。"县域作为相对独立的社会动员单位，承担着域内几乎全部的社会功能，是一个国家在基层最全面的反射"[1]。建立和巩固可持续的乡村中小学经费保障机制，完善乡村中小学教师工资待遇以及职务晋升、荣誉制度，完善城乡中小学校长和教师沟通交流培训制度，探索教师定向招聘、直接选聘、定向培养、定期交流轮岗等形式的制度。

生源均衡是校际均衡的基础和保障。任意择校形成重点校，优质生源与学校声誉的双重效应，势必导致优质教育资源的集中。初中学生需按照就近免试入学"划片招生，就近入学"，示范高中指标分配到各乡镇等条件性政策，需要配套城乡学校共同体建设的整体优质均衡发展一体化推进。政府应承担起全责任，使留守儿童、流动儿童、贫困儿童、孤残儿童等在内的所有儿童都能公平地接受教育，享有均等的受教育权利。推动教师观念、教师专业发展、教师生活条件、学生综合素养、校园文化、学校管理等方面的提升，尤其应该重视教师队伍的建设，促进城乡义务教育学校一体化发展。

（三）多方参与的资源共享化

扶持城乡学校发展共同体和教师成长自组织联盟化教育教学。完善学区化管理、集团化办学形式，采用城乡学校和教师合作联盟、乡村小规模学校联盟、乡村学校与地方高校合作联盟、社会力量参与办教育等多元方式，在政府主导下，积极与城乡其他学校、公益组织、专业机构、高校开展广泛合作，构建高校与中小学一体化的教师学习共同体。动员本地"新乡贤"支持教育事业发展，聘为小学名誉校长、授予冠名权、建立教育基金会等不同方法，构建新型助学长效机制。区域或联盟内统筹教育资源，学校之间实现教师、图书、实验仪器等优质资源共享，最大限度地发挥优质资源的作用，使有限的教育投入发挥最大成效。借助现代化数字信息教育平台，实现县域内城乡教育信息共享、教改成果共享和名师名校资源共享。所有的学生都能通过网络接受高质量的教

---

[1] 林小英.从"他者"到"主体"：中国教育改革中的县域教育[J].探索与争鸣，2021(4)：28-30.

育,缩小城乡之间、城镇学校与农村学校之间的办学差距,实现真正意义上的城乡义务教育均衡发展。

挖掘和利用好地方资源。重建乡村学校与社区、环境的关系来提升育人质量。将"地方""乡村""环境"观念贯穿于各种课程语境,挖掘利用地方乡土教育资源、红色教育资源、典型模范资源、生态教育资源,打造成新时代乡村社会的"乡村温馨校园",增强乡村教育吸引力,推进校长、教师、学生、家长与社区之间的和谐共进,形成同向同行、平等合作的伙伴关系,形成良好的乡村精气神。常态化向乡村民众开放,增进交往、强化技能培训。尊重乡村儿童既有的生活经验与认知基础,将教育与生活、地方、生态联系起来,鼓励主动式学习、参与式学习,倡导生态关怀和社区改造,提升乡村学生的学习积极性以及学习体验,开展生命教育、生活教育、红色教育和生态教育。

2020年中共中央、国务院印发的《深化新时代教育评价改革总体方案》指出,要系统推进教育评价改革。坚持科学有效,改进结果评价,强化过程评价,探索增值评价,健全综合评价,充分利用信息技术,提高教育评价的科学性、专业性、客观性。乡村教育发展质量评价坚持以育人为本、德育为先的评价基本原则,坚持素养导向,开展综合素质评价。国家政府评估监测和督导评价、学校自评和社会评价相结合,过程评价和结果评价相统一,实现回归育人、回归乡村、回归文化。评价标准坚持科学与价值相结合,从着眼于统一化、规整化为核心转向立足于多样化、个体化发展为核心,从城市化为主导转向城乡融合发展科学化、多样化和适切化。最大限度地激发教育主体的能动性,激发受教育者个体潜能,促进乡村学生更好地全面发展。评价主体多元化,不仅包括政府评价、政府教育督导评估、学校的自我评价、学生和乡村社会评价,还应该鼓励专门机构和社会第三方机构评估监测教育,让高等学校、科研机构、行业协会等参与进来,组织参与专业性评价。

第三节 乡村学校教学改革伦理

学校教学改革的核心环节是课程改革,课程改革的核心环节是课堂改革。[1]

---

[1] 钟启泉.基于核心素养的课程发展:挑战与课题[J].全球教育展望,2016(02):3-25.

课堂是教育教学的主阵地,也是教育过程公平的重要体现。乡村学校课堂改革是内涵式发展深入到最基本、最核心的教育教学领域,涉及教师专业化、课堂教学、课程开发、班级管理、办学理念提升等多个层面。2013年11月,党的十八届三中全会通过的《中共中央关于全面深化改革若干重大问题的决定》对"教育领域综合改革"提出了总体要求,明确了教育改革的攻坚方向和重点举措,也标志着我国乡村教育改革的新航程。2018年,《中共中央国务院关于实施乡村振兴战略的意见》强调:"优先发展农村教育事业,建好建强乡村教师队伍。"2019年《中国教育现代化2035》强调:"加强乡村教育的高水平、高质量普及,实现基本公共教育服务均等化。"此后密集出台《关于深化教育教学改革全面提高义务教育质量的意见》《关于全面加强乡村小规模学校和乡镇寄宿制学校建设的指导意见》《关于加强和改进新时代基础教育教研工作的意见》及《关于加强"三个课堂"应用的指导意见》等系列文件,推动课堂革命,创新教育教学模式,促进育人方式转变,发展更加公平更有质量的乡村教育。深化农村教育教学改革根本上应坚持立德树人的基本导向,回归教育、回归乡村的本真。乡村学校办学现状及模式、教育结构、教学内容和方法,与城市教育存在一定的差距,还不能很好地适应农业和农村经济社会发展的需要。课程、课堂教学是学校改革核心。课程知识伦理和课堂教学关系伦理是学校改革与发展的伦理价值诉求。

一、课程知识伦理

早在古希腊,毕达哥拉斯就把不计利害的科学的沉思活动与道德上的善结合在一起。他认为,从事纯理性的探索即是善。"无所为而为"的科学沉思好比运动会上的"旁观者",比到会场上做买卖的人甚至是比参加竞赛的人都要高级(罗素,1963)。科学的"无所为而为"的探索精神一开始就被赋予了伦理价值的意蕴。[①] 此后被苏格拉底、柏拉图、亚里士多德等发展为知识与道德相结合、知识即善、追求知识的沉思是最高幸福等思想,成为科学伦理、知识道德的源头。知识与价值、伦理,在课程里是不应该被割裂的。在课程知识理论中存在两个根本问题:"我们应该教什么?"和"我们为什么教这些?""学校要培养的人"与"学生想成为的人"和"学生可能成为的人"的课程目标,与实际的课

---

① 苏鸿.迈向意义的世界——生存论哲学视野下的课程诠释[M].北京:教育科学出版社,2017:121.

程实践层面表现为"应该教什么?"和"学生实际学到或领悟到什么?",与最终"学生实际有什么转变?"之间则可能脱节,从而造成教育目标难以兑现的客观现实,导致教师的"教"和学生的"学"在教育时空中的手段分离和意义断裂。①课程知识的伦理问题实质,即课程知识目标的知识、价值选择、追求与教学实践之间的冲突。

美国教育家科尔曼在他关于教育机会均等问题的研究报告中指出:"教育机会寓于某种特定课程的接触之中。机会的多少视儿童学习的课程水平的高低而定。对某些儿童来说,其达到的课程水平越高,所获得的机会就越多。"②课程是一种"文化资本"形式的教育中介。课程结构和内容的设计,在一定程度上反映设计者赋予学生内在的教育机会和发展机会。特定社会意识和意志通过课程赋予学生知识和思想观念。课程知识的选择、分配、传递,具有教育公正的意义。"一个社会如何选择、分类、分配、传递和评价其公认的教育知识,既反映社会权利的分配,又反映社会控制的原则。"③这种教育公平是学生的平等权利和平等地位在课程中的体现。

(一) 课程知识作为文化资本的伦理向度

作为"文化资本"的课程,主要是指"课程变成了一个可以与其他价值实行交换的资本市场上的商品。同时,教育的多少、文化符号拥有量的多少也成了区分人与人的重要标准。作为一种象征符号性资源的课程,成了人们增强支配性地位和获得权力的途径,成为再生产社会意识形态与阶级结构的手段。"④课程知识选择、课程设置以及选修课程的安排,均体现深层次的教育公正问题。对于教师来说,不同的教师对课程的领悟也不同。对每个学生来说,尽管学习的课程内容、方式是可能相同的,但他们从课程中获得的知识理解、实际发展机会和发展程度却不尽相同。美国学者古德莱德把课程分为理想的课程、正式的课程、领悟的课程、运作的课程、体验的课程等五个不同层次存在形式⑤,他强调课程实施应关注各个层次课程对学生发展机会的影响。课程赋予学生的教育机会和发展权利,隐含在课程目标、课程内容和课程结构之中。因

---

① 岳刚德.学校课程发展的伦理审视[M].北京:光明日报出版社,2011:93.
② 张人杰.国外教育社会学基本文选[M].上海:华东师范大学出版社,1989:180.
③ 王卫东.高等教育过程公平的社会学分析[M].北京:知识产权出版社,2015:156.
④ 黄忠敬.课程政策[M].上海:上海教育出版社,2010:3.
⑤ 马云鹏.课程与教学论[M].北京:中央广播电视大学出版社,2015:83.

此,乡村学校课程文化建设核心,在于课程设计应以教育公正观为基础,树立"育人为本"的观念,将课程国家意志、社会价值要求和乡村学校本土实际相结合,为乡村学生的全面发展、个性展现设计具有最大价值的课程结构和课程体系,以便保证学生在课程学习中的基本权利,获得最大限度的发展能力和更多的发展机会。

(二)重建乡村教育基于核心素养的课程理念

课程理念既是一种课程价值观念,是对课程教学活动持有的基本态度、观念和信念,也是一种教学实践精神,它体现在学科课程教学的全过程中。在课程即学科、课程即知识的观念影响下,形成了远离生活、生产情境的"学科中心""学术中心"的课程观。当下在教育高质量发展的"内涵发展"政策指向下,课程目标从三维目标走向核心素养,其特征与内涵就在于每一个学生学力提升与人格陶冶。在新时代课程理念"以学生为中心""为了每个学生的发展"转向下,强调每个学生的全面发展,关注每个学生个性的发展、注重学生的主动发展、强调健康可持续的发展。[①] 新时代课程发展是基于核心素养培养的学校课程改革和发展。核心素养一般被界定为"学生在接受相应学段的教育过程中逐步形成起来的适应个人终身发展与社会发展的人格品质与关键能力"[②]。与其相应的课程理念指向立德育人的教育本质回归,诸如"教师即课程""学生即课程""生活即课程"等课程理念,重新得到重视和发展。

由于在学科知识中心主义课程理念下,课程内容过分强调学科知识的系统性、逻辑性、科学性,而忽略了课程内容的生活性和适用性,尤其是乡村中小学教育课程内容的实用性,导致课程内容脱离乡村社会经济发展实际,脱离学生生活实际。在农村尤其是中西部农村,升学仍对学校和公众有特殊的吸引力,乡村学校升学主义的价值取向仍然十分突出。新时代乡村课程理念蕴含于课程之中,需要乡村教师付诸实践,它是课程目标、实施和效果检测的灵魂和支点。这要求教师在课程教学过程中必须关注每一个乡村学生的成长,关注生活情感体验,关注学生的道德人格养成。教师要有终身学习的意识。

新时代课程理念的核心素养培养导向,即突出以学生应具备的、能适应终

[①] 周波.新课程文化建设的核心:课程价值观的认同与转换[J].贵州教育学院学报(社会科学),2009(2):30-32.
[②] 钟启泉.基于核心素养的课程发展:挑战与课题[J].全球教育展望,2016(02):3-25.

身发展的和社会发展必备的品格和关键能力为导向。有研究者依据我国教育实际情况,认为核心素养指的是"重视运用知识技能、解决现实课题所必需的思考力、判断力与表达力及其人格品性"。核心素养及其形成的概念框架可构想为四层构成的同心圆结构:(1)核心层——价值形成。知识、技能是受制于价值观的。所谓"价值观"由每一个人的人格,由信念、态度、行为等塑造而成。因此,诸如信仰、责任、尊重、宽容、诚实、协作等价值的形成,应当置于"核心素养"的核心地位。(2)内层——关键能力。诸如信息处理能力、反省思维能力、沟通协同能力、革新创造能力等。(3)中层——学习领域。诸如语言学科群、数理学力群、人文科学与艺术学科群、跨学科领域。(4)外层——支持系统。即体制内外的政策性、技术性支持系统。[①] 乡村教育基本课程理念,应是让乡村学生立足乡村,面向美好生活,发展每个孩子的个性和潜能,培养乡村学生适应终身发展和未来社会发展所必备的知识、技能、情感、态度、价值观等,形成积极向上的健全人格。

课程是学习者的知识建构与人格建构过程,是培养学生核心素养的整体结构。乡村中小学课程结构不太合理,体现在工具理性搁置乡村文化特性,城市化倾向课程目标实施上忽视乡土情怀人才培养,课程内容缺失乡土文化元素观照,外来教学方法脱离乡村学生学习实际需求[②]等方面。关于乡村基础教育课程结构合理性的满意度存在较大差异。乡村学校在乡村课程设置上,应充实当地有价值的丰富性、趣味性、教育性乡土文化,提升乡村教育课程资源结构的内恰性与丰满性。乡村教育课程设计的根本指向乃是乡村生活方式和价值的重建、新乡村理念的培植、新乡村生活理想的开启。乡村教师将课程普遍性知识与乡土知识结合起来,确立课程知识和价值上的育人平等性、差异性和开放性。课堂上要给予乡村学生更多关爱,通过讲解乡土文化特色引导他们乡村认同,激发学生学习主体性,树立乡村自信,提高学力和能力。

(三)课程价值观的育人为本转向

课程价值,是作为客体的课程与其主体需要之间的特定关系(肯定或否定)的反映。人们对一定的课程价值认知、态度、评价,形成一定的课程价值观。基本可划分为三种类型:(1)知识本位课程价值观。(2)社会本位课程价

[①] 钟启泉.基于核心素养的课程发展:挑战与课题[J].全球教育展望,2016(02):3-25.
[②] 吴金航,周敏.文化视域下乡村学校教学的现实问题及改进路向[J].教学与管理,2021(4):48-50.

值观。(3)个人本位课程价值观。新时代课程价值观,转变"知识本位""学科本位"的传统课程观,确立了育人为本、学生为中心的新课程价值观。知识本位价值取向的课程观,无论是理论研究还是实践探索,多数研究聚焦核心素养本身和"什么知识最有价值",很少涉及"谁的知识最有价值",忽视了衡量课程知识的价值维度①。乡村多数中小学办学指导思想大多仍以升学为教育唯一或优先的追求目标,受此影响,占相当比例的学校领导和教师仍持知识本位的课程价值观,新的课程理念尚未确立,健全人格发展课程价值取向尚未真正树立。课程目标的全人性、基础性和完整性体现不够。乡村教育课程价值观的育人导向,重要的是突出课程目标的完整性,强调课程要促进每个乡村学生身心健康发展,培养良好品格,培养终身学习的意愿和能力,处理好知识、能力、态度、价值观的关系,促进乡村每一个学生的全面发展。

2020年教育部等六部门颁布《关于加强新时代乡村教师队伍建设的意见》指出:"要充分融合当地风土文化,跨学科开发校本教育教学资源,引导教师立足乡村大地,做乡村振兴和乡村教育现代化的推动者和实践者。"乡村教育需要完善国家、地方和学校三级课程管理体制,从管理评价体系上,强化活动课程、潜在课程的课程结构的文化特性切实落实。乡村学校改革着力增强乡村教师课程自主发展意识。促进教师树立"以人为本""全人发展"的课程主人翁意识,建构"师生共建"的探究性、生成性课程观。课程开发体现地方化、境域化、校本化等属性,高效地与学生知识和经验对接,使学生理解文本含义、形成意义,活化乡村本土文化,实现课程教学的全面育人、全过程育人目标。乡村记忆,表征着不仅是一方地域一群人过去历史,更可以追溯到几代人以前的共有历史,也可扩展的一个民族,他们共同的道德传统、共同的生活习惯、共同的情感、共同的期望和理想等。乡村和乡村教育只有作为一种独特的文化存在和伦理实在,才能真正成为自主自觉的文化主体和教育伦理实体存在。

二、课堂教学关系伦理

"课堂教学改革的重点和核心在哪里?答案是教与学关系的根本性调

---

① 黄忠敬.谁的知识最有价值:论衡量课程知识价值的"人的尺度"[J].课程·教材·教法,2019(1):4-10.

整。"①教学关系场域发生地在课堂,但课堂不再等于教室里发生的课程教学。学校"教室+班级+"课堂现象,只是工业化时代学校对现代工厂制的一种复制。进入后工业时代尤其是网络化、数字化、智慧化时代,课堂现象也相应发生变革。"教学不等于课堂教学","学生发生集体性教学,有无教室,一样能构建课堂教学,因此课堂是一种虚指,是集体的学生在教师的引导下于一定时间内所发生的教育教学关系的虚拟场所和空间"。② 在快速进入数字化智慧教学时代,乡村课堂学校教学改革,课堂教学关系伦理的发生不仅在传统意义教室课堂时空,而且也在各类课堂活动的实践过程中。

从应然层面上,学习"是同客观世界的相遇与对话,同他者的相遇与对话,同自我的相遇与对话"——这就是"对话学习的三位一体论"③。我国的中小学在升学教育导向的背景下,无论教师抑或学生都苦于"学习的异化"(教与学的异化),这种异化是从三个侧面产生的:其一是"教育对象(内容)的丧失",其二是"学习伙伴的丧失",其三是"学习意义的丧失=自我的丧失"。④ 尽管乡村学校物态资源投入有明显增加、基本教学条件得到实质改善,但同学校教育质量的提高并不一定成正比。学校还依然存在诸如:以升学为主导的教育模式和评价标准体系、教师课堂话语权的单方面掌控、学生两极分化严重、学生从不发问等问题。一些研究者认为"社会文化观念→政府教育评价→学校教师绩效评价制度→课堂教学取向→教师教学行为,已形成一个严密的逻辑链。而教师的教学行为处于这个逻辑链的底端,如果这个逻辑链的顶端没有发生变化,要实现底端的变化是十分困难的"⑤。尽管乡村学校课堂教学面临各种复杂难题,但我国《教师法》赋予教师教学自主权,教师在课堂教学变革中仍然可发挥着至关重要的作用。课堂教学行为变革生存的伦理关系类型至少有以下四个类型:

(一) 教学行为的伦理关系类型

1. 交互伦理主体关系

传统意义的教学观让位于新学习观。教师应基于体现启发引领学生开展

---

① 田慧生.落实立德树人的根本任务全面深化课程教学改革[J].课程·教材·教法,2015(1):3-8.
② 罗超.整体性教学下课堂内外教学关系的变革[J].教学与管理(中学版),2021(6):5-7.
③ [日]佐藤学.学习的快乐:走向对话[M].钟启泉,译.北京:教育科学出版社,2004:38.
④ 佐藤学.协同学习的课堂,协同成长的学校[M].东京:小学馆,2015:162.
⑤ 曹如军,刘国艳.教育公正视角下的乡村学校课堂教学:问题与对策[J].教书育人,2021(7):49-52.

"自主、合作和探究"的理念,让封闭模式教学向开放式教学发生转变。"互联网+教育"阶段,开放式大课堂学习、合作学习、互动学习、自主学习等多形式课堂,为乡村学校学习方式变革提供多种选择的可能性。这些课堂方式让生硬说教向教学民主实践进行实质转变,进而让师生、生生、师师关系都成为多方位平等的教学交互主体关系,都有发言权。"从而实现师生在互动中共同探讨、研究、切磋、互补和交流,最终使课堂成为一个思想碰撞、心灵交汇的摇篮,成为一个互相合作和共同体验的空间。"①

2. 对话伦理关系

教学本质上是以对话、交流、合作等为基础的知识和价值建构活动。弗莱雷指出:"教育具有对话性;教学应是对话性的,对话是一种创造活动。"②话式教学还必须保证作为对话双方的师生在人格和心理平等的基础上进行。因此,决定了对话关系本质是还是一种伦理关系。教学对话不同一般对话,在于其建立在课程知识和价值的理解基础上的。乡村学校的特色和优势,在于理解教学上更贴近自然、生命和乡土,更接近教育的起点和原点——生命意义的理解教育。以理解为课堂教学目标,以对话启发生命意义的多种可能性。从自然与生命道德内在要求出发,以对话启发做人与学习的"情""知""行"统一。对话和理解,关心的不仅是知识的真,更在于知识价值的善与美,启迪学生如何生活。

3. 课堂空间伦理关系

教学成为对话和理解关系,是一个无限展开的过程,也是一个多元交互主体共同在场的空间。教学对话时,师生共同在场、互相吸引、互相包容、共同参与、共同分享。学生既是学习者又是建构者,教师担负的是"平等中的首席""人格引领"角色。这样的空间里,座位并非物理意义上的座椅板凳。"传统'秧田式'座位编排,全体学生一致面向老师和黑板而坐,老师往往是课堂'焦点';'小组式'摆放,有利于同学间交流研讨,容易营造轻松的课堂环境。"③在教室里的学习空间隐含着教学伦理问题,不同编排方式折射出不同的教育理念。座位问题也就成为家长过于在意的问题。只有巧妙地安排课堂空间进行小范围的小组合作学习,才能有助于克服乡村学生的参与积极性不高、主动举

---

① 周君.秉烛者的思考与实践 对话初中数学有效教学[M].长春:吉林人民出版社,2019:72-73.
② 保罗·弗莱雷.被压迫者教育学[M].顾建新,等译.上海:华东师范大学出版社,2001:38.
③ 李洪兴.优化课堂教学的"空间感"[N].人民日报,2021-04-19(10).

手发言的学生较少、课堂气氛不活跃等问题。倡导开放教学空间关系,是对教学民主精神的张扬,也是对现代公民素养和能力的涵养。

4. 尊重信任关系

教学过程不只是传授知识,更重要的是师生之间沟通、理解和对话,实现双方主体性的建构与发展。教师的教学权力和权利,是制度合法赋予和授权的。但拥有教学权力和权利不等于获得教学权威,只有教学权威才能取得学生的尊重和信任,教学伦理关系才能具有建构的基础和前提。教师的权威是在师生之间的对话、交流与知识建构的活动中自然形成的。信任关系是乡村共同体成长和发育的价值根基。乡村学校是乡村共同体的部分,较城市学校更容易形成信任文化氛围。但现实中师资力量相对薄弱,流动性较大,乡村意识淡漠,师生信任关系构建存在不同程度的困难。特别是乡村学生的两极分化情况比较严重,"在通常意义上的差生中,相当部分为留守儿童,他们不同程度地存在家庭教育缺失的问题;即便是非留守儿童,这些学生在接受家庭教育的过程中仍较普遍地存在品德教育缺失的问题"[①]。不过,再"差"的学生,也有好奇、求真、向善的童心,乡村教师应增强自我反思意识,善于差异化教学,"蹲下"身子,以平等的"你我"关系,真诚交往,获得学生信任。

(二) 伦理向度的课堂类型

1. 对话合作向度的生本课堂

生本课堂是以学生的发展为本的课堂。最早是来自2011年广东省教育科学研究所郭思乐教授等人提出的教育理念。该教育理念注重的是课堂教学中师生的平等,为课堂营造更加民主的环境和氛围,从而使学习者真正成为课堂教学的主人,从中获取自主学习的快乐。生本课堂理念逐渐受到专家和教师的认可,越来越多学校和一线教师开始实践。学生成了课堂的主角,学习成了课堂的中心,课堂成为学生基于学习、展示学习、交流学习、深化学习的真正学堂。有研究基于"中国学校课程与教学调查"(Investigation of Curriculum and Instruction in China,简称ICIC)数据库,以及中国中部地区某市为例来发现师生课堂互动越体现主体性和互动性,师生间就越容易建立良好的人际关系,并且与学生主动参与相比,教师教学策略对师生关系的影响更大;人际关系对学

[①] 曹如军,刘国艳.教育公正视角下的乡村学校课堂教学:问题与对策[J].教书育人,2021(7):49-52.

生非学术成就的解释力远远大于学术成就,其中影响最大的是学校幸福感。对学生形成浓厚的学习兴趣、积极的自我认识、良好的情感和态度更具有促进作用。[1] 通过教学人际关系的伦理建构,学习不再是一种来自外在动力的活动,而是基于个体的权利责任、兴趣爱好和理想追求,是独立思考、自主建构和反思创新的活动。乡村学校课堂活动应成为师生交互主体的互相沟通、积极对话、相互欣赏、共同提高的过程。教学正义性体现在:课堂中的乡村儿童是否具有行动的自主性,是否具有自由选择的多元学习目标,是否能够获得公平的表达机会,是否能够获得快乐与幸福的自主体验。

2. 生活向度的生活化课堂

生活化课堂基于陶行知提出"生活即教育"理念,摒弃脱离生活实际的知识灌输,让课堂融入学生理解的生活元素,激发学生树立正确的人生观与价值观,热爱生活、创造美好生活的愿景的课堂模式。要求教师将学校小课堂与社会大课堂结合起来,从讲授走向体验、从理论走向生活,树立生活就是教学的理念,使课堂教学过程成为利用学习内容复演生活、链接生活、走进生活,让学生充分体验知识的原生过程。只有学生在已有认知结构中找到生活与新知的"链接点",才能有效促进学生的知识增长和认知结构的完善。[2]

教学人道原则要求教学中要把学生当人看,理应就要关注学生当下的现实生活。卢梭早就指出这一点,他说:"当我们看到那种为了不可靠的将来而牺牲现在,使孩子受各种各样的束缚,最终在阴沉的环境中把他们夺走了的教育时,我怎么不感到愤慨呢?"[3]这实际上是要教育教学反映儿童的真实生活。杜威对传统教育教学脱离儿童现实生活的弊端进行了猛烈地抨击,他谴责这种传统的教育是"静听"式的教育,是消极地对待儿童的教育。在此基础上,他提出"教育即生活"命题。陶行知认为,生活本身即含有教育的意义,"康健的生活便是康健的教育;劳动的生活便是劳动的教育;科学的生活便是科学的教育;艺术的生活便是艺术的教育;社会革命的生活便是社会革命的教育"[4]。陶行知强调要给生活以教育,用生活来教育,为生活向前向上需要教育,教育通

---

[1] 朱伟强等.教学中的人际关系与师生课堂互动、学习结果的相关性研究[J].全球教育展望,2017(12):24-34.
[2] 黄志煊.构建基于教学伦理向度的学本课堂[J].广东教育·综合,2017(12):51-52.
[3] 李廷宪.教育伦理学的体系与案例[M].合肥:安徽人民出版社,2009:128.
[4] 蒋纯焦.伟大的人民教育家陶行知[M].太原:山西人民出版社,2019:86.

过生活才能发出力量成为真正的教育。这包含了生活决定教育、教育改造生活、终身教育、教学做合一等理念。哈贝马斯认为,教育是一种特殊的生活过程。人的生活世界包括文化、社会和人格三种结构:在文化层面,人们之间在教育对话和沟通的过程中会同时传递和更新文化知识;在社会层面上,教育对话和沟通行为会使社会整合和形成人类的归属感;在人格层面上,教育沟通行为是一种社会教化过程,并能建构个人的自我观念。"谁爱孩子,孩子就爱他。只有爱孩子的人,他才能教育孩子。"①

乡村学校课堂应成为乡村儿童生活化的课堂,内在要求成为儿童关怀课堂。关怀乡村学生的生活,首先就应该关怀乡村学生当下生活。诺丁斯认为师生关系是一种"关怀型"关系,即学生与教师是"关怀者"与"被关怀"的关系。这是教学伦理的前提和归宿。乡村教师是否心里装着学生、把学生放在心上,是探讨所有教学伦理性问题的前提,也是课堂教学伦理的落脚点。

3. 以人为本向度的发展性课堂

发展性课堂基于发展性教学理论。较早由苏联儿童与教育心理学家达维多夫提出。他认为,人的心理发展过程决定着教学与教育。教学与教育的根本任务,就是使儿童形成原来不具备的各种心理能力或品质,促进儿童的智力发展,促使儿童的思维从经验型向理论型过渡。此后该课堂理论又借鉴马克思主义的人的全面发展思想、教育人本主义、建构主义、多元智力理论以及后现代主义等合理思想,强调课堂教学目标中人的发展是全面的、综合的可持续观、师生关系互动合作观以及教学评价过程观等。

发展性课堂伦理,强调每位学生的人格得到尊重,这是最好的激励。要求教师,合理运用惩戒,对待每位学生在人格上要一视同仁、在学习上因材施教,杜绝课堂歧视欺凌。在评价上要摒弃单纯结果评价,强调过程评价,杜绝排名,让每位学生都有尊严地学习。教学的一切要为了人,教学的一切要为了促进人的发展。教学目标的制定、教学内容的安排、教学方法的运用、教学评价的进行,都要围绕学生的可持续发展、终身发展这一目标主题。教材、课本知识本来是人所建构的,也是人的发展的重要手段,是人和自然、社会打交道从而获得自身发展的重要工具。后现代主义课程论者反思和批判"知识就是力量"命题。他们认为这让人臣服于知识的淫威之下,人围绕知识转,而不是知

---

① [美]内尔·诺丁斯.学会关心——教育的另一种模式[M].于天龙,译.北京:教育科学出版社,2003:64.

识围绕人转,知识"出场",人则"退场",人成了"知识人"。再一种就是"分数人"。由于知识在今天的教学中是通过分数来衡量的,分数高表明知识多,因而教学围绕知识转也就是教学围绕分数转。[①] 教学的一切是为了分数,分数成为教学所要追求的唯一的也是最高的目的,分数具有至高无上的权威。教学"以人为本",就是要重新思考人与知识的关系,把人从知识、分数的束缚中解放出来,使人成为一个活生生的人。教学的人道就是要促进人的全面发展。

随着信息化的普及,借助多媒体、小组互动、课堂展示,乃至各类知名或不知名的教学模式,迫使乡村学校教师不得不为"翻转"而"翻转",为"合作"而"合作",为"讨论"而"讨论"。但课堂提问类型单一化,内容笼统欠合理,"课堂节奏松弛有余,张力不足;课堂氛围平淡,没有感觉到学生思维的兴奋点;教师课前准备不够充分,给学生的启示过于简单化,所举的实例缺乏宽度,导致学生没有产生共鸣,思维始终未能激活"[②]。

乡村学校课堂要求教师,改变被扭曲的知识教学的状况,从人的全面性重思教学的内容,构建一个全面发展的乡村课堂教学空间。应深入了解每一位学生的生活实际,以合适每一位学生的方式将教学内容和学习生活实际相联系,在已有的认知基础上,通过学生的经验经历来深入理解和内化知识,从而建构自我意义。让学生在学习过程中将手、脚、脑、口、心都调用起来,满足乡村学生的心理需求和情感。"在特定情景中没有什么人能够要求得到比他人更好的对待"[③],实施差异化、个别化教学,有差异就应区别对待,而没有差异就不应区别对待,一视同仁。

案例与讨论

贵州省正安县田字格兴隆实验小学校长,北京大学社会学学士,丹麦哥本哈根商学院国际商务硕士。2008 年投身公益,创建"田字格助学",致力于探索乡村教育,推动乡村教育公平。2017 年初,赴贵州山区创办"田字格兴隆实验小学"。学校创建之初,肖诗坚说希望用 3 至 6 年时间探索出一个她理想中的乡村教育模式。

——《中国教师报》2021 年 09 月 22 日第 12 版

视频推荐

---

① 钱焕琦.教育伦理学[M].南京:南京师范大学出版社,2009:205.
② 曹如军,刘国艳.教育公正视角下的乡村学校课堂教学:问题与对策[J].教书育人,2021(7):49-52.
③ 钱焕琦.教育伦理学[M].南京:南京师范大学出版社,2009:205.

讨论：
1. 作为具有现代视野的乡村学校校长，应当具有哪些伦理品格特质？
2. "乡土人本教育"课程伦理文化特色何在？何以能够建构学生美好学习生活？
3. 比较这个案例的乡村学校共同体和"家"的关系。

三、乡村学校教学改革伦理

"精神资源是农村教育的根本资源。农村教育的资源匮乏本质是思想资源的匮乏"[①]。乡村学校教学改革伦理目的，通过确立学校教学改革伦理认同、教师主体道德自觉、开展生活化课堂教学，将断裂的乡村文化、道德生活和学校教育联结起来，重塑乡村教育教学内生发展精神活力，建构优良的乡村学校教育伦理生活生态。

（一）学校教学改革的观念认同

转变观念，改变态度，实现教学观和学习观的转变。学校是以人才培养质量衡量自身的教育效益。教育质量的提升归根结底在于人的发展。"人是乡村学校深度变革的第一资源，发展人则是乡村学校教育的最终目标。"[②]新教学观以学为主，赋予学习者学习的权利和责任，让学习者成为学习活动的真正主体和主人，彻底改变了以教为主的教学方式下学习者被动性、依赖性的学习状态。及时更新教育教学理念，对教育问题始终保持前瞻性，是乡村学校实现有效课堂、提升教学质量的思想保障。

教学改革的内在价值是内涵发展，根本在于学校提升自身优质发展内在动力。以优质办学理念引领乡村学校变革的方向，将改革重点放在课堂教学方式转变和国家课程的校本实施方面。当前我国部分乡村学校教学观念上，教学改革意识淡漠，仍然将教学视为简单的知识传授过程，教学改革停留在应对外在改革压力的形式上，为改革而改革。课程开发缺乏特色和精品，课堂教学缺乏对话、交流、合作。这要求对于乡村学校的领导与教师，应立足乡土实

[①] 薛晓阳.农村学校的道德与教育：为乡村伦理奠定安身立命之所[J].扬州大学学报（高教研究版），2017(1):3-10.
[②] 赵鑫,黄继玲.乡村学校深度变革的特征与路径[J].现代教育论坛,2018(4):56-60.

际,尊重学校、教师和学生的差异性,激发教师队伍改革意愿,促使教师的力量极大化发挥。将改革发展基本理念和目标用规划和行动方案的形式表现出来,引领、规范、鼓舞全校教职员工的行为。改变以城市教育为依据的乡村教育水平和质量的评价标准,放弃以升学和应试为导向的乡村教育教学模式,充分发挥乡村自然资源丰富、文化特色鲜明的优势,探索实践"开放课程、开放教学,从生活中学习,把身边有价值的事物转化为学习资源、学习内容,重建乡土情感认同、文化认同和价值认同"[①]。

更新教师教学理念,提高乡村教师职业责任和教学素质。教师是课程与教学改革的最终执行者,教学改革的质量和成效如何,与教师的教学理念、教学素质有着直接的关系。因此,提高教师身份认同、强化教学改革主人翁意识和教学素质,是学校教学改革的关键。

(二) 教师教学改革的主体责任自觉

教学改革价值实现主渠道和主体是课堂和教师。从根本上来说,教学改革是教学文化和精神的改进和主体自觉。教学伦理行为上看,教学文化的主体自觉,依赖于主体责任的生成和主体责任自觉。教学主体出于责任和义务,能主动自觉反思过去教学改革的经验教训,明确角色定位,理性借鉴外来教学文化及其新理念,突出学生全面发展的核心地位,形成具有特定教学文化精神的愿景、目标、信念、情感、意志和行动力,并注入专业生活的成长全过程,成为教学日常习性和行为模式。进而促进自身的专业发展,包括信心的增强、技能的提升以及教学科知识的拓展与深化。

加强乡村教师教学自信,增强教学改革实施有效性。这是提升主体责任自觉、保证教学改革有效实施的前提条件。乡村教师教学自信,一方面是指在乡村学校教师对乡村教育教学自觉认同支持和对乡村教育振兴乡村的积极响应;另一方面是乡村教师对乡村文化的一种肯定和欣赏,对教育教学能使乡村人创造美好生活的一种信念与操守。

构建乡村教师学习共同体,增强教师教学凝聚力。乡村教师应形成整体,提高教师凝聚力,发挥各自优势,取长补短。"关键在于组织成员间的组织学习,让组织成员融入组织学习,进行对话,追求差异,挖掘信息,形成强大的学

[①] 高书国.重估乡村教育价值,走出中国特色现代乡村教育之路[J].人民教育,2018(17):33-37.

习动力,最后形成共识。"①通过建立学习共同体促进知识流动,增强教师团队的学习能力和整个学校的学习能力,从而提高乡村学校教师自我价值实现的意识和能力。开展校际交流研讨,构建城乡教育共同体。引导城镇优秀教师、校长多形式向乡村小规模学校流动,发挥教学和管理示范作用。通过城乡教育共同体建设推动城乡学校结对合作,共同研讨"三个课堂"教学,实现城乡教师的合理流动,增强教育责任感和使命感,提升乡村学校教师整体水平。

开展乡村教师激励活动,增强教师教学获得感荣誉感。与城市教师相比,乡村教师在课题申报、优质课评选、教学能手认定等方面处于劣势。健全政府、教科研部门相应体系和机制,设立专项,面向一线教师的乡村教学研究课题、评优评奖。对长期坚守在乡村小规模学校和特别偏远艰苦的农村、山区、海岛的学校教师,给予各种持续性津贴补助和精神荣誉表彰。

(三) 学生学习的主体性自觉

教学改革的过程,不是仅仅从形式上进行的教学改变的过程,而是优化教学的过程。这个过程是促进每一个学生个性、行为、情感、能力等多方面得以综合发展的过程。乡村学校要走差异化发展道路,开展符合学校实际的教育教学改革,激活学生学习主体性。制约学生主体性发挥的因素包括两个方面:一是教师课堂教学方式不当;二是师生教学人际关系异化。

1. 教学方式不当

当前许多乡村薄弱学校硬件设备落后的状况得到改善,但"后进生"众多的情况却难以同步改进。"后进生"教育是乡村学校教学改革的重难点。其重要原因是"后进生"的学习主体性没有得到激发。在这类学校教学中,教学目标定位、内容形式选择、学生评价等方面,还不能找到自身的教学改革定位、特色和路径。"小组合作""自主探究""做中学"等教学方式难以在薄弱学校落地,结果要么盲目跟风,流于形式,要么退回到传统教学模式里,故步自封。活动式、启发式教学的落实情况堪忧,教学中注入式仍根深蒂固。

教师往往认为"后进生"对课本知识缺乏兴趣,"不是学习的料子",问问题启发也回答不上来,干脆就放弃启发教学。活动教学只是墙上课表应对上级检查的,由于耽误主课学习,很少开展活动课。乡村学校学生被动地接受教师

---

① 孟繁华,周举坤.试论学习型学校[J].教育研究,2004(12):52-55.

讲解的知识和传递的现象仍然不是偶然现象。学生游离在课堂之外,没有参与权。有研究者指出,"师生之间的关系往往以教师为主导,师强生弱。这样的关系状态使得学生在课堂中很容易畏惧教师的权威或者是怯于教师的压力不能充分发挥自身的主体性","教师在教学中主导作用的发挥在很大程度上与教师不信任学生自主学习能力有关,在此思想认识基础上,教师会更多地肯定自身的作用,否定学生在学习中的主体地位"。①

2. 教学人际关系异化

教学回到学生的生活世界,让学生幸福生活每一天成为教学的重要转向。教学活动中教师与学生之间需要建立融洽的、相互理解和沟通的良好关系。教师对学生仁爱、关怀往往成为教师对学生的一种美好的德行。两者是建立师生互信、真诚相待伦理型教学关系的条件和前提。但教师如果不能正确认识和处理关爱教育,"不能深刻理解关怀教学中所涉及的情感、人性、人情、人心,不能掌握具体的关怀策略以及回应关怀的策略",就会出现"严格要求的异化""理解的异化""以'为你好'的名义实施'爱的'教育"等问题。②

"教学伦理性集中体现在教师和学生的互动中,师生在充满伦理性的教学氛围中容易产生心与心的交流,心灵的沟通又促进了师生和谐互动的产生,而和谐互动是筑牢师生情感的基石。"③乡村学校课堂教学,首要的是要从乡村生活出发,从学生实际出发,灵活运用各种具体的教学方法,充分调动学生学习的积极性、主动性、创造性。鼓励交互合作的学习,通过交往,重建和谐、民主、平等的师生关系。实施分类、分层、分组教学,采用当面批改辅导作业和多元评价等方式,丰富教学内容和形式,凸显乡村学校的办学价值和特色。

(四)重塑教学改革评价

近年来,中共中央、国务院发布了一系列针对基础教育的改革指导意见,包括《关于深化教育教学改革全面提高义务教育质量的意见》《关于全面加强和改进新时代学校美育工作的意见》《关于全面加强新时代大中小学劳动教育的意见》《深化新时代教育评价改革总体方案》《关于进一步减轻义务教育阶段学生作业负担和校外培训负担的意见》等基本都涉及教学评价。从教育政策宏

---

① 罗筱娟.以学生为中心的课堂教学环境建构[J].教育理论与实践,2020(14):3-5.
② 杨晓.课堂教学的关怀取向[J].当代教育与文化,2021(5):26-32.
③ 谢东晴.教师课堂教学伦理性的缺失及反思[J].教师教育学报,2016(6):111-119.

观层面为乡村学校教学改革和发展,提供评价合法依据、方向引领和原则规范。伦理评价建立在基础上,从乡村学校教学改革微观视角,基于特定的学校、教师和学生的教学生活境遇和条件,对教学改革和发展行为、活动所进行的道德价值反思、评判和分析。根本上从人本、人的发展视角,审视教学生活。

案例与讨论

讨论: 案例中学校课堂教学改革如何解决"水土不服"问题?营造个性化的教学文化气息如何体现教学公平?如何理解对学生终身负责的教育是一种追求本真的教育?

乡村教育优质发展的样板——沅陵县陈家滩九年一贯制学校办学纪实

乡村学校应尊重每一位乡村教师成长的需要,构建"以人为本"的教学评价机制。关注乡村教师群体,尊重乡村教师的意愿和成长、发展规律。关心教师个体在具体教学过程中面临的实际教学问题、困惑和处境,关怀不同教师各自的教学情感、心理需要。建立健全多元化、立体化、过程性的评价制度和机制,打破以成绩、"分数"定胜负的价值取向,给乡村教师自由支配的时间和空间,大胆放手让他们去探索、创新,让教师体会到改革的获得感、成就感和荣誉感。社会、学校和教师当树立"义"与"利"统一的价值观,更好激发全员参与改革的积极性。

思考与探讨

1. 从发展伦理学角度分析乡村学校改革与发展目的和困境。
2. 罗尔斯正义论的相关原则对解决乡村学校资源配置公正问题有何启示?
3. 乡村学校自主发展如何调节利益关系?
4. 针对乡村中小学某一门课程,从课程文化角度做一份调查问卷,分析该课程改革现状和问题。

拓展学习

1. 2018年国务院办公厅印发《关于全面加强乡村小规模学校和乡镇寄宿

制学校建设的指导意见》。

2. 2020年教育部办公厅发布《关于推进乡村温馨校园建设工作的通知》。

3. 赵鑫、黄继玲:《乡村学校深度变革的特征与路径》,《现代教育论坛》2018年第4期。

4. 曹长德、汪洋:《"村小去留":乡村教育之困与政策选择》,《教育发展研究》2017年第6期。

5. 唐斌:《杜威的共同体:本真意义与学校重建》,《当代教师教育》2022年第15期。

6. 姜振军:《农村教育的优势——一种知识论的视角》,《教育科学研究》2007年第6期。

7. 苏泽:《后乡土中国语境下乡土文化教育的现实困境与路径选择》,《当代教育科学》2020年第2期。

第五章

乡村教师职业伦理

> 【内容提要】乡村教师是乡村教育的伦理主体。其职业伦理重点是乡村教育道德情怀构建,主要包括:乡村教育专业精神、教育信念、教育良心、乡村情怀。要求乡村教师,安心乡村教育,同时又能不断获得专业成长空间,实现乡村教师的劳动价值,提升教师职业的乡村认同。

在人类教育史上,教师作为一种职业出现,最多不过几千年。现代学校的出现,不过三四百年,这又是一个里程碑。这两次大的飞跃都极大地加快了人类进步的速度。为党育人,为国育才,教师功不可没。教师是人类历史上最伟大、最神圣的职业之一,"国将兴,必贵师而重傅"。随着城乡教育一体化进程的加快,作为以农村人口为教育对象并为农村经济发展服务的乡村教师群体越来越受到人们的关注。

第一节 乡村教师职业伦理的基本内容

"百年大计,教育为本;教育大计,教师为本。"教师是学生成长的引路人,肩负着启迪智慧、塑造心灵的关键职责;教师是教育大厦的建设者,肩负着推动教育跨越发展的重要任务;教师是民族文化的传播者,肩负着弘扬传统继往开来的历史责任;教师是国家振兴的奠基者,肩负着民族复兴的时代使命。这正是教师职业伦理的价值追求。

一、乡村教师职业伦理价值

从古至今,教师在传播人类文明、启迪人类智慧、开发人力资源和弘扬民族精神等方面都发挥着不可替代的作用。与城市教师一样,乡村教师牢记自己作为教育专业人员所承担的责任和使命,在自己的"三尺讲坛"上辛勤耕耘,默默奉献自己的青春,实现自己的人生价值。具体来说,教师职业伦理价值具有教育价值、社会价值和自我价值三个方面。

(一) 乡村教师职业伦理的教育价值

乡村教师职业伦理的教育价值,即是要求乡村教师牢记教育初心和使命,践行教书育人本有职责。"师者,所以传道、授业、解惑也。"在这里,韩愈所说的"传道",就是现代的思想品德教育;"授业",就是传授知识;"解惑"则是解答做人和求知方面的疑难问题。三者归纳起来就是要求教师履行好教书育人的基本职责。著名教育家徐特立说,教师有两种人格,一种是"经师",一种是"人师","经师是教学问的""人师就是教行为,就是怎样做人的问题"。为此,教师应当做到:

1. 严谨治学　刻苦钻研

当今世界,国际竞争的实质是以经济和科技实力为基础的综合国力的较量。一个国家、一个民族的现代化水平高低,主要取决于教育的发展水平,而教育水平的高低,又主要取决于教师队伍的质量。"国家兴衰,系于教育;教育成败,系于教师。"教师不但要有坚实的理论基础,并且要广泛吸收多方面知识,开阔视野;不但要掌握教育理论,懂得教育规律,尊重学生的心理特点和个性特征,而且要结合教学内容和社会实践的需要,不断探索本专业出现的新问题,把握新动态,提升自己的能力。

捷克教育家夸美纽斯说,教师"职业本身就责成一个教师孜孜不倦地提高自己,随时补充自己的知识储备"[1]。在我国,人们自古以来就把钻研学问视为教师的天职。孔子一辈子都把学习作为人生一件乐事"学而时习之,不亦乐乎";他沉湎于学问之中"发愤忘食,乐以忘忧,不知老之将至";他要求教师"学

---

[1] 王正平,郑百伟.教育伦理学理论与实践[M].上海:上海教育出版社,1998:137.

而不厌""诲人不倦";他以亲身经历和体会教导弟子"吾十有五而志于学","吾少而好学,晚而闻道,以此博矣。"荀子也认为,教师必须具备"博习"的品质。陶行知先生更是倡导教师要每天问一问自己:"我的学问有没有进步?"

严谨治学、刻苦钻研是社会和教育对教师素质的内在要求。如果教师自身知识缺乏,"以己昏昏,使人昭昭",其结果必然是误人子弟,贻害无穷。特别是当今社会,知识更新速度突飞猛进,人只要停止学习,马上就会落伍。所以,教师要有锲而不舍的求知精神,加强业务学习,刻苦钻研,练好过硬本领,广泛吸收多方面知识,"上知天文,下晓地理,中知人事"。同时,态度要严谨"知之为知之,不知为不知",切不可望文生义、似是而非。

2. 以身立教　为人师表

教师肩负着培养人、塑造人的重任,不仅要用自己的丰富学识教导人,更重要的是要用自己的品格教育人,以自己的职业伦理精神影响学生。育人是教育的本质,是教育的灵魂,也是教育的核心价值诉求。正因为教育的对象是活生生的人,教师的工作才有了不同于其他任何职业的特殊性。关注每一个有差别的孩子,爱护每一个活生生的生命,循循善诱、诲人不倦,让每一个孩子都有不一样的发展、都能最大限度的进步,这是教师的天职,也是教师工作的价值所在。著名教育家雅斯贝尔斯说:"真正的教育,是人的灵魂的教育,它意味着一棵树摇动另一棵树,一朵云推动另一朵云,一个灵魂唤醒另一个灵魂。如果一种教育未能触及人的灵魂,未能引起灵魂深处的变革,它就不能称为教育。"[1]为此,教师必须从严要求,以身立教、为人师表,做到言行一致,以自己良好的品行去感化学生。著名教育家苏姆霍林斯基说:"教师成为学生道德上的引路人,并不在于他时时刻刻都在讲大道理,而在于他对人(对学生、对未来公民)的态度,能为人师表,在于他有高度的道德水平。"[2]孔子也说:"其身正,不令而行;其身不正,虽令不从。"实践证明,教师只有做到以身作则,为人师表,才能树立威信,并进而影响教学活动和教育工作的开展。

(二) 乡村教师职业伦理的社会价值

人的价值在于创造,在于对社会的责任和贡献。评价一个人价值的大小,归根到底是看他为社会、为人民贡献了什么。随着社会主义市场经济的深入

---

[1] [德]雅斯贝尔斯.什么是教育[M].邹进,译.北京:三联书店,1991:1.
[2] [苏]苏霍姆林斯基选集:第4卷[M].蔡汀,等译.北京:教育科学出版社,2001:768.

发展，教师职业伦理的社会价值也日益呈现多元化评价趋势。

1. 乡村人才培育的新引擎

人是生产力中最活跃的因素。人的素质状况直接影响着经济的发展和社会面貌的改变。过去很长一段时期，帮助农家孩子改变命运、"跳出农门"是乡村教育发展的动力。当前，为农家孩子打破教育和社会发展的天花板，获得充分发展；为振兴乡村，促进本土经济和社会发展培养人才，是激发乡村教育的新动力。为此，乡村教师要立足于培养社会主义新型劳动者和建设者，突破狭隘的专业视野，加强学校与乡村的联结，提升关怀和建设乡村社会活力，这是乡村教师素养提升的核心。

2. 教育均衡发展的使命担当

当今世界正处在大发展大变革大调整之中，新一轮科技和工业革命正在孕育，新的增长动能不断积聚。中国特色社会主义进入了新时代，开启了全面建设社会主义现代化国家的新征程。我国社会主要矛盾已经转化为人民日益增长的美好生活需要和不平衡不充分的发展之间的矛盾，人民对公平而有质量的教育的向往更加迫切。时代越是向前，知识和人才的重要性就愈发突出，教育和教师的地位和作用就愈发凸显。

农村教育是中国教育最薄弱的所在，是实现教育公平的难点和重点。实施乡村振兴战略，农村教育发挥着不可替代的作用。为此，面对乡村教育的短板，教育资源应重点向农村地区、边远贫困地区和少数民族地区倾斜，着力改变乡村教育存在的"不平衡不充分的发展"的状况，逐步破除城乡二元结构，缩小城乡差距，用优质教育为乡村高质量发展注入更多活力。

教育大计，教师为本。党中央、国务院历来高度重视教师队伍建设，2018年初出台了新中国成立以来第一个专门针对教师队伍建设的文件《关于全面深化新时代教师队伍建设改革的意见》。该《意见》指出，教师承担着传播知识、传播思想、传播真理的历史使命，肩负着塑造灵魂、塑造生命、塑造人的时代重任，是教育发展的第一资源，是国家富强、民族振兴、人民幸福的重要基石。为此，广大教师要爱岗敬业、教书育人，改革创新、服务社会，为社会进步做出更大贡献。

（三）乡村教师职业伦理的自我价值

人既是价值的创造者，也是价值的享受者。人生活在社会中，总是需要依靠社会创造的财富来满足自己的需要。因此，每个人理当用自己的劳动创造物质财富和精神财富来回报社会、满足他人的需要。一个人付出了心血和劳动，满足了社会和他人的需要，同时自己也会获得社会对自己的尊重和满足。

1. 教师的自我需要

需要是在一定的社会历史条件下，人们对自身生存与发展的内在要求和对一定事物的追求。根据美国心理学家马斯洛的需要层次理论，人的需要由低到高可分为五个层次：生理需要、安全需要、社交需要、尊重需要和自我实现需要。奥德费则提出"ERG需要理论"，把需要分为三个层次：生存需要（E）、相互关系需要（R）和成长发展需要（G）。他认为，某层次需要满足越少，就越渴望这种需要。低层次需要得到满足，则追求高层次需要；高层次需要得不到满足，则追求低层次需要。因此，需要的发展既有由低层次向高层次的上升，又有高层次向低层次的回归。我国学者则将人类需要分为物质需要和精神需要两大类。教师的需要是多种多样、十分复杂的。对于乡村教师而言，由于地处农村，物质生活待遇方面相比城市有很大的差距，因此，物质的需要较为普遍和突出：住房条件、生活环境、绩效工资、福利、补贴等。

精神生活是人全面发展的本质要求。每个时代的人，在其所从事的社会实践活动中，总是希望追求同他们那个时代物质生活相一致甚至超越那一时代的精神生活，满足自身发展的需要。随着我国城乡一体化的不断推进和全面建成小康社会目标的逐步实现，乡村教师在精神生活方面也在向往着幸福而完整的教育生活：职称晋升、人格尊严、身份认同、专业成长、终身学习等。教师的需要是一种潜在力量，运用恰当的方法可以激发教师的正能量，推动教育事业的健康发展。

2. 在奋斗中实现自我

幸福是奋斗得来的。教师的自我需要必须通过奋斗才能实现。不经历风雨，怎么见彩虹，没有人能随随便便成功。人是社会中的人，广大教师是生活在社会现实中的，在改革开放已经进入深水区的今天，社会政治生活、经济生活、人际关系等各方面的快速变化给教师的生活、工作、情感、思想等带来了不可避免的冲击和影响。特别是乡村教师在具体工作中，面对生活和工作的纠结，常常处于苦闷、彷徨之中。为此需要广大教师加强自我调适、修炼自我、守得住清苦，静得下心来，以民族大业为重、以从事太阳底下最光辉的事业为荣，不断实现自我。

二、乡村教师职业伦理的基本范畴

1. 责任

责任是最基本的职业精神,也是一个人做事的基本准则。教师责任是教师基于一定的伦理认识,在内心信念和伦理责任感的推动下,自觉履行对学生、他人和社会的应尽的职责、使命和义务,也是社会、他人和学生对教师的基本伦理要求。美国著名教育家、实用主义哲学创始人杜威曾指出,教育者的责任主要包括对知识的责任、对学生的责任和对社会的责任。对知识的责任是教师首要的责任;对学生的责任,要求教师不仅要传授文化,并且要通过文化传授来着力培养学生的健全人格,学生的性情、人格、品行是教授的中心;对社会的责任则强调,改造社会的工具就是教育。"责任感是成为优秀教师的首要条件。教师的责任感源于他们对教育事业的热爱及愿意献身教育事业的坚定信念。"[①]目前,乡村教育仍是国家教育事业的薄弱环节,乡村教师无疑承担着乡村教育走向健康、完美的重要责任。然而,审视当下的乡村教育现实,受市场大潮的冲击和利益的驱动,部分教师的责任意识严重缺失,如巧立名目赚取学生钱财、漠视学生的情感世界、鄙视所谓的"劣等生"、居高临下地或粗暴地批评学生、课堂教学随意等。乡村教师和普天之下的教师一样,创造着民族和人类的未来。教师责任意识的淡薄,不仅会影响学生个性的健康成长,而且会影响一个民族的公民素质和未来的希望。因此,作为光荣的人民教师,应该深刻认识自身职责、洁身自好、以身立教、为人师表、勇于担当。

2. 良心

良心,就是被现实社会普遍认可并被自己所认同的行为规范和价值标准。良心是道德情感的基本形式,是个人自律的突出体现。古有《孟子·告子上》:"虽存乎人者,岂无仁义之心哉?其所以放其良心者,亦犹斧斤之于木也。"朱熹集注:"良心者,本然之善心。即所谓仁义之心也。"(《孟子集注卷》十一)乡村教师的良心是乡村教师在自己教育教学实践中,对社会向教师提出的一系列道德要求的自觉意识,是教师以高度负责的态度,对自己行为进行道德控制和自我道德判断与评价。教师履行义务往往表现为教师对乡村教育事业的忠

---

① 张人杰.大教育学[M].广州:广东高等教育出版社,1995:508.

诚。在教育活动中，教师的良心有着重要的作用。首先，教师在选择教育行为之前，教育良心起着能动的指导作用；其次，教育良心起着监督和调节作用；最后，在教育行为结束后，教师的良心起着评价和激励作用。良心是教师作为"社会人"和"伦理人"的关键和保证，是一个教师的道德灵魂。它要求乡村教师秉承对教育的信仰，不为来自社会生活中各种诱惑所动，淡泊名利，诚信做人，平等待人，善意执业。

3. 公正

公正，既是法学概念，又是政治学概念，也是伦理学概念。在法学中，公正与法律有关，法的公正就是以事实为依据，以法律为准绳，主持正义，为社会公正服务。在政治学中，公正是一个道德原则，要求公务人员不徇私情、公正无私、平等对待。在伦理学中，公正即正义、公道，它表示人们在为人处世时没有私心，不违反公认的道德准则和公平合理的原则。《辞源》对于公正的解释是："不偏私，正直"。教师的公正，即教师在教育教学活动中，公平合理地对待和评价每一个学生。正如苏霍姆林斯基说过："教育上的公正，意味着教师要有足够的精神力量去关心每一个儿童。"[1]这就要求教师在教育、评价学生的态度和行为时，应公正平等，正直无私，不偏袒，不偏心，努力让每个孩子都能享有公平而有正义的教育，对待不同智力、不同性别、不同相貌、不同出身、不同民族、不同个性、不同亲疏关系的学生，都应一视同仁，公平相待，根据每一个学生的特点，因材施教。

4. 仁爱

仁爱，即宽仁慈爱。崇尚仁爱，是中华民族的优良道德传统。"仁者爱人"是孔子儒家思想的核心。孔子认为："夫仁者，己欲立而立人，己欲达而达人。"（《论语·雍也》）意思是自己要成功，也要让别人成功；自己要通达，也要让别人通达，这就是所谓的"忠"。孔子还认为："己所不欲，勿施于人。"（《论语·颜渊篇》第十二）意思是自己不需要的，不要强加于别人，这就是所谓的"恕"。"忠恕"之道，就是将心比心，推己及人，最终达到人人相亲相爱，人与社会、人与自然和谐相处，其终极目标就是实现"仁"。乡村学校地处偏僻，条件往往艰苦，生源基础相对薄弱，更需要教师要有仁爱之心，尊重学生人格和尊严，爱生如己，平等待人、宽厚待人。作为一名乡村教师，做到全身心地关爱学生，是其

---

[1] ［苏］苏霍姆林斯基选集：第 4 卷[M].蔡汀，等译.北京：教育科学出版社，2001:706.

职业道德水准的体现,也是教师职业的一种道德境界。教师是人类灵魂的工程师,具有塑造学生心灵、培养学生品格、启迪学生心智的作用。故关爱学生是教师的天职,是师德的核心。夏丏尊先生在亚米契斯《爱的教育》译者序中说道:"教育没有了情爱,就成了无水之池,任你四方形也罢,圆形也罢,总逃不了个空虚。"[①]而教师对学生真诚、无私的爱,也会得到学生的肯定和回报,使教师人格魅力得到升华。故关爱学生,也是教师人格魅力的一种重建,是个人素质和道德境界的提升。从这个意义上说,没有爱就没有教育。

5. 荣誉

荣誉,是由于成就和地位而得到广为流传的名誉和尊荣,是人们在履行义务时得到的社会敬重和褒奖,以及由此所产生的个人内心尊严感和欣慰感。教师荣誉是教师实现社会价值后,社会对教师的教育教学行为所做出的道德评价,以及教师由此产生的个人主观意向。它既是社会对教师履行教育责任的肯定和赞扬,又是教师本人在履行责任后得到的道德情感上的满足。由于教师担负着国家教育、传承知识的重大责任,社会对教师寄予了许多崇高的期许,这要求教师具有高度的荣誉感。在言行上能为人师表,作出表率;在实际中能教给学生成长成才的知识。在公众眼中,教师职业道德水准的高低,往往影响公众对教师和国家教育的评价。

6. 幸福

幸福,是一个人的需求得到满足而产生的喜悦,并希望保持现状的心理情绪。教师的幸福就是教师在自己的教育工作中自由实现自己的职业理想的一种教育主体生存状态。对教师来说,有自己独特的教育教学艺术,是一种幸福;有自己的教育理想和信念,是一种幸福。教师的幸福写在学生的作业本上,呈现在学生的答卷上。学生的毕业证和入学通知书是教师的幸福;教师节学生送来的溢香鲜花是教师的幸福;满天下的桃李发来的微信是教师的幸福……

教师的幸福从理解与尊重中来,从仁爱与豁达中来,从沟通与合作中来,从反思与研究中来。理解与尊重是教师幸福的基石,仁爱与豁达是教师幸福的容器,沟通与合作是教师幸福的桥梁,反思与研究是教师幸福的通道。

教师的幸福是相对的。它相对于教师的付出、相对于教育的辛苦、相对于

---

① 湖北大学哲学学院.价值论与伦理学研究(2012年卷)[M].北京:新华出版社,2013:25.

微薄的收入、相对于社会发展的苛求、相对于教育改革的催促,教师的劳动是清苦的,更是细腻的、严谨的。只有那些勤于思索的教师才能跟上教育幸福的脚步;只有那些勇于付出的教师才能抓住教育幸福的尾巴;只有那些善于不断进取的教师才能体验到教育的幸福。教师的收入虽然微薄,却时刻对学生怀有教育责任,他们才能苦中作乐;教师的工作虽然面对无尽的困惑,却时刻胸怀教育良知,他们才能默默无闻于纷杂的浮躁之世,辛勤地耕耘,播种善良与智慧,播撒真理与希望。

案例与讨论

讨论:张桂梅老师体现了一名优秀共产党员式的乡村教师哪些师德特征?如何学习张桂梅精神,争做"四有教师"?

张桂梅老师的相关视频

三、乡村教师职业伦理的基本规范

乡村教师职业伦理规范是乡村教师在从事教育过程中各种道德关系的反映和概括,是对乡村教师伦理行为提出的要求和准则。

(一)"爱国守法"——教师职业的基本要求

倡导"爱国守法"就是要求教师热爱祖国、遵纪守法。

第一,爱国是教师做好本职工作的支撑。爱国是中华民族的优良传统,是中国各族人民道德品质的重要特征,是一个国家生存和发展的精神支柱。热爱自己的祖国是每个公民的义务。爱国作为教师职业道德规范是教师做好本职工作的支撑点,教师要把热爱祖国作为自己的神圣职责,不断强化自己的爱国意识,培养爱国情操,激发爱国热情,做一个忠实的爱国者。

第二,守法要求教师依法执教。守法是《宪法》所规定的所有社会组织、国家机关和公民的基本义务,是指守法主体以法律为自己的行为准则,依照法律行使权利、履行义务的活动。教师职业的神圣性、示范性,要求教师成为守法的楷模,进而对受教育者的守法行为产生潜移默化的影响,实现全体国民法律素质的提升,为建设社会主义法治国家奠定基础。

（二）"爱岗敬业"——教师职业的本质要求

爱岗，是对教师的工作岗位充满热爱之情；敬业，是对从事的教育事业具有强烈的使命感和责任感。爱岗是敬业的前提，敬业是爱岗的表现。倡导"爱岗敬业"就是要求教师对教育事业具有强烈的责任感和深厚的感情。没有责任感就办不好教育，没有感情就做不好工作。一个热爱教育事业的人会更加认真地、创造性地履行好自己的职责，完成好自己的教育教学任务；一个敬业的人会在认真负责其所从事工作的过程中体验到教育教学的快乐和幸福，从而更加热爱教育事业。

爱岗敬业，尽心竭力，既是教师坚持为人民服务的宗旨，是具有高度政治责任感和职业操守的具体而集中的体现，也是教师实现人生价值、追求完美人格的途径。教师要始终牢记自己的神圣职责，志存高远，把个人的成长进步同社会主义伟大事业和祖国的繁荣富强紧密联系在一起，并在深刻的社会变革和丰富的社会实践中履行自己的光荣职责。

（三）"关爱学生"——师德的灵魂

关爱学生是师德的灵魂。倡导"关爱学生"就是要求教师有热爱学生、诲人不倦的情感和爱心，尊重学生人格，平等公正对待学生，做学生良师益友。亲其师，信其道。没有爱，就没有教育。这是调节教师与学生关系的基本行为准则。近年来，教师虐童等丑闻，让教师形象一度受到严重伤害。教师要保护学生安全，关心学生健康，维护学生权益。不讽刺、挖苦、歧视学生，不体罚或变相体罚学生。"教师是否关爱学生，平等对待每一个学生，是否存在体罚学生，尊重学生隐私，是否会主动与学生家长沟通，体现了一个新时代教师师德的风范和现代公民培养体系社会公正与文明的基础。"[①]

（四）"教书育人"——教师的天职

教书育人是教师最核心的职责与任务。教书是育人的主要手段，育人是教书的根本宗旨，二者相辅相成，辩证统一。倡导"教书育人"就是要求教师以立德树人为根本任务。教师必须遵循教育规律，实施素质教育；循循善诱，诲人不倦，因材施教；培养学生良好品行，激发学生创新精神，促进学生全面发

---

① 严苏凤.新时代县域乡村教师师德师风建设的向度[J].渭南师范学院学报，2022(5):58-64.

展；不以分数作为评价学生的唯一标准。

(五)"为人师表"——教师职业的内在要求

倡导"为人师表"就是要求教师言传身教，以身立教。"为人师表"对教师工作具有特别重要的意义。苏联教育家第斯多惠说："教师本人是学校里最重要的师表，是直观的最有益的模范，是学生活生生的榜样。"[1]所以，教师要坚守高尚情操，在各个方面率先垂范，做学生的榜样，以自己的人格魅力和学识魅力教育影响学生。要注意自己的一言一行，因为我们的一言一行，学生都看在眼里，会模仿我们。在利益面前，教师要廉洁奉公，不要利用职务之便谋取私利。

(六)"终身学习"——教师专业发展的不竭动力

倡导"终身学习"就是要求教师做终身学习的表率。终身学习是时代发展的要求，也是教师职业特点所决定的。教师要崇尚科学精神，树立终身学习的理念，拓展知识视野，更新知识结构，潜心钻研业务，勇于探索创新，不断提升专业素养和教育教学水平。我们经常说"活到老，学到老，学不了"，"建设学习型社会"，其实都是在倡导终身学习。尤其当今，科技发展迅速，许多知识我们都要与时俱进，不断更新自己的知识库，不断学习，只有这样才会保持进步。"教师教给学生一杯水，自己要有一桶水。"所以，终身学习是教师专业发展的不竭动力。

第二节 乡村教师职业道德困境

在我国，"三农"(农业、农村、农民)问题一直是党和国家关注的焦点。"三农问题"能否有效解决，直接影响着农村的发展，而农村的发展直接决定国家的最终发展。在教育城乡一体化发展进程中，由于长期以来二元体制结构影响，与城市教师相比，乡村教师由于受地理环境、经济条件、文化差异等因素的制约，"教育资源供给往往存在一定的路径依赖，依循中央—省府—中心城

---

[1] 张正民.流淌在心弦上的歌 我的教育生涯[M].郑州：河南教育出版社，1988：192.

市—县城—乡镇—村的非均匀流动,使乡村教育始终处于体制末梢。"[1]乡村教师各种物质和精神待遇被边缘化,造成了很多社会问题,也不利于社会公平发展。

改革开放以来,我国很多乡村教师为教育事业付出了自己的芳华,尽职尽责,同时为维护和发扬教师高尚的师德传统、振兴乡村教育做出了不懈的努力。然而,随着我国社会转型步伐的不断加快,乡村教师队伍中也出现了诸如师德缺失、业务松懈、师资流失、职业懈怠等问题。这严重损害了广大教师的形象,也给我国农村教育事业带来了不良影响。因此,了解和研究乡村教师职业道德困境问题,并对其作出正确的分析和把握,这不仅有利于我国乡村教师职业道德修养的提高,而且对于推进城乡教育一体化具有深远的意义。

一、乡村教师劳动

教师的工作既要耗费体力又要耗费脑力,是一份非常艰辛的工作。作为一名教师,每天都要备课、讲课、批改作业、指导学生课外活动、耐心细致地做个别学生的思想教育和心理疏导工作等,这些耗费了教师的无数个日日夜夜。同时,教师工作不是一种简单的重复劳动,而是不断创新、探索的工作。教师为了上好一节课,往往要查找资料、相互交流、精心设计,为此付出了大量的精力。

教师工作在时间和空间上具有"无边界性"的特征。因为没有明确的界限,教师就不知道他在什么时候才算完成了工作,正如日本学者左藤所说:"医生的工作是通过治愈一种疾病而终结,律师的工作是随着一个案件的结案而终结,教师的工作则并不是通过一个单元的教学而宣告结束。"[2]教师职业的"无边界性"特征,使教师长期处于紧张、忙碌的压力状态。

乡村教师的劳动带有一定的乡村特色,由于他们地处农村,绝大多数住房也在老家,有时适逢农忙时节,还会"两手抓",一边抓课堂教学,一边抓农田劳作。相比城市教师,乡村教师的工作更显得是默默无闻的、"无阶梯"的。教师的一生都是日复一日、年复一年做着同样的工作。职称的升降、工资的调整都

---

[1] 姚荣.从"嵌入"到"悬浮":国家与社会视角下我国乡村教育变迁研究[J].清华大学教育研究,2014(4):27-39.
[2] 蔡润圃,王晓波.教师成长的关键困惑与对策[M].天津:天津教育出版社,2018:140.

具有很强的政策性、稳定性和习惯性。多数教师不可能像行政、企业等行业的优秀人才那样，经常有升迁或拥有高薪的机会，这使有些教师觉得教师职业是一个"无阶梯"的生涯，缺乏挑战性。

二、职业认同、尊严和倦怠

乡村教师作为我国乡村教育的主力军，担负着唤醒乡村人才、推动城镇化建设、实现城乡一体化和全面建成小康社会的重要职责。基于城乡二元结构，在资源分配不均的情况下，农村教育发展程度远远落后于城市。乡村教师在农村边缘化的同时感到一种身份的失落，引发职业认同危机。一是教师自我认知偏差。部分乡村教师感到自己处于弱势地位，对当前所处的环境不满意，并不认同当下的自我，甚至有一种想逃离农村教师这一群体的心理状态。二是教育管理者重视程度不高。部分学校和教育行政部门，往往将乡村教师职业心理、道德和教学任务完全割裂开来对待。他们只是希望保证教师能够留下来，完成教学任务、不违纪、保证学生安全、不出事就行。至于教师职业认同、师德方面工作，要求不高，被放到"不是那么重要"的位置了。三是缺乏社会环境支持。部分家长与社会评价也往往对农村教师的专业能力不够认同，认为孩子在农村上学没有前途。

正因如此，乡村教师的职业人格尊严也无形中受到贬抑，造成乡村教师职业倦怠感现象比较明显。首先是工作积极性问题。部分教师在工作中缺乏职业道德和敬业精神，把教书仅仅看作一份谋生的职业。教育理想缺失，教学作风懒散，责任意识淡薄，缺少长远的目标，对工作厌烦、冷漠，从教热情有所下降。其次是专业素养问题。近年来，尽管教育教学改革力度不断加大，但相当部分乡村学校教师年龄结构老化，教学观念和方法陈旧，存在教学创新能力不足的现象。最后是教学关系问题。正面榜样示范效应不强。对师德先进典型学习停留于形式，入脑入心不够，理想与现实存在反差。一方面，教师认为教得辛苦，学生认为学得辛苦。另一方面，教师厌教，学生厌学。师生缺乏教学获得感和幸福感，相互影响、恶性循环。既影响教师个人的身心健康、人际交往和个人素质的提高，也影响教师队伍的稳定和教育教学质量的提升，更不利于教育教学改革的推进。

第三节 乡村教师职业道德修养

职业道德作为一种精神信仰，它需要内化为人们的德性品质；职业道德作为一种行为规范，告诉人们什么当为，什么不当为，需要人们在具体活动中自觉遵从。教师职业是人类社会最古老、最崇高、最神圣的职业劳动之一。自教师职业产生以来，人们就对其有很高的道德要求，把教师称为人类灵魂的工程师。我国自古以来就十分重视教师的地位和教师职业道德的作用，传统社会将"师"与"天地君亲"并举，说明了对教师尊贵地位的认可。将"师德"上升到"劝君臣、正民风、安邦国"的高度，成了中国传统职业道德的重要组成部分。教师工作的态度和质量直接影响着教学活动的顺利完成、学校人才培养的质量乃至一个民族一个国家的未来和希望。所以，历史上一切有作为的思想家、政治家、教育家都非常重视规范和培养教师的职业道德。"学为人师，行为世范""为人师表"，都标示出一名教师不仅要在学问上精通，用语言去传授知识，而且要在个人德性上做学生的典范，用自己的灵魂去传授品格。

教师的职业道德，即师德，它是教师在实践活动中所应遵循的行为准则和应具备的思想品质。加强师德修养、提升师德境界，既是教育作为"民族振兴、社会进步的基石"这一使命使然，也是教师"教书育人"的神圣职责所在。教师良好的职业道德修养不是一朝一夕形成的，它既需要社会有意识地对教师进行职业道德教育，更需要教师自身不断地提升自我道德修养，在教书育人的实践中逐渐养成。

2014年，习近平总书记在同北京师范大学师生代表座谈时，提出了"做党和人民满意的好老师"的四条标准，即"要有理想信念、要有道德情操、要有扎实学识、要有仁爱之心"[1]。这四条标准可看成是新时期对师德修养的新凝练，不仅提出了师德的新时代要求，也为乡村教师师德修养指明了发展方向。

---

[1] 习近平.做党和人民满意的好老师——同北京师范大学师生代表座谈时的讲话[J].人民教育，2014(19):6-10.

一、坚定的理想信念

"功崇惟志,业广惟勤。"理想指引人生方向,信念决定事业成败。没有理想信念,就会导致精神上"缺钙"。教师作为职业是一种高尚的职业,但又是一种清苦的职业。作为一名教师要树立矢志从教的职业理想,养成敬业奉献的崇高师德。

习近平总书记指出,"教师重要,就在于教师的工作是塑造灵魂、塑造生命、塑造人的工作","广大教师要始终同党和人民站在一起,自觉做中国特色社会主义的坚定信仰者和忠实实践者,忠诚于党和人民的教育事业","要用好课堂讲坛,用好校园阵地,用自己的行动倡导社会主义核心价值观,用自己的学识、阅历、经验点燃学生对真善美的向往"。[1] 他还提出好老师理想信念要求的基准是,教育是为人民服务、为中国特色社会主义服务、为改革开放和社会主义现代化建设服务的,党和人民需要培养的是社会主义事业建设者和接班人。

身为乡村教师,一定要忠诚于教师这一职业。无论城市还是乡村,课堂的三尺讲坛,都是神圣的。要利用三尺讲坛,传播我们的信念和知识,造就千千万万实现中国特色社会主义共同理想和中华民族伟大复兴中国梦的建设者和接班人,实现自己的报国宏愿。要有"衣带渐宽终不悔,为伊消得人憔悴"的精神,兢兢业业做好本职工作。

当我们选择了教师这一职业,就是选择了一种生活方式,我们将失去世俗的浮华,而得到内心的充实和精神的富足;就是选择了一种人生自我价值实现的方式,区区一介书生,凭借三尺讲台,培养出一批批治国兴国之才——一腔热血源源不断地化作滋润祖国永恒春色的甘霖玉露。"想想无数孩子在自己的教育下学到知识、学会做人、事业有成、生活幸福,那是何等让人舒心、让人骄傲的成就。"[2]

---

[1] 习近平.做党和人民满意的好老师——同北京师范大学师生代表座谈时的讲话[J].人民教育,2014(19):6-10.
[2] 习近平.做党和人民满意的好老师——同北京师范大学师生代表座谈时的讲话[J].人民教育,2014(19):6-10.

二、高尚的道德情操

习近平指出:"教师的职业特性决定了教师必须是道德高尚的人群。合格的老师首先应该是道德上的合格者,好老师首先应该是以德施教、以德立身的楷模……教师是学生道德修养的镜子。"[1]无论是呱呱小儿、垂髫童稚、总角少年,或懵懂青年,当他们进入学校接受教师的教育后,教师的一言一行、一举一动都会成为他们模仿的对象,而教师的道德水平、处世态度以及气质、性格等更会对学生产生潜移默化的影响。正是基于教师的道德素质直接影响和决定着学生的思想品德,2000多年前的孟子曾经对教师提出"教者必以正"的道德要求,其后西汉哲学家杨雄用"师者,人之模范也"寥寥数语做了缘由性注脚。这一科学判断,叶圣陶先生明确提出:"教育工作者的全部工作就是为人师表。"[2]

清代王夫之曾高度赞扬当时书院里的教师:"教行化美,不居可纪之功,造士成材,初无邀荣之志。身先作范,以远于饰文行干爵禄之恶习,相与悠然于富贵不淫、贫贱不诎之中。"[3]这既可以被看成是对师德的赞美,也可以被看成是对教师道德情操的内涵界定。

乡村学校应当高度重视道德情操教育,从学校领导层自身做起,以身作则,改变以往学校重升学指数、轻教师思想道德修养的观念,强化自身的道德领导力和感染力。督促教师围绕教学质量,从基本教育规范学习与实践做起,培养教师"为人师表、爱岗敬业、乐于奉献"的师德新风尚。开展多样的师德培训、交流活动。立足教学生活实践,努力做到教书和育人的统一,言传和身教的统一,做到以德立身、以德立学、以德施教。

三、扎实的学识功底

教师要有扎实的学识功底,即要求教师应具有深厚的知识和修养、具有对事物的准确判断能力。习近平总书记在与北京师范大学师生座谈时指出:"在

---

[1] 习近平.做党和人民满意的好老师——同北京师范大学师生代表座谈时的讲话[J].人民教育,2014 (19):6-10.
[2] 朱永新.叶圣陶教育名篇选[M].北京:人民教育出版社,2014:130.
[3] 刘韶军.宋论[M].北京:中华书局,2013:219.

信息时代做好老师,自己所知道的必须大大超过要教给学生的范围,不仅要有胜任教学的专业知识,还要有广博的通用知识和宽阔的胸怀视野。好老师还应该是智慧型的老师,具备学习、处世、生活、育人的智慧,既授人以鱼,又授人以渔,能够在各个方面给学生以帮助和指导。"①

作为一名乡村教师,尤其要努力做好中小学全科型好教师,必定要有扎实的知识功底、过硬的教学能力、勤勉的教学态度、科学的教学方法。这是教师的基本职业素养,其中知识是根本基础。但知识不等于学识,好老师更应该是永远保持学习状态的智慧型教师。要立足乡土,善于挖掘和利用好地方性知识,转化为课程教学资源,不断拓宽教学视野。也要与时俱进,勤于教研交流;善于教学反思,改进教学方法,创新教学内容。尊重学生个性、因材施教、做好个别化教学,积极引导和开发学生的创造精神,促进学生全面发展。

四、博大的仁爱之心

仁爱是师德核心的内容。仁爱是一种博大情怀。教师仁爱之心要求教师尊重、理解、关怀和宽容每一名学生,并用教师爱心培育学生爱心。习近平总书记指出:"教育是一门'仁而爱人'的事业,爱是教育的灵魂,没有爱就没有教育。好老师应该是仁师,没有爱心的人不可能成为好老师","好老师要用爱培育爱、激发爱、传播爱","把自己的温暖和情感倾注到每一个学生身上,用欣赏增强学生的信心,用信任树立学生的自尊,让每一个学生都健康成长,让每一个学生都享受成功的喜说"。②教师的仁爱之心,首要的是"有教无类""爱无差等"。平等地对待每一个学生。"好老师一定要平等对待每一个学生,尊重学生的个性,理解学生的情感,包容学生的缺点和不足,善于发现每一个学生的长处和闪光点,让所有学生都成长为有用之才。"③平等对待每一个学生,最终目标是要通过教育使每一个学生都能有爱心、都能成才。这要求教师学会辨材识材,进而因材施教,使大仁之爱的甘霖施与所有学生。

教师的仁爱是一种大爱,是"为之计深远"的爱,而非溺爱。因此,爱学生

---

① 习近平.做党和人民满意的好老师——同北京师范大学师生代表座谈时的讲话[J].人民教育,2014(19):6-10.
② 习近平.做党和人民满意的好老师——同北京师范大学师生代表座谈时的讲话[J].人民教育,2014(19):6-10.
③ 人民日报海外版学习小组.平天下——中国古典政治智慧[M].北京:人民出版社,2016:214.

就要通过真情、真心、真诚,认真了解学生、理解学生、善待学生,进而严格要求学生,不能迎合学生。在现行的教学评价方法之下,更不可为获得学生的评教高分而去"媚生"。爱也是责任,有爱才有责任。师严是教师责任心强的表现,而责任心源于爱。

当然,以上师德规范与社会主义核心价值观的内容并非是一一对应的关系,在许多层面上契合了社会主义核心价值观的根本导向。以教师的"仁爱之心"来说,就不能说它仅仅是"友善"在教师职业活动中的具体体现,其中也深深地折射着富强、民主、文明、和谐的国家层面的价值目标和自由、平等、公正、法治的社会层面的价值取向,以及爱国、敬业、诚信等公民个人层面的价值准则之光。所以,对社会主义核心价值观与师德的关系,应从春雨润万物的维度去理解,同样也应从这一维度去修养与践行。

今天的乡村教师,特别在中西部边远贫困地区工作的教师,他们肩负的特殊使命、他们面对的乡村学校和孩子们特殊的生存和发展环境,使得教师的"教育素养"更具深意、更具挑战性:他们面对着留守儿童,面对着缺少成年人榜样的村落;他们面对寄宿制带来的对学生日常生活照顾,面对孤独儿童进行心理疏导;他们面对更多学业困难的儿童群体,或许还面对母语不是通用的汉语的少数民族学生;他们面对音体美教师严重匮乏,甚至手机信号不畅的现状;他们面对农村孩子不熟悉农村,自己也不熟悉乡村,如此等等都是今天的乡村教师道德素养生长的新的"土壤"。这样的环境需要社会给予乡村教师更多的关注,更多的关怀,让他们安心乐教,奉献乡村。

案例与讨论

新师德宣言

2017年10月21日,在全国第五届教育伦理学学术研讨会上,中国教育伦理学会发布了《新师德宣言》,内容包括12条师德信条。明确提出:教师应是全民族和全人类优秀道德的继承者、体现者和传播者;教育伦理和教师道德是全部教育教学工作的价值基础;新的社会环境,需要建构与时俱进又面向实践的新师德,重筑时代新师魂;面向实践,皈依真理,才能重建合理的、人人应做、人人能行的师德规范和师德标准。合理的师德规范,应能恪守底线,追求高尚,自他两利,提升自我,促进专业发展。良善的新师德师风形成,需要公正的社会分配和科学的教育管理机制支撑、正确的舆论导向和教师作为道德主体的积极努力。教师应享有道德和法律赋予自己的全部人格尊严和正当利益,通过诚实的教育劳动创造人生的幸福;教师应有责任之心,教书育人、立德树人是教师的天职;教师应有仁爱之心,关爱学生,为学生一辈子的幸福生活着想;教师应有敬业之心,严谨治学、搞好教学是教师的专业责任;教师应有乐群之心,关心集体,尊重同事,自重重人;教师应有爱国之心,家国情怀,在平凡的教育和教学岗位上,为社会的文明进步,民族的伟大复兴,尽智竭力。

讨论: 作为新时代乡村教师践履《新师德宣言》更应当突出哪些方面要求?

第四节 乡村定向师范生伦理教育

近些年来,由于城镇化的进程加速,导致农村学校日益拆并,乡村教育发展遇到了学校难招生、老师难留下、学生不安心的瓶颈问题。许多优秀农村教师通过各种渠道进入城市学校,使得本来就处于劣势的农村中小学校更是雪上加霜,农村优秀教师的缺失加重了城乡之间教育发展不均衡。建立定向(免费)师范生培养制度,是解决农村教育发展出路的好办法,是行之有效的"对症下药"。

一、定向师范生培养问题

定向师范生是为农村培养的青年教师,是全面实施乡村振兴战略,建设社会主义新农村,发展乡村教育的希望所在。这不仅解决了乡村教师紧缺的难题,还给乡村教育注入了新鲜血液和强劲活力。实施"三定向"(即定向招生、定向培养、定向就业)培养农村教师,是加强农村教师队伍建设,改变我国农村教师队伍的现状,逐步实现农村学校教学资源优化,教师本土化,努力建设一支数量适当、素质良好、结构合理、相对稳定的教师队伍的重要途径,对于巩固和提高我国基础教育的质量,加快发展农村义务教育,促进城乡义务教育的均衡发展,全面建设和谐社会具有积极的现实意义和长远的历史意义。

当前,乡村定向师范生的培养工作还存在一些问题,比如在各种优惠政策下,进校录取分数线相对较高,定向师范生普遍存在"优越感"。但由于乡村定向师范生进校时就有了现成的岗位、编制,容易懈怠;在学习过程中,有些学生又不甘心要去农村,其间会产生"迷茫感",职业生涯规划有待引导。

为了确保定向师范生未来回到农村"安心从教""安居从教""健康从教""幸福从教",打造一支"下得去、留得住、教得好"的乡村教师队伍,需要各地方部门为农村教师设置特殊的岗位津贴,优先安排乡村教师培训深造,职称评定、福利待遇等切实向乡村教师倾斜。同时,要依法依规采取定向师范生培养措施、签订合同、规定考生和政府双方的权利和责任以及违约补偿方式。要竭力打造"乡村教育工作站",为未来的乡村教师提供实践和培训基地,邀请一线名师开设有关乡村教育方面的特色课程,邀请乡村教育名师名校长开展专题讲座、故事分享会、现身说法等,浸润乡村情怀教育。要实施全程监督,对培养学校的教育教学质量全面监管和考核评估。

定向师范生,要积极响应、知恩图报、勇于面对、开拓进取。要有对农村教育的热爱,有振兴农村教育的决心,有迎难而上、无私奉献的拼搏精神,把自己培养成忠诚人民的教育事业、具有扎实的文化基础知识、熟练掌握教师的基本技能、具有创新精神和实践能力,能够胜任农村教育工作的合格人才。实现中华民族伟大复兴是十分伟大而又十分艰巨的事业,需要全体中华儿女众志成城、万众一心。作为定向师范生,要紧跟时代、肩负使命、锐意进取,把自身的前途命运同国家和民族的前途命运紧紧联系在一起,到艰苦的地方去、到大有作为的农村去。在平凡的岗位上用心实践自己的追求,用自己的智慧、用自己的劳动,披荆斩棘,为乡村教育振兴贡献自己的一分热,发出一分光,让农家孩子也充分享受到城市孩子一样的优质教育。

二、定向师范生基本伦理要求

2021年4月,习近平总书记在清华大学考察时提出,教师要成为"大先生",做学生为学、为事、为人的示范,促进学生全面成长成才。乡村定向师范生是未来的准教师,其素养的优劣关系到农村教育的成色,需加强以下基本伦理教育。

(一)身份认同教育

农耕文化阶段,乡村教师是乡村社会中少有的"先生",角色和身份在乡村具有较高的文化与政治地位。但在现代化建设进程中功利性价值驱动下,乡村学校物质条件改善、乡村教师政策倾斜扶持并没有在真正意义上帮助乡村教师摆脱困境,"城乡的二元对立带来的是城乡教师的二元身份制度,致使乡村教师陷入身份认同危机","乡村教师被贴上没出息、没钱赚、没前途'三无'职业的标签"。① 有研究者指出:"新时代乡村教师发展的核心问题已不再是那些看似重要的数量质量、学历学位、待遇地位等问题,还有更为深层次的问题,即乡村教师的身份认同问题。"②

相当部分来自城市的定向师范生毕业后会在农村教学岗位上从教数年,面对较为陌生、艰苦的环境,如果没有身份认同教育,必然会影响职后的从教生涯认同问题。为此,一是师范院校应当强化积极的身份认知教育。针对社会流行的对乡村教师身份消极的甚至蔑视的观念,学校应将乡村教师身份认同教育纳入学生的生涯规划、专业认同、学习态度等教师教育课程体系中,经常性开展校园文化主题活动,让学生自觉形成积极的身份认同意识,增强立志扎根乡村从教的信念、意识与能力。二是完善认同教育的实践教学体验体系。构建师范生与乡村教师、乡村学校以及乡村社区之间的共建共育体系。学校应当立足于当地乡村的实际状况,与乡村中小学建立实践教学共同体。实践教学贯彻学生培养全过程,从入学起,运用教育见习、研习、实习以及定岗支教等多途径和方式,让乡村定向师范生真正融入乡村教学和乡村公共生活中,强化沟通和交流,获得乡村学校、乡村社区的认可、承认和激励体验。进而让学生自身产生对乡村教育价值的理解、自信和责任,提升自我职业道德义务感。

(二) 知行伦理教育

致知。致:求得;知:知识。《礼记·大学》中说:"欲诚其意者,先致其知;致知在格物。"南宋朱熹注:"致,推极也;知,犹识也。推极吾之知识,欲其所知无不尽也。"③即通过一定规格学习知识后,达到对事物的完善的理解,就是格物致知的意思。定向师范生要充分利用在校机会,勤奋学习,夯实基础,练好基本功。不仅要学习教育教学理论和教师职业基本技能,还要注重实践,提高实战能力。

---

① 焦龙保,龙宝新.从自我认同到他者承认:乡村教师身份认同危机的化解[J].当代教育科学,2020(11):24-30.
② 容中逵.新时代乡村教师发展的逻辑起点[J].教育发展研究,2019(20):3.
③ 朱祖延.引用语大辞典[Z].武汉:武汉出版社,2000:901.

修德,出自《左传·庄公八年》,解释为修养德行、行善积德。文天祥奉行忠义而名留青史;白求恩秉持博爱而后世传扬。未来,德之于个人,仍然既是首要,又是方向。"君子以厚德载物",作为职前师范生要坚持以修德坚定未来事业之心,树立更加高远的情怀,塑造更加健全的人格,涵养更加非凡的气度,胸怀兼济天下的公益心、只争朝夕的进取心、舍我其谁的责任心。

明辨,是走向成功的重要途径。爆炸力学专家林俊德因明辨选择的意义而勇担国家责任。爱迪生因明辨思考的价值而奉献科技进步。这说明选择有时候比努力还重要。未来,唯有明辨才能更加自立。作为职前师范生要坚持以明辨开启未来事业之智,通过细致分析、独立思考、审慎选择,修炼分辨主次先后的慧眼、判断真假善恶的慧心、驾驭人生事业的智慧。

笃实,是为人处事的态度。王阳明为经略四方,从家乡出发,游历塞外边关而冠绝古今。未来,笃实仍是将难事做易、大事做实的有效方法。作为在校师范生要坚持以笃实拓展未来事业之路,将对未来的构想付诸为不断的努力、恒久的行动、持续的作为,开创一条从小赢到大胜、从低就到高成、从慢速到快速的发展道路。

(三) 乡村情怀教育

乡村教师是乡村教育振兴的主体力量。只有对乡村教育充满情怀,乡村教师才能将自己的工作与国家的命运、民族的未来紧密相连。《孟子》有言:"天下之本在国,国之本在家,家之本在身。"家是国的基础,国是家的延伸,在中国人的精神谱系里,国家与家庭、社会与个人,都是密不可分的整体。"国家好,民族好,大家才会好。"在中国,家国情怀,与其说是心灵感触,毋宁说是生命自觉和家教传承。无论是《礼记》里修身齐家治国平天下的人文理想,还是《岳阳楼记》中"先天下之忧而忧,后天下之乐而乐"的大任担当,抑或是陆游"家祭无忘告乃翁"的忠诚执着,家国情怀从来都是更近乎你我内心之中的精神归属。作为未来的准教师要有以百姓之心为心、以天下为己任的使命感回报家乡父老。

强化定向师范生乡村情怀教育,提升服务乡村教育职业素养。这是地方师范院校当前转型发展的新切入点,也是新时代赋予高校的新使命。乡村教育更需要的是一种情怀,是教育者对教育所产生的一种积极的心灵状态,一种为他人、为社会、为民族甘愿奉献的心灵境界,是一种对教育的责任和担当。乡村教育情怀既包含对乡村教育有眷恋之情,也包含振兴乡村之伟大胸怀。

在中国,乡村的繁荣或衰败关系到中华民族伟大复兴之全局。

  师范院校在对定向师范生强调国际视野教育的同时,更要倡导地方精神和乡村情怀,真正立足于中国独特历史文化、国情乡情和百姓情。具体来说,包含"四感"教育:一是农耕文明自豪感教育,要让受教育者在农业现代化大背景下认同并尊崇中国优秀农耕文明,坚定农耕文化的自信和自豪;二是乡村衰败危机感教育,要让受教育者在全球化背景下认清中国乡村发展状况和潜在的危机,理解乡村文化没落和乡村传统沦陷的代价;三是乡村价值钦佩感教育,让受教育者在城乡统筹背景下,熟悉并眷恋乡村风貌,深入体会乡村之于百姓、之于城市、之于国家的生产、生活、生态、文化与社会价值,对广大乡村产生强烈亲近与钦佩感;四是乡村复兴使命感教育,让受教育者在中华民族伟大复兴的大背景下自觉自愿为复兴乡村文化、改善乡村环境、提升乡村舒适感和幸福感贡献自己的力量。

  教育是伟大的事业,人的命运取决于教育。教师工作不仅是一个光荣重要的岗位,而且是一种崇高而愉快的事业。教师对国家人才的培养、文化科学教育事业的发展,以及后一代的成长起着重要作用。习近平总书记指出:"一个人遇到好老师是人生的幸运,一个学校拥有好老师是学校的光荣,一个民族源源不断涌现出一批又一批好老师则是民族的希望。"[1]作为乡村定向师范生要认真学习领会习近平总书记的嘱托,弘扬师德、奉献爱心,用真情、真心呵护每一个学生,让他们有理想、有信念,永远跟党走;帮助他们扣好人生第一粒扣子,成为学生健康成长的指导者和引路人、做学生人生梦想的圆梦者。

思考与探讨

1. 制约乡村教师职业道德规范执行的因素有哪些?
2. 新时代如何提高乡村教师职业道德修养?
3. 以师范院校乡村定向师范生为调研对象,调查在读学生职业道德教育实施情况,形成研究报告。

---

[1] 习近平.做党和人民满意的好老师——同北京师范大学师生代表座谈时的讲话[J].人民教育,2014(19):6-10.

拓展学习

1. 习近平同北京师范大学师生代表座谈时的讲话（全文），可参见，http://politics.people.com.cn/n/2014/0910/c70731-25629093.html。

2. 教育部等六部门关于加强新时代乡村教师队伍建设的意见，可参见，http://www.moe.gov.cn/srcsite/A10/s3735/202009/t20200903_484941.html。

3. 2020年教育部中小学教育惩戒规则（试行），可参考，http://www.moe.gov.cn/srcsite/A02/s5911/moe_621/202012/t20201228_507882.html。

4.《中小学教师违反职业道德行为处理办法（2018年修订）》，可参见，http://www.moe.gov.cn/srcsite/A10/s7002/201811/t20181115_354924.html。

5. 陶行知:《陶行知全集》，四川教育出版社，1991。

6. 浙江省湘湖师范学校:《金海观教育文选》，浙江教育出版社，1990。

7. 吉标、刘擎擎:《乡村教师乡贤形象的式微与重塑》，《当代教育科学》2018年第5期。

8. 李长吉:《论农村教师的地方性知识》，《教育研究》2012年第6期。

9. 吴凯欣、毛菊、张斯雷:《学校·乡村·日常生活:"城市型"新生代乡村教师身份认同危机与纾解》，《当代教育科学》2021年第9期。

10. 刘霞、张波、严开宏:《乡村定向师范生教育情怀培养的伦理内涵与实践模式》，《南京晓庄学院学报》2022年第3期。

第六章

乡村学生发展伦理

> 【内容提要】基于伦理视角,分析乡村学生身心发展的总体状况、学习的状态以及学习的质量。关注乡村学生中的特殊群体:留守儿童和课堂边缘生。每一名乡村学生都有接受优质义务教育、健康安全生活和全面发展的权利。如何有效保障权利实现,促进机会公平,提升乡村教育主体自信,为所有学生创造更好的机遇,给他们学习生活带来更多的意义和希望,需要多方共同努力。

乡村教育伦理根本价值在于促进乡村学生理想信念、知识文化、身心健康、素养能力等全面发展。乡村学生的根本利益在于通过优质公平的教育获得优良的发展。乡村学生发展伦理,即探讨关于乡村学生发展利益的伦理规范、评价以及价值诉求问题,包括发展权利、机会公平、学习伦理以及特殊群体伦理关怀等。

改革开放以来,特别是进入新时代以来,党中央、国务院高度重视农村教育事业,努力推进城乡义务教育的均衡发展。教育的均衡化发展,大致经历了"普及教育""促均衡发展""基本均衡"和"优质均衡"四个阶段。经过多年的努力,我国城乡教育从基本均衡发展进入优质均衡发展阶段,乡村教育教学条件得到巨大改善。2015年6月1日,国务院颁布《乡村教师支持计划(2015—2020年)》,计划中强调"到2020年全面建成小康社会、基本实现教育现代化,薄弱环节和短板在乡村","发展乡村教育,帮助乡村孩子学习成才,阻止贫困现象代际传递,是功在当代、利在千秋的大事"。[①]《中国教育现代化2035》提出"实现基本公共教育服务均等化"战略任务的要求。在乡村教育发展新阶

[①] 中华人民共和国教育部.国务院办公厅关于印发《乡村教师支持计划(2015—2020年)》的通知[EB/OL].http://old.moe.gov.cn/publicfiles/business/htmlfiles/moe/s7058/201506/188990.html.

段,将不断巩固义务教育基本均衡成果,推动义务教育优质均衡发展和城乡一体化。保障农业转移人口随迁子女平等享有基本公共教育服务,完善留守儿童关爱体系,巩固义务教育控辍保学成果。乡村学生的接受教育的基本权利和机会、学习环境有了制度政策的根本保障,留守儿童等特殊群体教育受到各方面广泛关注和支持。在城乡一体化实现乡村教育振兴的新时代,乡村学生发展的伦理诉求必然是一个长期的不断培育、检视、评判和践行的过程。

第一节 乡村学生的发展空间转换

在城镇化的进程中,乡村学校的撤点并校,使大量的乡村中小学校流失,真正意义上的村学已接近凋零。在这样的现实背景下,乡村学校及其学生的发展空间发生着巨大变化,出现了学校离村,学生离农,乡村教育城市化等一系列新情况、新问题。

一、撤点并校,改变了乡村学生生活空间

2001年,《国务院关于基础教育改革与发展的决定》指出应"因地制宜调整农村义务教育学校布局。按照小学就近入学、初中相对集中、优化教育资源配置的原则,合理规划和调整学校布局。"农村小学和教学点"要在方便学生就近入学的前提下适当合并,在交通不便的地区仍需保留必要的教学点,防止因布局调整造成学生辍学。"

2000年到2010年,我国义务教育农村小学数量从440 284所减少到210 894所,平均每天减少62.8所。在这十年里,我国农村教学点从157 519个减少到65 447个,相当于每天减少25.2个。根据《中国教育统计年鉴2011》和《中国教育统计年鉴2017》的数据,2011年,我国乡村小学169 045所,到2017年,乡村小学为96 052所。六年之中,乡村小学减少72 993所,下降比例达43%。在今后一段时间我国的城镇化进程仍将持续。据上海社会科学院预测,在2030年之前,我国农村教育城镇化进程将持续推进[①]。乡村学校的规模和

---

① 李振峰.城镇化背景下乡村学校复兴的文化学思考[J].基础教育,2018,15(2):16-24.

数量将会持续减少,小班化的小规模办学将是农村基础教育未来发展的趋势。

在近二十年的基础教育改革的进程中,撤点并校,使大量的乡村中小学校和教学点被撤销,而且速度很快。由于各个地方自然环境、经济社会发展情况各异,地理、交通、人口、经济、社会、文化等情况千差万别,部分地方政府在义务教育学校布局调整过程中,片面注重财力、效率和管理等因素,忽视学校发展的长远规划、乡村文化的传承、乡村学生的人格养成,引发布局调整中的一系列问题。

(一) 学校离村,上学不再就近

据全国教育事业统计数据,1998 年—2017 年全国义务教育学校数从 68.36 万所减少到 22.57 万所,减少了 66.99%,其中乡村学校减少 42.46 万所,占减少学校总数的 92.71%。教学点数从 19.96 万个减少到 10.30 万个,减少 48.39%,其中乡村教学点减少 8.87 万个,占减少教学点总数的 91.79%。这充分说明,撤点并校的主战场在乡村。[①]

部分地方在撤点并校过程中片面强调办学效益,学校布点收缩过大,导致一些农村地区学生上学距离偏远,上学交通问题突出,广大农村学生家长对此反响强烈。2013 年审计署重点抽查 25 127 所学校的 1 257.63 万名走读生中,有 4% 的学生上学单程要徒步 3 公里以上,其中 10.03 万名要徒步 5 公里以上,且主要集中在山区或丘陵地区,上学路途消耗体力大,导致学习和在校活动时间相应减少。[②] "学校离村"在很大程度上致使村落消亡,乡村社会瓦解,乡村文化失去了生存的土壤,乡村教育发展困难重重。自然村落、乡村学校、农耕文明,它提供给农村青少年的是实实在在的、可以体验的乡村生活的伦理和信仰。它可以帮助乡村少年摆脱精神的彷徨,重建他们的人格尊严和道德理想。如果只是给予他们在知识和成绩上的成功,却不能满足他们对自我认同的需要,"学校离村"带来的社会文化隐忧将是深远的。

(二) 城乡并轨,乡村特色不明

在撤乡并镇过程中,农村学校与城市学校在价值体系、培养目标和办学模

---

① 史亚娟. 义务教育学校布局调整应走出哪些误区[N]. 中国教育报,2019 - 12 - 19(06).
② 审计署:部分农村家庭教育支出增加辍学人数增 1.1 倍. [EB/OL]. (2013 - 05 - 04)[2022 - 03 - 02]. http://www.chinanews.com.cn/edu/2013/05-03/4786021.shtml.

式方面,基本实现了统一和并轨,完成了城市化的进程。这种做法对于农村学校来说,既有利也有弊。一方面,有利于农村学校教育资源享有、教师队伍素质提升、教育质量提高;另外一方面,乡村学生离开村庄,流浪于城市社会的边缘,带着对自我的否定,没有文化上的自信。尽管从教育公平的角度看,这或许无可厚非,甚至是成功的,然而从农民子弟的人格塑造方面看,却有可能是失败的。教育给予乡村少年的是知识、升学和离农,但当他们真的离开故土,脚踏在通向城市的道路上,他们却迷失了。乡村教育与城市教育,它们立的根基不一样,本身的特性也不相同,在社会文明中的推动作用也不一样,所以乡村教育的发展必须保持自身的特色。

(三)学生离农,乡村认同游离

乡村教育是乡村振兴的重要环节。乡村教育的发展需要将乡村文化、道德生活、学校教育有机结合起来。学校离村,学生离农,乡村及其文化的可能性消解,思想和道德资源枯竭,是乡村学校发展的最大危机。随着村庄学校的消失,乡村儿童甚至上幼儿园都要去乡镇学校,尤其上小学后,可能面临着寄宿,这就意味着乡村学生大多数时间将要在学校度过,居住在乡村的时间将会减少。由于乡村文化是地方性的,那么乡村文化的传承也需要儿童"在乡村"这个时间和空间的条件。但村中学消失后,乡村文化必然面临着失传或缺乏连续性。当农村的孩子还未开始接受或刚刚开始接受乡村文化时,就离开了乡村,每天面对的就是课本,学到的价值观是"城市优于农村",老师寄予学生的希望就是离开农村。学校教育的目的是"向城市送人",而不是"为乡村育人",学校教育的内容大多与乡村生活毫不相关,所培养出来的学生若升学无望,则可能面临就业无门、致富无术。

乡村振兴作为国家战略,已经得到巨大的物力支持,而在乡村社会的文化战略、道德设计及教育策略方面,乡土性却不强。必须认真研究乡村世界的文化必要性,守护乡村作为一种伦理体系的独立性。关注田野考察、村庄体验、历史记忆,应当是乡村教育的重要内容。义务教育学校布局调整应依据教育资源整合优先性、学校空间可达性和学校规模适度性等原则,对义务教育学校的服务半径、选址的安全性、班级规模与学校规模、师资和硬件设施配置等进行科学规范,所制订的标准应充分体现出地区差异性,包括经济发展水平、地形地貌和人口密度的差异性。对于一些具有较高文化价值,文化代表性强的乡村,应充分考虑乡村文化保护与传承的因素,尽可能保留现有学校。在边境地区,学校的意义远不止于教育,它对于国土安全具有重要的价值,因此还应将国土安全作为边境地区学校布局的重要考量因素。

二、寄宿制学校,改变了乡村学生的学习空间

我国最早的寄宿制学校建立于 20 世纪 50 年代初期,当时是为了解决少数民族地区和边远贫困山区的适龄儿童求学问题。寄宿制学校真正发展是在 2001 年国务院颁布了《关于基础教育改革与发展的决定》,明确指出可建设寄宿制学校。在该文件发布之后,各地开始建立农村寄宿制学校。与此同时,相应政策也随之出台。2011 年,为贯彻落实《国家中长期教育改革和发展规划纲要(2010—2020 年)》,加强和规范农村寄宿制学校生活卫生设施建设与学习环境,保障学校师生的身心健康,教育部与卫生部联合制定了《农村寄宿学校生活卫生设施建设与管理规范》。同时,各地区为了推动农村寄宿制学校发展,也纷纷制定了相关政策。寄宿制学校,改变了乡村学生的学习场域,调整了师生之间、生生之间的社会关系。

(一) 相对封闭的校园环境成为学生学习的主场

创办农村寄宿制学校的直接目的是解决学生上学远和上学难的问题,其基本教育理念是保证教育公平,促进义务教育均衡发展。实行寄宿制后,一个星期可以增加有效学习时间十课时左右。另外,绝大部分寄宿制学校为了管理方便,往往会在晚上适当安排一些时间让学生自习,从某种程度上也增加了学习时间。正是从这个意义上讲,寄宿制学校有力保证了学生的学习时间,为提高学生成绩奠定了基础。通过研究发现寄宿对学生认知能力具有正向作用,对非认知能力具有负向作用,无论是在校学习总体时间还是作业投入时间,农村寄宿生均显著高于走读生,加上师生互动、同伴互动对学生学业发展发挥着重要中介效应,使得寄宿对提高学生学业成绩具有促进作用。[1] 同时,寄宿制环境,可以弥补部分家庭中父母受教育程度不高、辅导孩子学习的时间投入过少的问题,寄宿学生与其他同龄学生共同学习生活并受到老师的直接监督,有利于学习能力的提升。有研究表明,在校寄宿对留守儿童的自理能力、组织纪律、道德品行、学习兴趣和心理健康整体上都有明显的积极影响。

---

[1] 姚松,高莉亚.大规模兴建寄宿学校能更好促进农村学生发展吗?[J].教育与经济,2018(4):53.

针对寄宿制对留守儿童的作用问卷调查显示,近90%的教师认为,寄宿制学校对留守儿童的教育与看护比家庭更有效。①

由于各地经济发展不均衡,对学校的财政支持不到位,诸多寄宿制学校软硬基础设施建设跟不上,专业教师和生活教师配备不合理,学校业余生活单调,容易使学生产生孤独、焦虑、厌学等情绪,造成成绩不稳定。再加上亲子沟通不畅,与外界接轨较难,导致学生社会适应性减弱,影响学生的全面发展。所以,学校必须改变以课代管的方式消极地消化多余时间的做法,在活动空间、活动时间和活动设施上予以保证,增加学生自由支配的时间,丰富学生的业余生活。

(二) 相对单一的社会关系成为伴学的纽带

由于农村寄宿制学校具有半封闭性质,故而学生会较长时间与亲人分开,与老师和同学相处的时间更长,师生关系和同伴关系成为主要的伴学纽带。学校是一个小型的"社会",社会中的成员通过相互的"关系"及关系的紧密度来支配自己的行为及情感。在寄宿制学校中,教师和同学是学生人际关系网络的主要构成者,通过课程、社团、活动等媒介,教师与学生、学生与学生之间彼此互动,由此形成相应的师生关系、同伴关系。美国心理学家提出沙利文的人际理论认为,在个体成长阶段,不同人际关系的影响力在不同的年龄阶段是动态变化的,并发现初中阶段是青少年社交关系发生重大变化的时期,具体表现为:同伴关系交往越加密切,师生交往逐渐降低并趋于一个稳定水平,且受亲子关系的影响②。积极的同伴关系促进着青少年社会化的形成,但是处于青春期阶段的青少年心智还未发育完全,在行为上易盲目冲动,仍然需要成人的正确引导。国内有研究者曾对四川省某寄宿制初中近千名住校生进行调查,研究他们的师生关系和同伴关系,得出结论,同伴关系在住校生学校社区感与师生关系之间的中介效应显著,且起部分中介作用。③ 研究还发现寄宿制初中生同伴关系与师生关系之间存在正相关,这说明在学校环境中学生的师生关系与同伴关系之间联系密切并相互影响。

乡村学生大多都是留守儿童或来自弱势家庭,因此在生理、安全、爱和归

---

① 董世华.我国农村寄宿制学校问题研究[D].武汉:华中师范大学,2012:34.
② 张兴旭,郭海英,林丹华.亲子、同伴、师生关系与青少年主观幸福感关系的研究[J].心理发展与教育,2019(4):458.
③ 张丹.寄宿制初中学校社区感与同伴关系师生关系研究[J].校园心理,2021(4):334.

属,尤其是尊重上或多或少都有所缺失。当这些需求在家庭中无法得到满足时,学校环境在这方面的关照和支持就显得尤为必要和重要。对住校生而言,学校是另一个"家",教师拥有更多的身份,如学生习惯的培养者、生活的照料者、学习的引路人等,良好的师生关系对寄宿生的身心健康是至关重要的。对于很多的农村留守儿童来说,尤为重要。大部分留守儿童由老人在家照看,隔代教育带来家庭教育的隐性缺失,这种缺失会使留守儿童在家中实际上处于一种无人监管的状态,对于自控力较弱的学生来说,无人监管会带来一系列的问题。寄宿制学校的老师充当了代理家长的角色,使留守儿童的日常生活、行为习惯和学习有了保障。在家庭功能不健全的情况下,学校成为留守儿童社会化过程中一个极其重要的场所,如果学校能给予更多的关爱与帮助,将会在很大程度上弥补家庭教育上的缺憾并能保证他们公平接受教育。这就要求,寄宿制学校的教师要热爱学生、尊重学生、赏识学生,公平公正地对待学生,严格要求学生,从而构建良好的师生关系,让住宿生感受到更多的归属感、信任感、幸福感。

第二节　乡村学生的身心健康

当今世界综合国力的竞争,归根结底是人才的竞争。青少年是祖国的未来,他们的身心健康直接关系到未来社会的发展。通过政府和社会的不断努力,我国青少年的健康状况不断得到改善。然而,由于我国社会经济发展存在着区域不均衡,中国农村青少年特别是西部经济欠发达地区学生的身心发展依然存在一些问题,如城乡学生的身体质量指数存在差距,乡村学生的业余生活不能很好保证,体育活动不能正常开展等。

一、乡村学生身体健康发展状况

中国疾病预防控制中心营养与食品安全所与美国北卡罗来纳大学人口中心合作进行的调查项目(CHNS),采用分区多阶段随机抽样方法在我国东、中、西部多个省份开展入户调查,问卷内容涉及劳动、教育、健康和社区调查等诸多方面的信息。该项调查始于1989年,并于其后每隔1—3年进行一次追踪调查。基于 2009 年、2011 年和 2015 年中国健康与营养调查（CHNS）数据，虽然我国农村儿童的总体健康状况随着时间变迁有一致的转好趋势，但农村儿童健康不平衡的问题仍然存在。①

不同地区的农村儿童健康状况存在显著差异，东部地区农村儿童的总体健康状况优于中西部地区的农村儿童。从身高来看，东部地区的农村儿童身高高于中西部地区；从身体质量指数来看，东部地区的农村儿童身体质量指数同样高于中西部地区。寄宿制和非寄宿制儿童身体健康状况也有差别。首先，从长期健康指标——身体质量指数评分的平均值来看，6 到 12 岁的寄宿生和 12 岁以上的寄宿生都比同年龄组的非寄宿生低；其次，从短期的营养健康指标身高的平均值来看，6 岁到 12 岁以及 12 岁以上的寄宿生仍然比同年龄组的非寄宿生低。

农村寄宿制学校学生营养不均衡的现象依然存在。由于资金条件所限，加之相关人员缺乏必要的膳食营养知识等原因，寄宿制学校普遍存在不同程度的食物品种单一、口感差、营养不均衡等问题。寄宿生正处于生长发育期，依赖心理较强，在校寄宿后不但脱离了父母的监护，而且减少了与家人的沟通交流机会，如果缺乏足够的适应能力以及必要的生活指导，难以养成良好的饮食习惯，势必会对其营养健康造成不利影响。

为了改善寄宿制学校学生的营养状况，截至 2018 年，中央财政累计投入营养改善计划膳食补助资金 1 248 亿元，并拨付 300 亿元专项资金，投入试点地区的食堂改善工程。营养改善计划的实施一定程度上改善了农村寄宿儿童的营养摄入情况。

二、乡村学生体育锻炼状况

2007 年 5 月中共中央、国务院发布《关于加强青少年体育增强青少年体质的意见》，指出广大青少年身心健康、体魄强健、意志坚强、充满活力，是一个民族旺盛生命力的体现，是社会文明进步的标志，是国家综合实力的重要方面。2020 年 4 月，中央全面深化改革委员会第十三次会议通过的《关于深化体教融合促进青少年健康发展的意见》指出："深化体教融合促进青少年健康发展，要树立健康第一的教育理念，推动青少年文化学习和体育锻炼协调发展，加强学

---

① 姜楠.在校寄宿对农村儿童健康的影响[D].杭州：浙江农林大学,2020.

校体育工作,加快培养德智体美劳全面发展的社会主义建设者和接班人。"[1]党和国家高度重视青少年体育工作,认真落实加强青少年体育、增强青少年体质,需要加强领导,齐抓共管,贯彻公平原则,坚决保障乡村学生体育基本受教权,有效实施体育学科常态化,开展各种体育活动,加快校园体育文化建设,形成全社会支持青少年体育工作的合力。

(一) 体育运动对中学生身心发展的影响

体育作为现代人生活方式的调理者,不仅能使人在健身活动中体验到运动对身体形态、机能的良好功效,还能使人在活动中相互交往、建立友谊、宣泄压抑。它是提高人体机能,塑造健美形体,治疗亚健康状态的最积极、最有效的手段之一。中学生正值成长阶段,是最具有可塑性的人群。中学体育与健康教育旨在保障生命准备阶段人群的健康和安全。这一阶段的学生在生命初期形成的体育健康习惯和生活方式,很可能对他们一生中的其他发展阶段的行为方式产生深远的影响。

首先,促进学生认知的发展。体育运动对学生的呼吸、循环、神经细胞的兴奋与抑制等都极为有益,更有助于学生的注意、记忆、思维、想象等心智能力的发展。其次,促进学生情感的发展。体育教学内容的多样性、吸引力与复杂性,能使人从中体验到满意、欢乐、紧张、兴奋、焦虑等多种不同程度的情感体验。体育教学的团体性以及同学之间的互助互学等,能启发学生的社会意识,增强自尊、自信以及责任感。体育教学的竞争性,能激发学生进取心,鼓舞意志,使各种情感体验更加深刻。再次,促进学生意志品质的发展。意志是人自觉地确定目的,并为实现目的而克服困难,改变现状的心理过程。体育锻炼需定出目标,为取得应有的成绩去克服困难并承受最大的负荷,这些都促进了意志的发展。同时,在体育教学中,总是会遇到各种困难与障碍,其中有来自内心的,如紧张、害怕、失意等情绪;也有来自外界的,如教学条件设备、环境、气候、身体素质与能力的限制等。为了实现目的,就必须发挥意志的作用,克服困难。所以,体育教学的过程,就是意志行动实现的过程,可以发展学生自觉性、果断性、自制性等良好意志品质。最后,促进学生人格的发展。人格的形成及发展与人的行为密不可分。体育教学内容的多样性,为培养学生的社会适应能力、促进人格的多元化发展提供了条件。有研究表明,经常参加体育运

---

[1] 姜勇,等.我国学校体育公平的困境分析及实现路径[J].四川体育科学,2022(03):95-98.

动者更易与他人形成亲密的关系,人际交往能力亦增强。在体育教学中增加情绪感染、快乐教学、自信心培养、意志力锻炼、社会交往锻炼和心理诱导等内容和方法,使学生在社会适应、意志、自信、合作、身心调节和自我评价等方面均有显著的提高。[①]

(二) 乡村学生的体育锻炼诉求

由于我国农村学校体育经费来源总体性紧缺,经费投入较少,师资不足且学历偏低,教学思想观念传统落后,环境影响因素众多,开课率不足,"大部分农村学校体育场地不标准,器材老化失修,存在安全隐患,数据显示达到国家标准规定的学校仅占40%,而达到标准的学校又存在不利用、不更新的情况,导致课外体育活动和运动会等赛事难以保质保量开展,严重影响农村学校体育的发展。"[②]但2014年国家体育总局对10个省(区、市)的乡村学生调查发现95.1%的儿童青少年(6—19岁)喜欢上体育课。对四川地区的调查结果显示,78.5%的中小学生喜欢(或非常喜欢)上体育课,不喜欢的仅占2%,表明体育课在学生心目中是得到充分的认同和肯定的,这一诉求也表明绝大多数中小学生会积极或自愿地去上体育课和参加体育锻炼。球类中的篮球、排球、足球、乒乓球、羽毛球以及游泳、体育游戏、轮滑占据学生最喜爱项目的前5位,学生对体育项目的偏好在于其趣味性、简易性,这为学校安排体育课和开展课外体育锻炼提供了依据。长跑是对身体和意志品质的锻炼和考验,在学生体质健康评价中是非常重要的一个方面。调查问卷结合全面锻炼的原则,设计了有关中小学生对长跑诉求的调查。结果显示愿意和非常愿意参加长跑的学生占60.6%,[③]乡村学生对体育锻炼都能有正确的认识,能理解体育锻炼对自己身体素质和学习生活的意义,参加体育活动的积极性很高,喜欢活动,但对于体育活动中,增强互相合作、沟通、认同等综合素养方面普遍存在不足,性格较为内向,缺乏自信,面对陌生人多有距离感、紧张感。

---

① 甄志平.体育与健康教育对中学生心理健康干预的实验研究[D].北京:北京体育大学博士学位论文,2004:5-6.
② 卢迈,等.中国西部学前教育发展情况报告田[J].华东师范大学学报(教育科学版),2020(1):97-126.
③ 张艺宏,孙君志,李宁,赵娜,杜会娟.四川省中小学生体育活动与课余活动调查分析——以成都、自贡、达州为例[J].四川体育科学,2015(2):117-123.

（三）乡村学生体育锻炼实际结果

有研究利用1985年、1995年、2000年、2005年、2010年和2014年,共6次中国学生体质与健康调研的相关测试数据,对我国汉族7—22岁学生身体机能和身体素质29年的指标进行动态分析。结果显示:1985—2014年的29年间,我国7—22岁学生身体机能和身体素质,整体呈现下降趋势;部分指标在一定阶段呈现下降速度减慢或者平均值回升的现象。2005年以来,7—22岁学生身体机能和身体素质下滑趋势得到初步遏制。①

根据广东省学生体质健康状况的调查,城乡学生之间的差距依然存在。从身体形态来看,13—18岁城市学生的身高和体重优于乡村学生。因为城市学生家庭的生活条件和生活质量优于乡村学生,城市学生营养丰富,因此城市学生的身体形态指标明显高于乡村学生;从身体机能来看,13—18岁的城市男生的肺活量水平低于乡村男生,但城市女生的肺活量水平优于乡村女生;从身体素质来看,在速度素质方面,13—15岁年龄段的城乡学生的速度素质随年龄的增长而提高,乡村男生13—18岁的50 m的成绩呈连续上升趋势,而城市同龄男生速度素质存在波动;在柔韧素质方面,女生的柔韧性明显高于男生,乡村学生柔韧性较城市学生好,城市学生总体呈下降趋势,并低于乡村学生;在力量素质方面,城市男生的力量素质随着年龄的增长而下降,女生的力量素质是呈上升趋势;在耐力素质方面,乡村学生的耐力素质较城市学生好,但近年来乡村学生在耐力素质上的成绩优势逐步减小,城市男生的耐力素质随着年龄的增加而呈逐步上升趋势,城乡女生13—15岁是呈上升趋势,但16—18岁是呈明显的下降趋势。②

乡村学生在小学阶段相对于城市学生在身体素质方面有很大的优势,但随着年龄的增长,这种优势不复存在,反而被城市学生反超,城市的男女生在很多指标上都有向好的趋势。而乡村学生在耐力素质、爆发力等测试中的优势不断缩小,这个现象不得不让我们对于乡村体育教育课程的开展进行深入的调查。随着教育布局的调整,乡村学校住校人数比例增加,学生在大自然中奔跑跳跃的时间减少,学生参与家庭体力活动的机会减少,加之乡村寄宿制学

---

① 吴键,袁圣敏.1985—2014年全国学生身体机能和身体素质动态分析[J].北京体育大学学报,2019(6):23.
② 王敏.广东省城乡13—18岁青少年体质健康现状比较研究[J].广州体育学院学报,2018(4):30.

校课业负担相对更重,每天锻炼时间无法得到保证,造成了学生的运动缺乏症。没有充足的休息时间,相当于没有给正在生长发育的学生们以足够的发育时间,我们的生长激素在睡眠过程中分泌要大于在日常活动中的分泌,因此缺少休息时间势必导致学生身体机能、素质的下降。日常身体活动减少,体育锻炼时间无法得到保障加之一系列生活方式、学习方式的改变造成了乡村学生体质健康水平连年来出现下降。

2008年教育部就曾提出"坚持学生每天一小时体育锻炼制度。保质保量上好体育课,认真开展大课间体育活动和丰富多彩的户外体育活动,切实保证学生每天参加一小时体育活动"[1]的要求,但目前中国学生总体上处于身体机能和身体素质发展的过渡期,学生身体机能和身体素质迅速下降的趋势已经得到遏制。有研究表明:"体育运动习惯较好的学生、兴趣爱好得到较好满足的学生、师生关系较好的学生以及同伴关系、亲子关系较好的学生,都要比其他同学更不容易感受到负担。也就是说,加强体育锻炼、发展兴趣爱好、改善人际关系也是减负的重要路径。"[2]体育课程应坚持核心素养培养为导向,学生通过体育与健康课程学习而逐步形成正确价值观、必备品格和关键能力。乡村学生生活方式和行为习惯的改变使学生身体机能和身体素质方面出现一些新的变化趋势,所以更加需要立足乡村本土特色,开展形式丰富、契合乡村学生生活实际的文化体育活动,加强监测并及时发现和预测学生身体机能素质的变化,提出科学合理的锻炼干预策略,并针对乡村学生个体身心不同特点分别提出有针对性的措施,以达到科学提高我国乡村学生身体机能和身体素质的目标。

三、乡村学生课余生活

对于学生来说,学习生活固然重要,但业余生活也不可或缺。如果学生在成长过程中,只有学习、考试、成绩,他们和周围世界的联系单一,就可能使青少年的精神世界变得异常苍白。大部分乡村学校采取的是寄宿制的模式,能够保证大多数留守儿童拥有着良好的生活环境,但采取的多是传统封闭管理方式,学生的饮食、课余活动等工作都由相关的生活教师负责。由于学校仍然

---

[1] 北京市教育委员会办公室.北京市教育委员会文件选编2008[M].北京:华艺出版社,2009:870.
[2] 张丰.学业负担的实质:学生消极的学习体验[J].基础教育课程,2020(9):78—80.

以文化课为中心,对体育等课程不够重视,因此,课余生活内容形式还不够丰富,尤其乡村小学受场地和人员限制,课余文体、实践、社团等活动多不能系统有效开展起来。

(一) 作业占据大量课余时间

在家庭作业上,主要集中于语、数、英三科等中高考考试科目。大部分教师给学生布置的家庭作业量都能做到不超时,且各学科中的大部分教师都能把学生的作业量控制在国家规定范围以内。教育部提出"学校要统筹学生的家庭作业时间,小学1、2年级不留书面家庭作业,小学其他年级书面家庭作业控制在60分钟以内;初中各年级不超过90分钟"的要求,但由于各科教师缺乏协商、统筹,导致学生家庭作业总量增多。增加实践类、创新类作业形式的比重后,难度超出部分学生能力范围,耗费学生课余时间也随之增多。小学生学业负担基本合理,而中学生学业负担明显较重。每天用于做家庭作业的时间反映了学业负担和静坐时间,课外学业的加重,挤占了学生自主活动的时间,使学生被迫放弃休闲娱乐、体育锻炼,影响学生快乐健康成长。

(二) 课后活动内容、形式受限

中学生课余活动泛指上课时间以外的活动,包括休息、进食、玩耍、课外学习、劳动、家务、家庭作业、锻炼等。[1] 近些年,随着国家的高度重视,各地政府投入的加大,乡村学校学生的课余活动有了较大的改善,目前主要活动类型包括:一是学科类,包括学科知识巩固提高,自学、看报、读书,发展学生的智力和求知能力;二是生活类,自理能力以及自护、自救、防灾、防险等生存意识、生存能力的培养训练;三是科技类,包括小观察、小制作、小发明,培养学生的动手操作能力、科技思维能力;四是艺术类活动,包括声乐、器乐、舞蹈、美术、书法,发展学生的个性特长;五是体育活动类,包括球类、田径、跳绳、棋类,增强学生的体能,培养学生的竞技心智;六是休闲类,主要是组织学生收看电视,特别是新闻和少儿节目,扩大学生视野,陶冶思想情操。但由于各地经济发展的不均衡,活动空间、活动时间和活动设施投入上存在地区差异,以及社会、学校、家庭对课余活动的态度不一,乡村学校的课余活动还不能充分地开展,活动形式

---

[1] 张艺宏.四川省中小学体育活动与课余活动调查分析——以成都、自贡、达州为例[J].四川体育科学,2015(2):122.

也有限。课余活动贫乏、单调,不利于学生的未来成长,因此需要提高乡村生均公用费用标准,加强学生课余活动资源建设。建立面向学生课后管理的教师培训体系,提高学生课余活动质量。2021年7月,中共中央办公厅、国务院办公厅印发了《关于进一步减轻义务教育阶段学生作业负担和校外培训负担的意见》,随着"双减"政策的实施,德育、智育、体育、美育、劳动教育及国防教育的融合发展,乡村学生的课余生活会越来越丰富。

第三节 乡村学生的学习伦理

学习伦理是人们在学习活动中建立起来的人伦关系和处理这些关系应遵守的法则、规范及其评价,是基于对特定人群学习的伦理性认识和对学习内涵、价值、内容等方面的伦理反思和建构,其本质是主体获取知识的过程,同时,也是让自身自觉向善的实践活动过程。良好的学习伦理的构建,需要在学习过程中体悟人性、弘扬人性、完善修养、脚踏实地、志存高远、尊师重教、遵守纪律,培育理性平和的心态,让勤奋学习成为生活的动力。

一、乡村学生学习总体状况

许多学者从不同维度对乡村学生的学习状况进行调查,得出乡村学生总体学习水平处于中等的结论。学生的学习状态,可以用学习态度、学习方法、学习认知、学习管理等指标来呈现。

(一) 乡村学生总体学习状况良好

有学者曾对川、滇、黔、渝四省市义务教育阶段乡村学校学生的学习状况做了调查,从学习认知、学习方法、学习态度和学习管理四个维度进行分析,发现乡村学生总体学习水平处于中等。[1] 在各项子维度中,学生的学习认知水平最高,学生的学习管理水平相对较低;乡村学生学习水平的性别差异显著,女

---

[1] 李森,汪建华,李振兴.义务教育阶段乡村学生学习现状调查研究——基于川、滇、黔、渝四省市的实证分析[J].教育科学,2016(2):58-65.

生学习水平显著高于男生。乡村学生学习水平的年级差异显著,其中,四年级最高,八年级最低;义务教育阶段乡村非留守儿童学习水平显著高于留守儿童,留守儿童与非留守儿童各自在性别和年级上均表现出显著差异;义务教育阶段乡村学生总体学习水平及其各维度整体呈现向右倾斜的"W"形递减趋势。具体表现为:在小学阶段,变化趋势相对平缓,"V"形趋势不明显;在初中阶段呈现明显的"V"形变化趋势。

(二) 父母的关注程度影响孩子的学习水平

通过对某省 10 所乡村学校中小学生学习现状调查,结果显示乡村学生学习水平在各个维度上的平均值从高到低依次为:学习态度、学习观、学习方法、学习管理。[①] 其中,学习态度的均值最高,表明乡村学生的学习态度端正,对学习持有正确的态度。学习管理的均值最低,学生对于自己的学习规划较少甚至没有规划,不知道应该如何管理自己的学习时间,也不知道如何有效利用学习资源。此外,研究还发现乡村学生学习水平与父母对子女学习情况的关注程度呈正相关,父母越了解子女的学习情况,则子女的学习水平越高,反之则越低。乡村学生学习水平与学生的留守状况存在着显著差异,父母都在外打工的留守儿童的学习水平较低,父母都在家的学生的学习处于中等水平。通过调查发现,目前的农村小学正逐步衰减,乡村学生的父母更多的是在为生活而奔波,关注更多的可能是孩子的物质条件,而非学习类的精神条件,尤其是在偏远乡村的父母对于孩子的学习成绩不甚关注。父母对于孩子学习的关注程度影响着孩子学习的方方面面,从"非常了解"到"完全不了解",学习观、学习方法、学习管理、学习态度的均值依次降低。

二、提升乡村学生的学习质量

在教育资源配置均衡的前提下,学校和教师如何创造丰富的学习机会和创设适切的学习环境,确保来自社会不同经济文化背景家庭的学生充分实现他们的潜能、得到全面发展,这是教育公平的目标和追求。[②] 乡村学生的学习

[①] 张琴和,崔友兴.新型城镇化进程中乡村中小学生学习现状调查研究——以 C 省为例[J].教育与教学研究,2016(3):25-32.

[②] 王艳玲.教育公平与教师责任:《科尔曼报告》的启示[J].全球教育展望,2013(4):3-9.

质量受到多重因素的影响,学校的整体学习环境、家长的关注程度,学生是否寄宿在学校以及是否为留守儿童。针对乡村学生在学习观、学习方法、学习管理和学习态度上出现的问题,需要有效满足学生个性化、多样化的学习需求,让乡村学生快乐学习、健康成长。

📖 案例与讨论

讨论:从教学伦理视角分析乡村教师索南尖措的学生观、教学观和师生观及其对解决困难学生学习问题的启示。

索南尖措:照亮孩子脚下的路

(一)重新认识乡村教育的价值,树立积极的学习观

新型城镇化进程中,城市教育文化作为强势文化,进入乡村学校教育系统,使传统意义上的乡村教育受到现代化的冲击,学生的学习观出现偏差。教育公平是新型城镇化进程中教育发展的重要目标,旨在让每一位学生得到可持续发展。新型城镇化进程中的乡村教育,应重新审视其价值取向,纠正学生学习观的偏差,促使学生认识到知识本身的价值,提升学习质量。有关部门在遵循有序实现教育城镇化原则的基础上,应加大优质教育资源投入,重点解决城乡教育资源均衡配置等问题。同时,真正从学生的实际需要出发,切实解决好留守学生学习中存在的问题,为学生成长、成才创造有利的环境。配合城镇化建设,乡村教育应克服绝对的"离农化""城市化"倾向,要更加关注学生在生活和学习方面所产生的困惑、需要、兴趣等,引导学生改变功利化的学习目的,不断端正乡村学生的学习观。在乡村逐步萎缩、城市逐步扩大的过程中应重新认识并充分挖掘乡村教育价值,让学生在新型城镇化进程中树立正确的学习观。

(二)注重学生学习的科学性,优化学习方法

变革现行的学习方式方法,是顺应时代发展、关注人的发展以遵循学习规律的必然要求。科学的学习方法是学生发展才智的重要条件之一,新型城镇化的发展对人才提出了新的要求,对学生的学习方法提出了新挑战。首先,教师教会学生学习方法。"授之以鱼不如授之以渔",教师应该在教学过程中教给学生相应的学习方法,比如知识记忆的方法、记笔记的方法、课后反思的方

法等,以提升学生学习的科学性和学习效率。当然教师在进行方法指导时,须根据不同年龄段学生的特点和心理发展程度有针对性地进行指导。其次,学生积极参与合作学习。小班化将是未来乡村学校主要办学模式。小组合作学习而非竞争性学习将是乡村学校课堂教学主要方式之一。在合作学习中,学生努力学习并乐于帮助他人,成绩相对落后的学生也在平等友好的学习伙伴关系中得到别人的帮助。学生在合作中获得知识与德性的统一,提高了学习质量。最后,家校合作。家长及学生的监护人也应该是学生的良师益友,应该在学生学习过程中起到监护和引导作用,为学生养成良好的学习习惯提供相应的支持。

(三) 建立自我学习管理机制,提高学习管理水平

学习管理制度是用以规范、约束、发展和评价学生学习过程和行为的一系列准则和规范的总称。根据调研结果显示,学习管理的平均值在学习现状四个方面得分最低,也就是说乡村学生需要进一步加强自身的学习管理。在新型城镇化背景下,为提高学生学习水平,须加强对学生学习的管理,建立起一个真正有利于提高学生学习主动性的自我管理机制。

乡村学生自我学习管理机制建设应包括学习动机机制、计划机制、自我监控机制三个方面。首先,建立激发学生学习的动机机制,主要包括目标、条件和激励三个方面:一是设置目标,教师可引导学生树立有关学习的近期目标及长远目标,目标树立之后学生根据相应的目标"步步为营",逐步实现;二是要创设良好的条件和环境,促使学生的各项学习活动的正常开展,良好的学习环境的建立不仅仅是学校的责任,家长也应该适度地重视学生的学习发展,关注学生的学习进展;三是实施有效的激励机制,充分调动学生参与教育活动的积极性与主动性,有效地提升学生的学习动力。其次,建立学生的学习计划机制。乡村教师要根据学生学习的具体状况引导学生对自我的学习进行计划,计划可分为长期、中期和短期三类,各计划之间应该体现一定的层次性。最后,建立学生的学习管理监控机制。计划制订结束之后并不是放任自流,教师作为学生学习的引导者应该对学生的学习计划进行外在监控,除此之外,学生自身也应该对自身制订的计划进行实时调整。

(四) 重视留守儿童教育,改善留守儿童学习现状

公益组织发布的一份关于流动人口子女发展的报告显示,中国在义务教

育阶段仍有近一半的流动人口子女不能与父母在一起居住、生活。这里的流动人口子女,既包括跟随父母进入城市的孩子,也包括因父母外出务工而不得以留守的孩子。按照该报告的界定,前述"不能在一起"的状态,指子女不能跟随进城务工的父母留在城市。对于这些不能跟父母一起生活的儿童,我们往往以"留守儿童"来统一描述他们。其实,在共同的名字之下,他们中又包含多个亚群体。比如近期受到很多关注的"回流儿童"——他们曾经跟随父母生活在城市,但因为多种原因不得以回流农村。还有一类孩子,他们在父母外出打工后被留在户籍所在地的城镇地区读书,处于事实上的"留守"状态。①

留守儿童的问题与新型城镇化的发展相伴相生,解决乡村留守儿童学习问题应从以下几方面着手:第一,学校应加强留守儿童教育、管理和服务工作,认真解决好留守儿童的学习问题,如乡村学校对留守儿童进行统计,并对家庭困难的留守儿童提供相应的补助。第二,留守儿童父母应该转变教育观念,树立正确的教育观,优化家庭教育环境,切实重视子女的教育,家长应该让学生认识到学习本身的价值,而不仅仅只是给孩子灌输"城市比农村好"的观念,正确的、恰当的学习观对学生的学习水平有着至关重要的作用。第三,积极吸纳各种社会力量共同关注留守儿童的教育问题,促进留守儿童学习现状的改善和学习水平的提升。

第四节　关注乡村学生中的特殊群体

留守儿童问题与新型城镇化的发展相伴相生,无论是站在教育的角度还是站在社会和谐发展的角度,都应该着力解决好留守儿童问题。解决留守儿童的学习问题,可以改变他们在学习方面的相对弱势局面,这是实现新型城镇化进程中教育公平和教育均衡发展的需要。

一、农村留守儿童问题

留守儿童由于父母均不在身边,不能直接抚育,容易引起或诱发儿童的不

---

① 王丹.关注留守儿童,需要超越教育的视野[N].光明日报,2022-1-13(02).

良人格形成,这些不良人格因素往往会表现为或直接导致儿童的行为问题和学业不良问题。一些研究的负面描述也在一定程度上夸大了留守儿童的消极作用,留守儿童被"污名化"的倾向比较明显,进而使被"污名化"的儿童产生了歧视知觉。歧视知觉往往能使个体意识到自身处于弱势的地位,从而对个体的心理健康产生消极影响。留守儿童,作为一个特殊的群体,更能够敏感地察觉外界的这种歧视。这些原因在一定程度上影响留守儿童的学习生活,造成他们学习上的困扰、心理上的迷茫。此外,由于父母长期在外,留守儿童的学习无法得到家长的辅导,这也是造成留守儿童学习水平不理想的原因之一。父母在外只是造成留守儿童学业状况不良的原因之一,不是唯一原因,留守儿童的学习水平较低,是更广泛更深层的各种社会因素交织在一起的结果。因此,亟须采取多种措施,提高留守儿童学习水平。

(一) 农村留守儿童发展现状

1. 农村留守儿童的受教育现状

儿童接受教育的现状可以分成四种类型:辍学、成绩较差、成绩中等和成绩优秀。结果显示,留守儿童的辍学率为5.3%,辍学的学生一般是男孩子居多,他们平时不爱学习,经常上网打游戏,和社会上一些沾有不良习气的问题青年厮混在一起;女孩子辍学人数相对较少,一般辍学是因为传统的重男轻女观念和家庭生活条件太差。在接受教育的留守儿童中又分为三种:第一种是成绩较差的学生占比重39.6%,第二种是学习效率不高、调皮捣蛋导致的成绩差,第三种是沉迷网络,无心学习。而统计显示成绩中等和成绩优秀的学生占一半比重,他们的考试排名通常为班级前二十,这表明不是所有农村留守儿童都是问题儿童,只是一小部分儿童存在问题。[①]

2. 课余生活安排现状

现阶段我国普及九年制义务教育,留守儿童基本都符合入学条件,只有极个别的孩子因为智力或身体残疾没有办法入学。据调查统计,除去学校安排的课外活动外,农村可供留守儿童在课后玩耍的娱乐场所和娱乐设施不多,通常他们放学后会直接回家,也有一部分会与同学结伴玩耍。他们通常选择的娱乐方式是在家看电视或进行同学间的集体性游戏活动,而只有近三分之一

---

① 孙凤艳.农村留守儿童思想品德教育研究[D].石家庄:河北经贸大学,2018.

的留守儿童在放学后会按时写作业,作业完成以后会帮着家里干一些家务或农活。

3. 心理健康现状

农村留守儿童由于和父母长期分离,在日常生活中出现的问题得不到及时解决,情感需求得不到满足,这就严重影响了他们身心健康的发展以及人格的形成。据调查分析,15.8%的留守儿童会感到自卑,他们觉得自己不如别人,还有一小部分觉得自己受到歧视。[1]"我们有时候和其他小朋友打架了,对方会说我们是没有父母的孩子",有些留守儿童甚至觉得自己被全世界遗弃了。可见,亲情的缺失对农村留守儿童的身心健康成长造成了不可忽视的影响。

(二)提高留守儿童的整体学业水平

乡村学生中很大一部分是留守儿童,这些学生由于在家庭教育方面长时间缺少父母的教育引导和监督,逐步养成了一些不良的行为习惯,在学校教育方面又遭遇部分教师对其放任自流的管理态度,使得这些学生成为乡村中"没人管"的孩子。在这样的成长环境里所形成的种种不良习惯便慢慢地被带进课堂,带进日常的学习生活中,造成乡村学生整体学习管理水平较低。

鉴于此,首先,要落实家长作为学生第一监护人的责任,要加强监督和引导,帮助学生养成良好的学习习惯。对于留守儿童,家长要利用电话、视频以及委托他人监管等方式,加强与学生的联系和沟通,随时关心和了解学生的学习情况,经常给予学生鼓励,以弥补留守儿童情感上的缺失。调查发现,父母对孩子在校学习情况的了解程度可以正向预测孩子的学习水平,父母越了解孩子在学校的生活和学习情况,孩子的学习状况越好。其次,要明确学校的责任,加强学校的日常管理,强化教师的责任意识。学校和教师担负着"教书育人"的重要使命,学校是学生的第二家园,教师要主动关心学生,爱护学生,只有这样学校才能焕发生命的活力,学生才能由"他律"走向"自律"。再次,政府和社会也要担负起应有的责任。要加强学校周边的治安管理,保障学生的基本安全;要依法整治取缔学校周边的网吧等不良娱乐场所,避免学生受到不良环境的影响。最后,学生自身也要遵纪守法,珍惜时光,努力学习科学文化知

---

[1] 孙凤艳.农村留守儿童思想品德教育研究[D].石家庄:河北经贸大学,2018.

识，为更好地服务社会打下坚实的基础。

二、乡村课堂的边缘生问题

新课改以来，大部分乡村学生在新课改中得到了全面和谐的发展，但也有一些乡村学生因为自身或其他原因成为课堂边缘生。所谓课堂边缘生，是指游离于教学活动的中心，处于课堂教学的边缘没有得到良好发展的学生个体或群体。因乡村学校资源有限，教师无法照顾到每位学生，致使一些边缘生总是处于被忽视甚至轻视的境地，长期以来使他们逐渐厌恶课堂，远离课堂教学中心。其中，还存在一类隐性辍学生群体，他们上课不听讲、不做作业、考试交空白卷、不参加考试、不上学，没有注销学籍又没有完成义务教育阶段教育的学习任务。

（一）乡村课堂边缘生的特征

1. 教室的后部是边缘生聚集的主要区域

在多次课堂教学观察中发现，教师上课时的活动范围大多集中在讲台和前排区域，而乡村课堂边缘生大多分布在教师较少关注的教室后部，这在物理空间上拉长了乡村课堂边缘生与教师的直线距离，使他们较少受到教师的关注。教师基本不提问该区域的学生，与他们的互动较少，导致该区域的学生逐渐被排除在课堂教学中心之外。

2. 发呆、聊天、阅读其他书籍是边缘生主要的课堂行为

一般来说，乡村课堂边缘生跟不上教师授课的节奏，认为课堂内容枯燥无趣，上课是煎熬而又痛苦的事情。他们通常在课堂上做小动作、与同学聊天、阅读其他书籍，做一些与课堂教学无关的行为。对他们来说，教具和课本不能给他们带来乐趣，学习在一定程度上成为他们的苦恼。因此，课堂上，他们正常神游于教学活动之外，沉浸在自己的小世界里，学习成绩自然不会好。

3. 自卑怯懦是边缘生主要的性格特征

通过观察乡村课堂边缘生发现，他们基本不与教师产生有意义的互动，并且在一定程度上害怕与教师互动，害怕被教师关注。他们迷恋于自我世界中，在课堂上常常回避与教师的眼神交流，表现出自卑怯懦，不敢大胆地表达自己的想法，害怕被别人否定，对教师的回应也只是如"对""听明白了"等这类简短

无意义的回答。他们渴望被关注,却又害怕被关注;渴望表现自己,却又害怕表现自己,自卑、怯懦是他们主要的性格特征。

4. 边缘生游离于辍学与入学边缘

由于我国是以学籍来界定辍学,不在学籍上就是辍学,在学籍上就不算辍学。有研究者在调研中发现在一些乡村学校存在所谓隐性辍学学生。他们是游离于辍学与入学边缘的学生。"这类学生或是捣乱课堂、破坏秩序,或是以游离方式打发时间,甚至是想方设法逃离课堂"。[1] 他们学籍在校而人却时常不在校,或者身处课堂而思想却游离于课堂教学之外。隐性辍学生成为校园"局外人",学校老师为完成控辍保学指标,"请学生回校",只是要求他们上课不捣乱。"这类学生打(又)打不得,骂(又)骂不得。上课还得捧着他们,在学校的表现很是猖狂。"[2] 有的是心有余而力不足型的,求学态度积极但不坚定、学不进去;有的是消极应对型的,态度消极、丧失信心、状态持续时间长;有的是以犯错的方式逃避上课,多次犯错误,循环往复。[3]

案例与讨论

法国电影《放牛班的春天》故事发生在 1949 年的法国乡村一所男子寄宿学校,这所学校有一个外号叫"水池底部",这里的学生大部分都是难缠的问题儿童。校长以残暴高压的手段管治这班问题少年,体罚在这里司空见惯。马修老师对待学生的方式和教育学生的智慧,揭示了多层次和多向度的教育理解,揭示了任何时候,教育都需要一种人文理想和价值追求。

讨论: 从马修老师的教育方式谈谈对乡村教师处理边缘生、隐性辍学生的教育伦理启示。

(二) 课堂边缘生的成因

1. 教师的学生期望标签化

乡村课堂边缘生的形成过程即教师对学生期望的标签化过程。在课堂

---

[1] 朱新卓,刘焕然.农村初中生隐性辍学的文化分析[J].教育科学,2015(04):58-63.
[2] 吕巧莉,徐乐乐.乡村学校隐性辍学问题研究[J].教学与管理,2021(33):51-55.
[3] 刘涵.农村少年隐性辍学现状及法律解决[D].武汉:中南财经政法大学,2020.

上,学生的角色与其所继承的社会角色存在直接联系,教师也会依此对学生进行群体划分。当学生被贴上隐形标签后,教师就会无意识地把学生区分开来。学生在接收到这些信号后,也会无意识地根据教师的期望不断调整自己的角色定位,以迎合教师给予自己的标签和期望。长此以往,会造成优异生与边缘生严重的两极分化,被边缘化的学生会丧失超越自我、不断提高自我的信心和勇气,丧失学习动机和乐趣,最终成为教师放弃的课堂边缘生。

2. 教师的教学评价消极化

在课堂教学过程中教师对学生的评价无处不在,一个眼神、一种手势、一句话语都可能隐含着对学生的评价,成为学生前进的动力或障碍。边缘生比普通的学生更为敏感,教师的一言一行都可能会使边缘生的内心起伏不定。合理、积极的评价有助于提高他们学习的积极性,消极不客观的评价则会打击他们的自信心。

在实际教学过程中,教师因教学任务繁重、教学人数众多,致使他们上课时缺乏一定的耐心和包容心,常对犯错误的学生采取严厉的批评方式,对学生采用消极的教学评价,甚至会在无意中刺激学生的自尊心,致使学生产生一些消极想法,逐渐怀疑自己的学习能力,丧失学习兴趣,直至成为课堂教学边缘生。

3. 教师的课堂互动功利化

在课堂教学过程中,教师和学生的课堂互动应遵循有效、平等、和谐的原则。但在实际课堂互动中,有些教师因一味地追求教学进度,过多地关注互动形式,不重视互动的内容及效果,只追求短期的效果。对学生在互动中出现的疑惑不予解答,对表现出的胆怯不予鼓励,认为学生的疑惑会影响课堂教学效率,单纯为了互动而互动,使学生在互动过程中产生受挫感,忽视对学生自信心、成就感的培养,严重打击了学生的自尊心,抑制了他们学习的积极性,长此以往致使一些问题学生逐渐远离课堂中心。

(三) 课堂边缘生的转化路径

1. 教师转化:建立平等、和谐的关怀型师生关系

师生关系作为人与人之间的一种交往关系,在本质上也是一种情感交互关系。师生情感浓厚,师生关系融洽是促进有效教学的润滑剂,情感上的疏离则会阻碍教学。陶行知先生曾说过:"学生必先亲其师,而后信其道。"特别是

对敏感脆弱、内向孤僻的课堂边缘生来说,他们的存在实际上就是在心理上和教师情感疏离的表征。因此,为实现对边缘生的转化,教师应努力与边缘生建立平等关怀的师生关系。内尔·诺丁斯(Nel Noddings)曾说:"维系人与人关系的是关怀,'关怀是人类生活中的一个基本要素,不可视为可有可无的——确实所有的人都希望得到关怀。'"基于此,教师也应和边缘生建立一种关怀的师生关系。何为关怀?在诺丁斯看来,关怀就是:"'投注或全身投入的状态','即在精神上有某种牵挂感,对某事或某人抱有担心和牵挂感'。关怀意味着对某事或某人负责,保护其利益、促进其发展。"实际上,课堂边缘生是受教师关怀较少的群体,教师的关怀匮乏是他们游离于教学活动之外的主要原因。因此,我们应努力让他们享受教师的关怀,享受教师的关心和帮助,并在教师的关注下重新回到课堂教学中心。

2. 学生转化:创建公共民主的学习共同体

实现边缘生的转化,教师的作用毋庸置疑,但教师精力、注意力有限,很难关注到每一位学生。因此,还应该依靠学生的内部力量,创建学习共同体。学习共同体是指为学习者提供一个组织性的安排或平台,它通常以任务或活动为载体,在学习者间分享情感、价值观与愿景,促使他们进行深层次的互动。学习共同体的核心是保障每个学习者的学习权,保障均等的学习机会,使"教室成为学室,教师成为导师"。在学习共同体中,边缘生会因自己是共同体的一员而产生主人翁的感受,能在与同学的交往过程中得到关心和帮助,增强沟通交流;能在帮助他人的过程中体验成就感,从而获得归属感,有利于转化的实现。但在创建学习共同体的过程中,教师应注重以下三点:第一,要注重建立共同愿景,即拥有共同的价值观和信念。学习共同体是基于共同愿景建立的一种学习组织,组织中的成员围绕共同愿景展开学习行动,并以此为纽带形成互相尊重、彼此信赖、共同发展的有机体。第二,要进行角色定位,实现学生间的互补、合作,激发学生的好奇心和参与意识,使每一位成员都能融入组织中。第三,要加强对话协商,通过对话协商增强师生、生生之间的相互理解、相互信任,以形成尊重他人、接纳他人的融洽氛围。

3. 评价转化:运用灵活多元的过程性评价

现行的教学评价,更多地关注学生学习目标的实现程度,往往忽视了学生在学习过程中的教学体验,忽略了学生真正成长的过程。因此,教师应充分关注学生在课堂中的参与度,并将其作为教学评价的核心。有学者认为,学生参与度是判断学生主体地位是否落实和学生主体性发挥程度的主要指标,优质的课堂教学应让学生动脑思考、动口表达、动手操作,让学生有高质量的教学体验。因此,教师应重视过程性评价,关注学生在课堂中的参与度,充分调动课堂边缘生的积极性,使其自行加入教学活动。

此外,教师还应多注重评价的差异性,充分关注学生之间的差异。为充分发挥学生学习的积极性和能动性,应使学生逐渐形成"无差别意识",教师应树立平等的、无差别的学生意识,客观地评价每一位学生,努力寻找每位学生的闪光点,多鼓励一些课堂边缘学生。因此,良好的教学评价不应仅作为诊断学生学习情况的标准,而应更多地利用评价机制发现学生的差异和闪光点,力求全面了解学生,采取有效、多样的方式转化课堂边缘生。

思考与探讨

1. 何为学习伦理,学习伦理与教学伦理有何关系?
2. 乡村学校如何开展小组合作学习,有何伦理意义?
3. 运用见习或实习机会,对乡村学校课堂边缘生进行调查研究,撰写相关研究报告。

拓展学习

1. [美]约翰·杜威著,陶志琼译:《民主主义与教育》,中国轻工业出版社,2015年版(第1,4章教育是生活的必需品,教育即成长)。
2. 刘铁芳:《乡村教育是生活与生命的教育》,《中国社会科学报》2013年第7期。
3. 纪德奎:《农村中学生乡土文化教育认同研究》,《教育科学研究》2019年第1期。
4. 王召会:《农村留守学生心理健康的时代境遇与展望》,《中学政治教学参考》2016年第24期。
5. 朱新卓,刘焕然:《农村初中生隐性辍学的文化分析》,《教育科学》2015年第4期。
6. 张华:《学习哲学论》,《全球教育展望》2010年第6期。
7. 王爱玲、刘玉静:《在合作中成就个体德性——合作学习的伦理审思》,

《国家教育行政学院学报》2008年第12期。

  8. 宋晔、刘光彩:《师生共同体的伦理审视》,《东北师大学报(哲学社会科学版)》2020年第2期。

  9. 曹周天:《学习伦理:教育伦理学研究的新领域》,《中国教育科学(中英文)》2021年第4期。

第七章
乡村校园伦理与文化建设

【内容提要】乡村校园伦理主要体现为乡村学校校园教风、学风、作风建设中的伦理文化特质。乡村校园伦理重点在于乡村价值观、乡村文化自信及乡土情怀的培养,关键是乡村学校师生伦理关系的精神建构及乡村教育自信的建立。乡村校园文化建设,需要将社会主义核心价值观融入校园乡土文化、红色文化、生态文化、法治文化等多样态文化建设中,形成富有个性和特色的乡村校园文化。让乡村学校成为乡村学校师生的精神家园,为新时代乡村伦理和文明建设提供精神文化支持。

第一节　乡村校园伦理

一、校园伦理内涵

校园伦理,是关于校园生活中人的行为活动的伦理原则、规范及其评价的总和,是学校人文精神和价值追求的集中反映和体现。一方面是校园内部规范和调节学校内人与人、个人与集体组织、人与环境关系,包括教师为人师表师德、学生学习交往活动道德、管理服务道德以及校园教室、宿舍、书馆、体育场等场所道德等。另一方面也是对校园整体的器物景观、制度规范、精神文化等校园文化建设活动的伦理审视和道德追问,突出学校的文化育人的道义责任和价值追求,影响和引领社会及其他学校。

校园伦理是学校作为一个社会中被赋予特有知识生产、文化精神教育使命的育人系统所具有的伦理精神特质。校园伦理属于教育伦理学范畴的一种应用伦理。从学科范畴来看,属于教育伦理分支的一种应用伦理,"是对学校道德性的追问,关注的是校园中的主要责任关系,即教育共同体与学生精神成长的关系"。[①] 学校作为一个整体,作为一个组织来看待,学校组织的责任,需要关注的是教书育人的责任问题,这是校园组织伦理的核心和价值追求。

校园与家庭、企业、军营、社区等其他社会组织的职能场所相比,其共同体特性体现在校园具有承担着不同于社会其他组织的责任和使命。斐迪南·滕尼斯认为,共同体主要是在自然群体里实现的,最典型的如家庭、宗族等。同时,它也可能在小的、长期历史过程中形成的联合体中实现,如村庄和城市。它还可能在一种思想的联合体中实现,如友谊和师徒关系。因此,共同体可以分为血缘共同体、地缘共同体和精神共同体。其中精神共同体是最高级的。精神共同体的典型特征就是其中成员在精神上有着共同的追求、共同的价值取向,是共同体的最高形式,其成员之间存在着"共同的、有约束力的思想信念"。[②] 这种思想信念又转化为组织或团体的意志,将其所有的成员紧紧团结在一起。一是两者中成员的关系是不同的。学校成员的关系是"亲密的单纯的共同生活",是超越社会利益关系的接触,而社会中的成员关系则是淡漠的、利益的。二是两者成员结合形态存不同。学校成员是共同目标以联合的组织化形态存在,而社会中的成员是以分离形态存在。三是两者成员的活力不同。学校共同体是"生机勃勃的有机体",体现的是生命的活力,而社会则表现为"机械的聚合和人工制品,社会按照一种程序化的规律在运行,往往缺少生动和活力"[③]。

杜威认为,学校教育的目的在于培养儿童的社会合作和共同体生活的精神,要把每个学校变成共同体生活的萌芽。对于学校这样处于家庭与其他社会组织的中介,强调基于生活教育的"共享的经验"对于学校共同体的关键价值,突出共同目的、共同了解、共同行动。杜威提出应通过联合起来做共同的事业、开展师生之间的平等对话以及广泛使用科学方法而将学校改造为"微型共同体"[④]。个体只有在共同体中才能实现经验作为人生命意义的"生长"。这

[①] 宋晔.教育共同体责任:校园伦理的目标定位[J].河南师范大学学报(哲学社会科学版),2006(01):206-209.
[②] 裴迪南·滕尼斯.共同体与社会[M].林荣远,译.北京:商务印书馆,1999:71.
[③] 裴迪南·滕尼斯.共同体与社会[M].林荣远,译.北京:商务印书馆,1999:75.
[④] 唐斌.杜威的共同体:本真意义与学校重建[J].当代教师教育,2022,15(1):8-14.

种经验的"生长"成为共同体的"基础""功能"和"尺度"。微型共同体的学校特性在于：一是体现社会生活的微型共同体。能够在精神上代表真正的社会生活,通过学校社会生活朝着更大社会共同体的方向迈进。二是以共同利益为指向,在社会和个体两个层面平衡和协调各种共同体之间的利益,在环境中发展理智的判断力和形成稳定的自我。三是以合作性探究为方法。将实验性的探究方法用在自己的生活、所承担的义务以及信念和价值之中,而且以协商的精神来充实我们与他人的联系。四是内在地包含了同为共同体成员的教师及其与学生的协作和交往。①

学校校园作为一种履行特殊社会功能和文化使命的组织,和其他经济关系、契约关系、法律关系等社会组织相区分,其人文本性应当具备共同体的伦理特性,如师生共同体的"人际交往的关心共识,己群互动的公正追求,群际关系的认同要求"②等。学校校园从精神和价值存在的本质意义上看,是一个教育伦理共同体。校园伦理传承校园文化精神,调节校园人际利益关系,团结凝聚师生,吸纳校园外积极文化元素,吸引多元主体参与学校教育教学生活,把学校建成一个有温情的公共生活空间,促进学生的德性成长进而促进其整体素质的全面发展。

二、传统校园的伦理特质

中国古代的早期校园,相传产生于"禹舜"时期,称为"庠"。通常由一定的道德、智慧的年老的人管理。老人们一边管理牛羊,一边看护教育小孩。到了夏商时代,又增加了带有文化、军事、教育性质的机构"序""校""学""瞽宗"等形式的教育机构。较为完备的学校校园教育体系应在西周时期,学校开始具体的分类,分为"乡学""国学"。乡学有庠、序、校、塾等；国学分为小学和大学。中国古代校园的伦理教化具有丰富的内容、深厚历史积淀和创新传承。

第一,礼仪人伦。孟子说:"夏曰校,殷曰序,周曰庠,学则三代共之,皆所以明人伦也。人伦明于上,小民亲于下。"(《孟子·滕文公上》)教育过程就是一个礼仪人伦道德规范自然建构的过程。教育的目的使受教育者"亲亲长长,尊贤使能"。(《吕氏春秋·先己》)如"序"的含义,即是要求射猎者与观者应遵

---

① 程亮.学校即共同体[J].湖南师范大学教育科学学报,2016(3):14-21.
② 宋晔,刘光彩.师生共同体的伦理审视[J].东北师大学报(哲学社会科学版),2020(2):175-181.

守一定的长幼先后的次序。西周的庠将礼作为教育的重要的内容。西周国学的教学目的"三德"指"至德，以为道本；敏德，以为行本；孝德，以知逆恶。""三行"指"孝行，以事父母；友行，以尊贤良；顺行，以事师长"。礼仪人伦精神的宗旨在培养并形成和谐有序的人际社群关系秩序。

第二，德育为先。西周学校教学课程在前两代基础上有一定发展，"六艺"教育成为西周教育课程的主体特征。"六艺"一般包括"礼、乐、射、御、书、数"等六门课程。"礼"是进行适合当时时代特征要求的社会政治、伦理道德、风俗习惯的社会伦理思想与个体美德德性教育。"乐"是关于文化艺术情趣方面的个体情性陶冶性的教育。"射、御"则是身体健康技能和军事方面的教育。最后，"书、数"才是关于知识性的教育。其中，"礼"的精神贯穿和渗透了其他五门课程的始终。"乐"应"与政通""通人伦"。(《礼记·乐记》)"射、御"中应遵守一定的长幼排序，宗旨是追求国家民族的和平。"书、数"知识教育要贯彻"文以载道"的原则。"六艺"教育"德艺兼求而偏重于德，文物俱备而渐于文，是一种有侧重、有主次的全面发展"。① 早期校园的课程就非常注重课程教育教学的全面性与和谐性。

第三，教育平等。"有教无类"为孔子首创。春秋战国时期，诸侯争霸，战争频仍。官学衰落，私学兴起，担当起传承文化、创新先进文化和教化引领社会的神圣使命。儒、墨、道、法等百家争鸣。面对当时天子名存实亡、诸侯称雄争霸的动乱形势，孔子以其积极有为的奋斗精神，满怀经邦济世之志，"知其不可而为之"。为了造就和选拔能够治国安邦平天下的人才，在教育领域，他首先打破当时少数贵族对教育的垄断权利，扩大受教者的对象，使得一些经济上有一定能力的人，都有机会接受教育。他广收门徒，在其弟子三千中，既有高官贵人及其子弟，又有寻常百姓子弟；既有富可敌国的商人，又有普通甚至贫寒的穷人。

教育平等还包括师生平等。《学记》中指出，"能为师然后能为长，能为长然后能为君"，"凡学之道，严师为难。师严然后道尊，道尊然后民知敬学"。对于教学关系中的师生关系更为强调教师成长过程中的教育与社会责任。孔子伦理思想的核心范畴是"仁"，仁者爱人。教师对学生应尊重和关爱，才能取得学生的信任与爱戴。儒家的师生关系平等是建立在双方道德责任和义务互动的基础之上的，并相应遵守特定的礼仪礼节。而道家、墨家等一些其他学派的师生关系的平等则带有平民民主性平等的意义。如杂家要求教师"视徒如已，

---

① 孙培青,李国钧.中国教育思想史(第一卷)[M].上海：华东师范大学出版社,1995:31.

反己以教""所加于人,必可行于己""师徒同体"。(《吕氏春秋·诬徒》)教师学生平等的前提是教师应以身作则,要求学生做到的,自己首先要做到。教师对待所有学生应做到一视同仁、教学相长、相与为善,以教师和谐人格培养学生和谐人格,形成和谐的师生关系。

"学优则仕"表明孔子教育的目的是为社会培养治邦安国(修身、齐家、治国、平天下)的君子贤才。"学而优则仕"正是孔子切中时弊的改良主张,其目的是另找"新的君子贤人",以更新、改造和充实旧的统治集团,改革社会弊端,创建孔子心中和谐有道的理想社会。

第四,教育自由。中国校园历史上有两段堪称教育自由典范时期:其一,是以稷下学宫为代表春秋战国时期;其二,是以书院为代表的南宋时期。由于春秋战国时期是中国历史上有充分言论自由、学术自由的政治环境和社会环境,诞生了影响中外几千年历史的文化思想大师。孔子、孟子、荀子等人都设坛讲学,教授弟子。他们追求精神独立,探询与追求济世安邦真理。战国时期的齐国的稷下学宫,是一所既有公立又带有私立性质的国立大学。稷下学宫教师学生来去自由、辩论自由、兼容并包。一大批思想家们到这里讲过学,他们教学手段多采用争鸣、辩论甚至互相诘难等方式。南宋时期的书院,则是理学大师们弘扬自己门派学术观点的讲学场所。书院的师生关系推崇互相砥砺、取长补短。由于"一人之见闻有限,众人之见闻无限",所以"有问则问,有商量则商量"。[①] 书院的目的即为了教学与研究,穷理究学。一如朱熹所言:"博学之,审问之,慎思之,明辨之,笃行之。"(朱熹《白鹿洞书院揭示》)教育自由的教风与学风,也带来了和谐融洽的师生关系,也保证了书院的崇良尚善的人伦秩序和书院秩序。

两宋时期儿童的教育问题被广泛重视,官学与私学都有长足的发展,其中"村学"与以往表现的尊师重道、团结友爱、用功苦读不同,它所反映的是学童的顽皮天性。校园题材绘画《天籁阁旧藏宋人画册》中的《村童闹学图》表现的就是乡村私学中儿童在学习之余欢快嬉闹的场景:学堂上,孩子们乘着老师正瞌睡之时大闹了一场,有扮作老师的,有为老师画像的,有偷偷将老师帽子摘去的,有踢凳子玩耍的,有扮鬼脸的,有坐在凳子上静观其变的,还有指手画脚的,整个学堂热闹非凡。[②]

---

① 丁钢,刘琪.书院与中国文化[M].上海:上海教育出版社,1992:63.
② 龙筠.古代校园生活题材人物画的发展[J].现代装饰(理论),2017(1):175-176.

三、新时代乡村校园伦理意蕴

新时代乡村校园建设被提升到国家农业现代化、乡村振兴战略高度，2019年中共中央、国务院《关于深化教育教学改革全面提高义务教育质量的意见》提出打造"乡村温馨校园"。2020年教育部办公厅正式发布《关于推进乡村温馨校园建设工作的通知》，提出"坚持内涵发展，树立科学的教育质量观，构建德智体美劳全面培养的教育体系，着力提升乡村教育质量；坚持以人为本，尊重教育规律和学生成长规律，注重师生校园生活体验，促进学生全面发展、身心健康；坚持文化引领，乡村学校在硬件达标的基础上，重点加强校园文化建设，创设适合乡村孩子成长的育人环境"等建设原则，包含了全面丰富的校园伦理意蕴。乡村温馨校园建设在新时代的进程中，是"实现包含着文化自信、城乡共荣、全体人民共同富裕、人与自然和谐发展等诸多价值特性在内的中国式现代化的重要支撑"[①]。即让乡村温馨校园成为乡村文化中心。

新时代乡村校园伦理意蕴应是在新发展理念下，强化优质公平的学习、生活和文化环境建设，构建优美、温馨、和谐的校园，成为积极推进乡村道德与文明建设精神中心。具体包括：社会主义核心价值观的全过程融合、校园校舍等硬环境和精神文化软环境的统一、优良校风教风学风的建设、优秀乡土耕读文化的传承、和谐融洽的育人氛围、健康向上的校园文化等。

校园的主要职责履行立德树人、教书育人、培养人才、提高民族素质。不论哪个时代、哪个社会，对人才的培养教育都具有两个基本方面的要求：一是德性，二是才能。德性，就是要具备那个社会、那个时代所要求的思想意识和道德品质，要有对社会负责、对他人负责的人生态度。既要有个人奋斗的精神、奉献精神和自我牺牲精神，又要有集体意识、整体意识和团队精神。才能，就是要具备那个社会、那个时代所要求自然科学知识、社会科学知识；既要具备学习能力、劳动能力，又要具备相应的运用知识的能力和创新知识的能力。新时代乡村校园关于教育的伦理要求应当是"教育为本，德育为先"，立足乡村优秀伦理价值基点，尊重教育教学规律，尊重人，理解人，坚持人的全面和谐发展的基本原则，"五育"并举，全面发展素质教育，建设小而美、小而优的乡村小

---

① 张全民.乡村温馨校园建设的时代使命[J].福建教育,2021(43):1.

规模学校和环境优美、安全舒适的乡镇寄宿制学校,培养乡村青少年健全人格,办好人民满意乡村教育。

四、乡村校园伦理基本内容

(一) 校园政治伦理

校园是培养人才的场所,也是体现特定教育精神的场所。乡村教育必须把培养社会主义建设者和接班人作为根本任务。乡村校园政治伦理,一是要体现社会主义的本质要求。要坚持党的全面领导,坚持以人民为中心,坚持底线思维,全面贯彻党的教育方针,落实立德树人根本任务,培养全面发展的和谐人格,办好人民满意乡村教育。二是要体现新时代特色的中国特色社会主义先进文化。坚定中国特色社会主义道路自信、理论自信、制度自信、文化自信"四个自信"教育。先进文化为教师的专业发展和师德培养以及学生的成长成才,提供坚实的文化底蕴和思想基础。讲好中国故事,以时代楷模精神文化、道德好人文化以及英雄文化,坚定正确的政治方向,不忘目标理想,把个人前途与国家伟大使命紧密联系起来,激发学生民族自信心,培养自觉践行社会主义核心价值观意识,提高校园文化思想政治品位。

(二) 校园教风学风伦理

早在 2006 年教育部《关于大力加强中小学校园文化建设的通知》中提出要"全面开展校风、教风、学风建设"。建设热爱学生、为人师表、教书育人、钻研教法、不断探求的优良教风;建设勤奋努力、积极向上、认真诚信、充满兴趣、乐于探究的良好学风。2017 年教育部《中小学德育工作指南》进一步强调,加强校风教风学风建设,形成引导全校师生共同进步的精神力量。校园文化积极向上、格调高雅,提高校园文明水平,让校园处处成为育人场所。2019 年《中共中央国务院关于深化教育教学改革全面提高义务教育质量的意见》提出,实施义务教育质量提升工程。重点加强乡村小规模学校和乡镇寄宿制学校建设,打造"乡村温馨校园"。关于乡村小规模学校和乡镇寄宿制学校,2020 年《教育部办公厅关于推进乡村温馨校园建设工作的通知》指出,要建设优良校风、教风、学风,精心设计和开展校园文化活动。

第一,校风伦理意蕴。校风是一个学校的风气,教风和学风建设的成效直接体现在校风中。校风是学校成员集体形成的稳定的思想行为作风,是学校办学理念、主体责任意识、管理服务作风、教学生活面貌等精神面貌。领导作风在形成良好的校风中具有关键性的作用:有什么样的领导作风就有什么样的教风学风等。领导作风又包含着民主作风,实事求是的作风,大公无私的作风,深入群众的作风等。① 校风是一个学校内生发展无形的动力,是衡量一所学校教育伦理精神面貌的重要标志。积极向上校风,需要共同愿景和工作目标、公平竞争的制度环境、整洁优雅的设施环境,促进师生的教学与生活,感受到精神愉悦、心灵启迪及情操陶冶。如果一个乡村学校的办学理念、办学定位、学校精神、价值追求很大程度上有功利色彩,一味以追逐升学成绩衡量一切,或者因学生知识文化基础薄弱,而放任散漫、忽视学生言行举止道德实践能力的培养,就不会形成优良校风。优良的校风是促进学校办学水平、内涵发展、教育质量的全面提升的内在条件和保障。

第二,教风伦理意蕴。教风即教师从事教育教学工作的思想行为作风,是一个学校教师教书育人、立德树人的师德师风总体状况的集中体现。教学是一种道德活动,是一种道德事业。乡村教师每天都会面临大量的教学决策,这些教学决策同时是道德决策。如确定教学内容和教学目标;选用教学方法和手段;教授教学内容和训练学生;安排教学资源;评定学生学业成绩;褒扬或贬斥学生;沟通学生与家长、社会、学校领导管理层的关系;为学生做出其他决定。教师对学生的所作所为都有道德性。乡村中小学教师通常是在没有直接监督和没有其他成人在场的境况下独立进行教学,学生多数是未成年人,心智尚未成熟,知识视野有局限性,基础薄弱,往往难于识别教学行为道德性,但道德品行大多朴实自然。教师制定明确系统的切合教学活动实际的教学伦理规范,教会学生如何学习,如何探求真知,激发学生积极向上的进取精神,主动钻研、主动探究的精神。增强教学中的伦理自觉性,不仅有利于教师通过有道德的教学实践而提高师德修养,而且对教学活动的道德水准的提高,对教学现代化的实现,都有重大意义。

第三,学风伦理意蕴。学风指师生对待学习的态度、方法和精神所形成的整体风貌。学风不仅是衡量学校治学的根本,也是体现学校学生人格品质的重要衡量标准。学生的职责和首要任务便是学习。其一,学会做人。如有"明德""厚德""立德""尚德"等校训,强调学生的品德学习尤为重要。其二,学习

---

① 石祥.论加强校风建设的管理策略[J].教学管理与教育研究,2018(4):38-41.

的伦理态度,如校训"勤学""求实""笃学""博学""创新"等。"求实",要求学习应该奋进向上,锐意进取。"求实"即求真务实,要求一个人既能够客观冷静地观察,以求得对客观实际的正确认识,不能弄虚作假。在学生成长的关键时期,养成"求实"思维。"笃学",要求专心深思、学深悟透。"博学",涉猎广博,通才练识。各学科课程知识开足开全,"五育"并举。"创新",要求不能死记硬背、固守教条,要与时俱进,在原有知识上要不断地发展更新,推陈出新。其三,个性化学习。突出因材施教,注重个性化教学和针对性辅导。现代教育要求乡村教学,根据学校实际,帮助乡村儿童找到契合自身的学习方法,倡导快乐教育、快乐学习、健康生活、健康成长,把童年交给学生。

(三) 校园人际伦理

2020年《教育部办公厅关于推进乡村温馨校园建设工作的通知》提出:"师生之间平等交往、相处融洽,行为举止文明,彰显礼仪规范,教师不歧视学生;同学之间团结友爱、互相帮助,没有校园欺凌现象。"校园和谐融洽的人际关系。一方面狭义理解主要包括教师与学生之间、教师之间、学生之间的关系;另一方面广义理解还要包括校园里教职员工、学生个人与学校集体的关系以及学校各级次的管理层与被管理层人员的关系。乡村校园的人际关系应是一种守望相助、讲信修睦、和衷共济、真诚友爱的人际关系。教师尊重学生、关心学生、深入了解学生、严格教育学生、全面要求学生。教职员工应当尊重同事或同学、团结协作、奋力创新,积极开展各种有益的活动。乡村学校应该为每一位儿童尤其是留守儿童、成绩边缘生等营造一种"家"的关怀成长氛围,满足他们对家庭温暖关怀的渴求,让留守儿童产生安全感和归属感。

(四) 校园生态伦理

2020年《教育部办公厅关于推进乡村温馨校园建设工作的通知》对校园环境提出系列明确要求:"学校选址条件良好,无自然灾害潜在危险""保障教室坚固、适用、通风,符合抗震、消防安全要求""自然采光、室内照明和黑板材料符合规范要求""宿舍环境清洁卫生,学生被褥、洗漱用品、生活物品摆放整洁有序,按时通风、消毒,窗明几净,布置舒适温馨""自然景观、人文景观错落有致,使用功能、审美功能和教育功能和谐统一。"乡村校园意味着绿色校园、节约型校园。绿色校园是人与人,人与自然和谐相处的校园。绿色校园首先应意味着优美的校园环境。校园环境应体现真、善、美即科学、节用、美观的有机结合。合理利用和调配现有资源，实现资源利用最大化，推崇文明节约的环保理念。校园生态又意味着人文生态校园、平安校园——对人的人格个性、多元性、创造性的尊重。对学生基本权利的尊重以及对校园良好和善的学习生活秩序追求。

乡村校园是开展乡村教育的教学环境，乡村校园应具有的乡村教育美的景象、美的语言、美的思想、美的性格等美好因素，能培育乡村学生爱美的情趣、审美能力、尚美的追求和美好的心灵。学生学习生活在美中，耳濡目染就会产生爱美之心、审美之能，甚至形成造美之力，促进学生形成高尚、美好、健全的人格。

五、乡村校园伦理基本规范

（一）公平正义

公正正义作为是伦理思想史上的一个基本观点，是社会治理的基本原则和重要价值目标，成为设计社会制度规则、分配社会权力和利益所遵循的最重要的价值尺度和行为准则。一个和谐融洽社会环境的营造，弘扬和实践公平正义的理念是一个基本前提。现代社会发展史已证明，公平、正义、自由、平等、效率等都是现代社会应追求的基本伦理价值；但同时，在实现这些价值的过程中，它们之间又存在一定冲突。为了使现代社会既能有效地追求这些基本价值，又可尽量避免和减少它们的矛盾，西方一些学者主张一种在经济领域以效率价值优先，在政治领域以平等价值优先的理论思路。[1] 美国学者约翰·罗尔斯指出："正义是社会制度的首要价值，正像真理是思想体系的首要价值一样。"[2]罗尔斯的正义理论对我们有很大的启示。我国是社会主义国家，社会主义社会也应是一种社会合作的体系，这种社会也应是能使自由、平等、效率等基本价值相互协调和谐，而不是造成甚至加剧它们之间的矛盾和冲突。因而，我们在基本权利和义务的分配上应是绝对平等的，非基本权利应遵循比例平等原则。只有平等分配基本权利和义务，才有利于建立一种社

---

[1] [美]阿瑟·奥肯.平等与效率[M].王奔洲,译.北京:华夏出版社,1987:1.
[2] [美]约翰·罗尔斯.正义论[M].何怀宏,等译.北京:中国社会科学出版社,1988:1.

会主义的公正与和谐的社会,既有利于各种基本价值的实现,也有利于社会保持有效率的持续稳定发展。受教育权是人的基本权利之一。在受教育权的分配上,我们首先追求的也应是公正。平等地享有受教育权本身体现了对每个人基本权利的尊重。每个人都平等享有受教育权有利于社会的和谐和稳定,即符合社会合作的价值。每个人都享有受基本教育权,不仅使每个人得利,而且促进了整个社会的发展,这也符合效率的价值。因此,作为一种社会合作体系的社会主义教育公正观应该是:基本受教育权应当人人平等享有,一切公共教育资源应当平等地向所有人开放,每个社会成员应享有教育机会平等权利。校园伦理首要价值追求和伦理特征就是基本教育权利的公平正义。

校园公正体现在学校与学校之间的发展的公正性、学校内部教师发展公正性、学生发展的公正性、学校管理制度的公正性等方面。在实现教育现代化的进程中,学校教育的冲突和矛盾既表现为城乡之间、地区之间、阶层之间的,又表现为不同教育类别之间的。教育公平正义的机会均等的理想在我国还远没有实现,受教育体系"重分数""重升学""城市价值优先"的影响,一些乡村学校的教育面向升学有望的"尖子生",他们受到特殊照顾和偏护;那些升学无望的学生被打入另册,成为"陪读生",缺乏家庭教育的留守儿童、偏僻乡村微型学校孩子成为边缘群体,他们的发展缺乏关怀,成功的机会被剥夺。城乡教育在入学机会、所受教育的质量、学校地位、学生地位上还存在着起点、机会不平等现象。教师和学生的权利、利益、待遇等方面的差距、差异、矛盾和冲突一定程度影响了师生主体性的发挥。

加强法治校园建设。社会主义法律和道德的宗旨和目的是一致的。法治校园,要求依法治校,学校教育管理法治化,这是现代教育管理的必然产物。依法治校的根本目的是育人,是提高全体师生员工的整体素质,造就人才。社会主义校园是一个法律公正、道德正义、仁爱情感和谐统一的校园。乡村校园必然是一个民主法治的校园、一个秩序井然的校园。民主法治校园关键是管理者拥有过硬的法治和道德素质。管理者是否自觉贯彻公正性原则,秉公办事,关系到学校师生员工升迁、奖惩等切身利益。学校成员应加强沟通与联系,促进交流,减少因渠道不畅通带来的误解和不公正。在公正的基础上协调好学校与师生、老师与学生、教学与科研、发展规模与质量水平以及各学科之间的关系。

(二) 真诚关怀

1. 乡村校园的真诚性

真诚,指追求真理、诚信、言行一致、知行统一、实事求是。诚实是道德人格的内在价值,也是个体道德的首要价值。它要求忠诚老实、诚恳待人,以信誉取信于人,给他人以信任。真诚是校园追求科学的求真精神的必然要求和体现,也是校园主体教师学生所应具有的首要的道德德性精神。真诚,体现校园科学精神和人文精神的统一。科学精神的涵养、科学方法的运用、科学真理的追求,是现代学校的必要因素。既表现为一种热爱科学、追求科学、为科学而献身的意志和情怀,又表现为一种不迷信、不武断、不盲从、不附和的理念和态度。校园是一个"公开追求真理的场所,所有的研究机会都要为真理服务"[1]。

乡村校园独特性在于乡村社会熟人关系特性,最重要的一点是学生之间、教师之间、师生之间容易形成相互信任、坦诚和宽容的氛围。这种信任和宽容,从伦理学的角度看,主要依赖于我们每一个人都要在意识上具有诚实信用之态度,与人为善之情感。孔子告诫人们要每日"三省吾身""为人谋而不忠乎,与朋友交而不信乎""民无信不立""讲信修睦,尚辞让,去争夺,舍礼何以治之?"(《礼记·礼运》)诚信友爱可以最大限度地减少校园生活中的各种内耗和摩擦,构筑良好的人际关系,从而有利于个体的身心健康和事业的成功,使学校的整体利益最大化,增强学校的价值认同和凝聚力。

2. 乡村校园的关怀性

关怀就是仁爱、友爱、宽厚、知情达礼。校园人际关系融洽和睦、守法守礼。古代儒家孔子认为,"性相近也,习相远也"(《论语·阳货》),孟子讲人有四方面善端,恻隐之心为仁之端,羞恶之心为义之端,恭敬之心为礼之端,是非之心为智之端(《孟子·告子上》)。人人都有同情心,仁爱的生命情感是人性本初普遍存在的。西方20世纪70年代曾出现了关怀伦理学流派。该流派从女性的独特视角来解析社会中的道德问题,强调人与人之间的责任、情感、关系以及互相关怀。其代表人物有吉里根、诺丁斯等。如诺丁斯极为强调关怀的伦理价值及其在道德教育中的作用。他们认为关怀不仅是一种道德情感,

---

[1] [德]卡尔·雅斯贝尔斯.什么是教育[M].邹进,译.北京:生活·读书·新知三联书店,1991:169.

更是一种关系行为,体现在关怀与被关怀的关系中。自我必须具有他者的意识,应该把自我同他人融为一个整体,才能建立关怀性关系。关怀者与被关怀者是相辅相成的主体,二者是平等的主体,而不是自上而下的关心。尤其值得一提的是,他们强调被关怀者的价值地位,认为被关怀者也是一个特殊的贡献者。关于如何实现关怀与爱的理论,还有一种是以霍耐特为代表的承认理论学派。霍耐特认为,主体的同一性与人格的完成性是需要在他人的承认中实现的。他主张要把主体的自我认同建构在他人承认的基础上,并提出承认的三种形式,即爱、法律与团结。当主体在与他人的交往互动中不能得到相应的承认时,主体就会产生为承认而斗争的强暴、剥夺权力与侮辱三种蔑视行为。关怀伦理给学校教育带来很大启发。对儿童、学生的心理、情感需求的忽视,是现代社会家庭、学校和社会重要的缺失。校园生活中,学校实际情况往往只是注重学生知识和技能的传授,校园成为知识技能的规训、训练、培训的表演场所。教师和学生往往也缺乏关怀、渴望关怀因而也不会关怀。由此,也造成学生缺乏对自我、他人、社会、世界、自然的认同和关爱。

乡村校园应是充满关怀情感的校园。关怀与被关怀是人的基本需要,人们彼此都需要其他人的关怀。学校是教会人们学会关怀的重要场所。"教育的目的是培养人,培养对自我、对他人、对环境,对客观世界有足够理解和尊重的人,这样的人必须建立在关怀的基础之上。"[1]在充满关怀的校园环境中,教师、学生主体学习关怀、感受关怀,各个主体平等地实践关怀。但教师的关怀不应该是家长式、居高临下、施舍性的,而是建立在人格平等和尊重的承认的前提下,通过自身为人师表、以身作则,言传身教;学生认同、承认、体悟、感受这种关怀,也会发出并传递对他人的关怀,进而建立起相互平等的良性关怀关系。类似地在教师之间、学生之间、学校领导管理者与普通教职员工之间,进而形成的校园整体的关怀伦理网络关系。

(三)创新有序

从伦理学意义看,创新意味着人对存在和生命的差异性和个性的自觉尊重,尤其是承认生命的运动发展和生命潜能的差异性和个性。这意味着对生命的内在价值的认同和敬重。梁漱溟曾说过:"中国古人儒家道家总认为宇宙总是向前生发的,万物欲生,即任其生,不加造作必能与宇宙契合,使全宇宙充

---

[1] 肖巍.女性主义关怀伦理[M].北京:北京出版社,1999:151.

满了生意春气。"①在传统儒家和道家看来,整个宇宙就是一个创生不已、自强不息的环链性的大生命体,人则是这个大生命体环链中的一级。西方后现代主义者格里芬认为,一切东西都是创造性的体现。创造性不是超乎自然之上的,而是自然的本质。②他对世界观和生命精神的评价,作了类似与梁漱溟先生对儒家基本精神的评价。一切生命本质上都是创造性的,同样也是创造性赋予了万有存在的内在价值。人是世界上具有创造性能力最强的高级生命形态,同时也更应该负有最高的道义责任持守生命价值秩序,以维护和促进所有生命存在物的和谐共生、生生不息、欣欣向荣的秩序。因此,创新也意味着有序。创新性需要各系统主体要素发挥丰富的自由个性;而和谐秩序,显示出系统主体要素的自在的由丰富性、多元性、差异性构成的和谐共生的秩序性。如所有要素和事物,泯灭个性和差异,也决不会形成和谐。和谐需要并且可以促进创新;创新也需要和谐秩序的保证,也可以促进和创造新的和谐。

教育创新是以培养人的创新精神和创新能力为基本价值取向,通过创新的教学活动来培养学生的创新能力。创新能力的培养是教育创新的核心。"教育创新的基本内容包含教育观念创新,教育内容、方法的创新、教育管理体制的创新以及教师的创新等方面。教育观念的创新是前提,教育内容、方法创新是核心,教育管理体制的创新是保证,教师创新是根本。"③乡村校园活力来自创新,而充满活力是校园文化进步与发展的现实力量和动力源泉,是和谐校园的重要标志。乡村学校在物理空间上距离大自然最接近,学生每天都能感知到大自然生命世界的丰富性、生动性和创造性。乡村教育要回归教育的本真,最重要的是,乡村教育者学生观的回归。教育者根本上需要把每一位学生看成是个性各异的活泼、可爱、有无限发展可能性的生命对象。受教育者的全面发展是教育的基本目标,而全面发展又是基于个性差异基本点上的。处在同一年龄层次的学生由于各种原因,在知识储备、行为习惯、个性品质、智力水平、身体素质等方面存在差异。但每个人都有成功的潜力,创新教育注重的是人的个性发展、善于发现、开发个人潜能的教育。乡村学校教育者应以创新的教育理念、教学方法方式、评价标准去激发乡村学生的创新潜能,培养学生创新能力和精神。

---

① 马秋帆.梁漱溟教育论著选[M].北京:人民教育出版社,1994:17.
② [美]大卫·雷·格里芬.后现代宗教[M].孙慕天,译.北京:中国城市出版社,2003:62.
③ 俞国梅.关于教育创新的几点思考[J].上海交通大学学报(哲学社会科学版),2005(1):19.

（四）绿色生态

绿色生态，指敬畏自然、人与自然和谐相处环境道德理念，具体为无污染、安全、卫生、健康、节俭、自然、宜人的环境道德规范要求。乡村校园要求应是一个环境优美、节约绿色的生态校园。2020 年《教育部办公厅关于推进乡村温馨校园建设工作的通知》指出："进一步优化教书育人的校园文化环境，增强学校吸引力、凝聚力，建设小而美、小而优的乡村小规模学校和环境优美、安全舒适的乡镇寄宿制学校。"这是从具体目标上提出乡村绿色生态校园建设的要求。作为绿色生态的道德价值和规范来看，绿色校园背后存在的价值理念，是生态文明的价值理念和生态伦理道德价值理念。乡村学校还要通过将绿色生态的道德贯彻到育人过程中，培养学生的环境道德和生态文明素养。

绿色生态校园。一是学校硬环境的生态性。整洁美丽的校园对学生人格的完善有着潜移默化的影响。绿色整洁的校园环境，可以为学生的学习和生活提供更好的设施和条件。二是软环境的生态性。融入学校及区域乡土文化理念和价值观，学校全员共同参与学校校园环境的建设，营造更加浓厚的学习、活动氛围。硬件建设和软件建设同步推进、相辅相成、相得和谐、协同发展、发挥最佳效果。校园每一物、每一事、每一人都成为生态道德教育的最自然的素材。三是一个平安有序的校园。平安校园是确保学校稳定发展的环境基础，也是开展一切学校工作的前提。常态化平安校园教育包括生命教育、法治教育、疫情防控教育、水上安全教育、地震、火灾等应急教育等。乡村平安校园工作建设具有基础性、具体性、持久性、艰巨性和复杂性特点。如学生上下学安全秩序维护、课间安全看护、夜间节假日期间校舍财产守护等。平安校园需要完善学校、家庭、社会"三位一体"安全管护法治和道德责任体系，不能单纯依靠乡村学校自身力量。

（五）开放包容

开放包容，指一个有生机活力的系统，其秩序的和谐寓于协调要素的差异与个性之中，包容差异与个性，使之展开，形成系统自身发展动力。同时系统组织又无时不在地保持着对周围环境开放、敞开的态势。开放包容是一种生命道德智慧。优秀传统文化具有丰富的开放包容思想资源，如"和而不同""和实生物，同则不继""理一分殊""万物并育而不相害，道并行而不相悖"等理念。有研究者指出，在城乡一体化发展中出现乡村教育的城镇化现象。"大量乡村儿童进城上学,不仅增加了家庭的教育成本和学生上学的困难,而且加剧了乡村教育的两极分化,引发乡村辍学率的上升","乡村教育被边缘化,消匿了乡村教育的独特性",乡村学校的差异性消失了。其背后的是"城市偏向"的同一性逻辑,"同一性逻辑压制和否认差异,将多元差异性转化为同一性"。[①] 同时,乡村儿童与乡土文化环境、乡村学校与周边社区的联系也被隔离了,乡村学校沦为乡村社会和周边社区的"孤岛"。

乡村校园是一个校园内外关系开放包容、和谐发展的校园。尤其在与外部互动过程中,应发挥学校对周边社会的辐射与教育功能,为学校缔造一个有利自身和社会共同发展的外部环境。现代化的乡村教育必定是开放的而不是封闭的体系。乡村校园需要特色化发展,需要从文化理念上、乡土资源挖掘运用、教师团队能力提升等方面,与农村社区、生态、人文充分融合,如利用学校资源和志愿活动服务周边社区,定期举办校园开放和共建等活动,密切学校、家长、社区以及高等院校等多方联系。校园管理和制度应在坚持依法治校的前提下,注重校园制度伦理建构。这个过程始终是一个与外部系统发生交往、交流作用。城乡之间、学校与乡村之间、学校与政府、家庭、社区之间,获得外部环境的制度、舆论支持,全社会协同作用,形成合力,重塑乡村学校校园文化主体性与自觉性,使之成为乡村文化、文明建设的中心。

第二节　乡村校园文化

乡村校园文化作为一种文化形态,是伴随着乡村学校的出现而产生的。首次明确提出校园文化概念是1986年4月上海交大的第12届学代会上提出"校园文化"概念。校园文化是"社会大文化作用于学校,由学校自身进行内化的结果。它以社会主导文化为基础,又以本校的价值观为核心,蕴涵着学校传统、领导作风、教师教风、学生学风、人员素质、校园环境等丰富的内涵"。[②] 校园文化本身又是一个形式多样、内蕴丰富的复杂系统。乡村校园文化是校园文化在乡村学校的表现形态,既具有校园文化的普遍性,如以教师学生为文化

[①] 冯建军.从同一性到差异性:重构乡村教育的正义之维[J].探索与争鸣,2021(4):22-24.
[②] 史洁,冀伦文,朱先奇.校园文化的内涵及其结构[J].中国高教研究,2005(5):84-85.

主体,以精神文化为文化内核,以物态文化、制度文化、行为文化、精神文化为文化层面等。但又具有自己乡村性特色,受到传统乡土和乡村文化的影响。衰落给乡村校园文化建设既带来一定困境,又带来发展的新机遇。

一、乡村校园文化内容

乡村校园文化表现为多形态多层次的文化体系。在文化质态上,可以分为观念文化、规范文化、物质文化、行为文化、生态文化几个层次;在文化主体形态上,可以分为领导文化、教师文化、学生文化;在文化演变的时间过程上,可以分为传统文化、现代文化两个层次;在文化职能形态上,可以分为决策管理文化、教学教研文化、生活娱乐文化三个层次。乡土性和文化性是乡村校园文化活动的典型特征,它们体现和贯穿在校园文化的各个方面。校园文化主体形态的层次结构。人是校园文化的主体,同时也是其主要载体,是活力最强的校园文化构成要素。乡村校园文化的核心问题是乡村特色资源的开发,它既包括对校园成员的素质教育与培训、作风的培养、主体精神的树立与发挥,从整体上提高校园成员的素质与水平,也包括贯穿学校全部政策和制度中的学校精神的宣传、灌输和渗透,更包括了充分发挥以典型、模范、标杆师生为代表的群体在校园文化建设过程中的主体作用、榜样作用和示范作用,充分给予他们在教学科研过程中展示个人魅力的机会和空间。

(一) 校园文化主体角度看,校园文化客观上存在管理文化、教师文化、学生文化有区别的三个层次

学生文化处在校园文化的最表面、最活跃的主体性层次,教师文化处在中间的、稳定的层次,是校园文化的主导方面,管理文化以学校决策层为代表,是校园文化整体自觉发展、主动创新的重要动力。

管理文化的主体主要是乡村学校行政管理部门和学校领导决策层领导(集体)。他们的办学理念与教学思想,以及能否目光敏锐地站在时代潮流的前沿,通常是加速或延缓学校发展的决定因素,对校园文化的形成与传播发挥导向性影响。乡村学校领导(集体)对校园文化有预见的倡导和长期培育是形成特色鲜明的校园文化的重要源泉,他们对各种社会文化的态度,会极大地左右学校与校外文化交流的方式与内容,影响校园文化传承地方传统、吸收城市文化创新的进程。领导(集体)尤其担负着学校政治文化与道德文化建设的重

要责任,在校园先进文化和校园文化特色化的发展方向上应作出更多的努力。

教师文化的主体是乡村学校的教职员工。乡村教师是校园文化的主导力量。教师是学生"榜样",教师的行为具有示范性、导向性和激励性。一方面教师的角色认同、思想道德、文化修养、职业情怀及乡土情感,一言一行无不对学生产生着深远影响。另一方面教师在教学研究、学生指导和社会服务中的活动,也影响着领导层的决策以及校外社区对待学校文化的态度和认知。校园文化活动应充分发挥教师的文化主体作用。乡村教师在校园文化建设中的主导作用应得到自觉重视。乡村学校要加强对教师队伍的乡土教育,增强其乡土生活知识,提高教师整合乡村课程资源开发运用、指导学生实践活动能力、服务引领乡村社区文化建设能力。

学生文化的主体是学校各学段的所有学生。学生在学校的主要任务是在教师和管理人员的指导和影响下,通过学习获取知识,培养能力,提高素养。学生从家庭走进校园,在校园、家庭、社会,不断地接受选择不同的文化信息。学生文化丰富多彩和形式多样,它会表现在教学、人际、社团、体育文艺、生活等学校的一切方面。最终形成学生乡村自信和自我认同,促进自我发展,学会自我管理,培养独立、合作、探索的精神和能力。

(二)从文化演变的时间过程上,乡村校园文化可以分为校园传统文化、校园现代文化

校园传统文化是指学校发展过程中形成的习惯、历史记录、传统的管理体制、运行机制和文化心理等,它是学校发展史上被广大师生认同并传承着的东西。学校传统文化作为一种历史的积淀,对现实发挥基础性的影响和作用。校风是学校传统文化中最有影响的力量,它对生活在校园内的每一个人的道德教育、感情陶冶和精神塑造,都起着耳濡目染的作用。校园现代文化是指具有时代特色的、在文化交流中出现和形成的思想观念、行为方式、制度体制及物质设施的新变化等,诸如校园网及网络文化的发展、校园生态环境建设的重视与环境观念的变化、适应时代和社会发展的道德观念和言行等。校园现代文化与传统文化有着密不可分的联系,校园文化正是在现代文化与传统文化的不断融合中走向文化的新领域,形成新的文化精神,使广大师生在道德观念、生活态度、思维方式、行为模式、心理发展、价值取向等方面表现出新的发展与提升。

(三) 教学文化是在教学科研行为、结果和制度上积淀起来的文化

教学文化是乡村校园文化的主要内容。教学文化是校园文化的关键层次和建设主题,良好的教学学术文化对于提高办学水平和保证办学质量都是必要的条件。当乡村教师视自己的教学工作为第一要务时,就转化为强大的精神动力,就会自然形成求真敬业的良好教风。乡村青少年学科核心素养、科学素养与人文素养培养是乡村教学文化整体中不可缺少的部分。

(四) 乡村特色的校园文化

乡村校园因其历史和地域的特殊条件、特殊情况,一般都包含学校在某一方面的特殊优势,这样的特色优势就成为乡村校园的特色文化。如乡村环境建设、语言习俗、乡土教育资源的开发与利用、乡村游戏与乡村艺术。校园精神是校园文化的核心,是学校的灵魂,是育人目标的高度概括,也是特色文化建设的重心。乡村特色的校园文化外在主要表现在校风、教风、学风和人际关系方面。

📖 案例与讨论

讨论: 案例中这个乡村学校如何利用百年校史积淀的、厚重的特色"立三"文化,进行传承创新,打造特色校园文化,成为教育部首批乡村温馨校园建设典型案例学校的?

深耕校园文化建设温馨校园——浙江省宁波市象山县墙头学校文化立校之路探索

二、乡村校园文化的功能

研究乡村校园文化的功能有助于我们发挥乡村教育自身价值作用,在文化选择中重塑乡村教育的主体性与自觉性,消解长期以来存在的单一的应试升学倾向、城市化倾向、知识化教育取向,更好地让乡村教育回归教育、回归生活,确立乡村教育自信,建设乡村特色化校园文化。

(一) 引领精神文化

乡村校园文化用现代化先进的思想文化铸魂育人。深入研究和了解学校

青少年学生在思想道德、知识文化、身心健康等方面发展特点,坚持以人为本,尊重教育规律和学生成长规律,因势利导,引向学校的培养目标。有计划有组织地强化学习、生活和文化环境建设。在精神文化层面,创设特色文化的氛围,凝聚师生共识,营造积极向上的校风教风学风,增强师生校园生活体验。明确乡村社会、家庭责任意识,提高学生整体的人文素养。发挥校园文化建设的精神文化引领功能,健全研究、评价和反馈机制。强化乡村学生的政治思想导向、道德品质导向、社会价值和个人价值导向,增强自我认同,确立乡村文化自信。

(二) 传承创新乡村文化

文化是个人从所属社会中得到的东西的总和,文化的持续发展必须通过传递的方式继续并发展下去,发扬光大。"中国乡村文化是中国优秀传统伦理文化和道德文明的生动展现与活水源泉。"[1]乡村文化是一个民族记忆,是现代人的"乡愁",也是乡村教育的内在价值之所在。乡土、乡村文化的传承是乡村校园文化发展的内在要求。它们不可能依靠乡村老一辈单个人或少数人的力量得以继承、创新和发展,更有赖于乡村教育的直接传承、沟通与创新。这是因为乡村教育作为文化教育的一种内在"生命机制","教育从来就是某个共同体、社会或民族借以向下一代传递它认为有利于团体生存和发展必不可少或至关重要的文化传统的一种社会过程。"[2]传统文化、乡村文化注定要把教育作为生命载体,从教育中获得活生生的生命搏动,吐故纳新,成长发展。让学生们保持一颗童心,记忆、理解和探求"我们家在哪,有哪些值得留恋的,为什么是现在这个样子,从而知道未来该向哪里去"之类的人生观、价值观问题。

(三) 培养未来乡村建设人才

乡村教育的本质实为促进乡村社会成员生命进步。[3] 乡村全面发展需要增加乡村对人的凝聚力、吸引力,包括乡村学校对优秀的教师、家长对高质量教育的追求以及各类乡村精英人才的吸引力。长远来讲,依赖乡村教育发展对本土人才培养。乡村校园文化一个重要职能是培养乡村青少年的乡村情怀

---

[1] 孙杰远.乡村教育应在文化选择中重塑主体性与自觉性[J].探索与争鸣,2021(4):12-14.
[2] 于丽丽.社会转型期乡村文化传承与发展研究:B村教育人类学考察[D].兰州:西北师范大学,2009.
[3] 孙杰远.乡村教育应在文化选择中重塑主体性与自觉性[J].探索与争鸣,2021(4):12-14.

和未来乡村建设所需的综合素质。乡村青少年是新时代乡村建设的未来主体。振兴乡村就要振兴乡村文化,乡村文化振兴关键是培育农村青少年正确乡村文化价值观,培养学生的乡土情怀和时代精神。杜威说:"乡土系指人们出生的故乡或者少年时代生活的地方,另指长期居住的地方,并对该地方已有特别深厚的感情并受其影响,乡土教育在于使学生认识自己生长或长期居住的乡土,使其认同乡土并愿意加以改善。"①乡村校园文化增强学生安心地扎根乡土、改变乡土、奉献乡土的乡土情怀。学习乡村成功人物,学习他们创业兴业、回报乡亲的奉献精神,增强学生的社会责任感。促使学生了解社会,关爱乡亲,关心家乡,使爱家乡、爱乡土文化与爱国、爱民族文化统一起来。

(四)增进学校与乡村社区的合作与交流

乡村校园是乡村社会的有机构成部分,校园文化应增强学校与乡村社区的互动关系,发挥家校社协同育人作用,促进村民确立乡村教育认同感、乡村家园归属感及文化认同感,助推乡村文化建设。美国作家温德尔·拜瑞认为:"乡村教育的目的应该是增进个体的幸福,并为社区和生态体系谋福祉。"②乔伊斯·爱泼斯坦构建了影响少年儿童学习活动的理论模型,认为家庭、学校、社区在个体学习活动中存在着一种"多重熏陶"的叠加效应。③ 家庭与学校的伙伴关系并不能保证学生一定会成功,但是在三方伙伴关系模式下,却可以促进学生在参与中得到锻炼,争取成功。一方面,激励乡村多元主体参与学校教育。完善家校社合作、协同育人的管理体制,提升乡村社区与学校互动的意愿和动力。政府应充分考虑将乡村社区和民众纳入教育管理体制,在学校发展政策制定、教学管理、活动组织、教学评价等方面听取多方意见,鼓励社区个人和组织与学校创建合作共同体,定期举办校园开放和共建等活动,将乡村的自然生态资源、生产生活资源和历史文化资源转化为丰富的学校校园活动资源。资源共建共享,共负育人使命。另一方面,发挥乡村学校的乡村文化中心功能。乡村学校是社会主义核心价值观乡村教育重要阵地,是现代乡村精神文明的传播基地。乡村学校文化发展与乡村文明建设是一种相辅相成的关系。乡村学校可充分发挥教育中心作用。如以良好的校风影响家风、培训农民辅

---

① 李素梅.中国乡土教材的百年嬗变及其文化功能考察[M].北京:民族出版社,2010:33.
② 谢锱逊.解构方法论与教育研究[M].长春:吉林人民出版社,2020:151.
③ [美]乔伊斯·L.爱泼斯坦等.大教育:学校、家庭与社区合作体系(第三版)[M].曹骏骥,译.哈尔滨:黑龙江教育出版社,2016:146-147.

导员,建立劳动与自然教育基地,吸引城市儿童到农村开展综合实践活动、指导村委会建设乡村文化、正确引领乡村民俗文化等。

三、乡村校园文化建设处理好几方面关系

加强乡村学校文化建设,要有先进的办学思想和理念,这是学校文化的灵魂。要致力于打造乡村"文明校园",突出学校特色和文化意蕴,让学校的每一处建筑、每一个景物、每一面墙壁都会"说话"。办学的文化特色的创建要立足于自身实际,发挥优势,具有前瞻性,勇于创新,如在课程开发、教育科研、文艺体育、心理健康教育等方面都可以形成鲜明的乡村学校特色。为此,应正确处理好以下几方面关系:

(一)在处理好校园文化与学生的身心发展关系上,形成校园生命与道德教育文化特色

这是校园文化建设的核心之一。校园文化建设的目的在于营造一个有助于学生身心健康成长的校园环境,其宗旨和归宿都是人的发展。校园建设体现在教育的对象和培养目标上,就是要面向全体学生、深入理解学生,帮助学生过一种有意义的校园生活。教育的本质是启发,是点燃,是感化,是对学生身心健康的关怀以及人格的尊重。切实转变单纯以升学主导一切的价值倾向,提高教学服务质量意识,腾出足够的时间空间,开展各种有益于学生身心健康的活动,还学生一个幸福的童年和充满美好记忆的学生时代。必须坚持"五育"并举,融于一体,而不是人为割裂,顾此失彼。教育是要用人格去塑造人格,用心灵去和心灵沟通。在校园中让每一个学生感受到自己真正是一个人,而不是升学的机器。校园生活中,师生共同结成道德学习共同体,高扬生命意识,让每一名学生在健康和谐的教育教学活动中张扬积极向上的精神活力。

(二)在处理好校内和校外的关系上,形成校园文化教育共同体特色

这是校园文化建设的外部条件。乡村教育必定是开放的,而不再会是封闭的,成为乡村社会的"孤岛"。看不到未来社会对乡村人才的要求,无视教育与经济社会发展的联系,使教育脱离生活,就教育论教育,无异于闭门造车。校内和校外的关系主要包括两个方面:横向上,主要是学校和家庭、社会的关

系;纵向上,主要是学校和政府教育行政部门的关系。从处理好校内和校外的关系角度看,要确立教育就是服务的理念。学校的服务意识不断增强,学校和家庭的沟通渠道和方式越来越多样,学校工作也得到了家长和社会空前的关注和重视。对乡村优质教育的期待也日渐增强。但也存在一些误区,如社会依旧狭隘认为优质教育就是升入重点校、名校的升学率高的教育。家长对孩子期望过高,过分看重学业成绩而不重视孩子的全面素质,把管理责任过多地推向学校推向老师。学校要通过自身的工作和持续的发展,赢得社会的支持和理解。同时,学校也要主动积极,构建家校合作、校企办学、校际联盟、社区合作的学校、家长和社区协同教育的共同体,加强沟通、交流、合作,组建高质量的校园文化建设队伍,负起引导家庭和社会端正教育观念的责任。经常性举行校园开放和交流活动,加强互动和合作,形成校园文化协同育人特色。

(三)在处理好学校和教育行政部门的关系上,形成校园管理文化机制特色

这是校园文化建设的机制条件。从根本上说,教育管理部门和学校管理者应该目标一致,合力同心,但实际上,由于角度不同,思考问题的出发点不同,往往存在一些不够协调的现象。如教育行政部门对学校管理的"缺位""越位"和"错位"。"缺位"就是不到位,教育行政部门没有把监督学校全面贯彻国家教育方针和各项教育法规作为自己的主要职责。"越位"就是把学校当作行政部门来管理,检查评比,名目繁多,留给校长的空间太小。乡村校长和学校没有更多的自主权,让他们真正按教育规律管理学校,教师缺活力,学生无个性,形成学校文化建设的同质化。"错位"就是评估评价机制不健全,标准不全面、不科学、缺乏可操作性,最后,实际上是"升学率"说了算。

四、乡村校园文化建设的体系融合

乡村校园文化承载了本地人文、社区、习俗、历史、环境等多重文化意义,这些都构成了乡村教育资源,形成了乡村校园文化自主性、开放性和多样性等特征。由此,乡村校园文化建设是一个多元文化资源的体系融合过程。

(一)红色文化

红色文化尤其是地方红色文化是优质的、宝贵的思想政治教育资源,它与乡村校园文化的融合，对促进乡村学校思想政治教育工作的有效开展，培养学生理想信念，形成正确的世界观、人生观和价值观具有重要作用。革命先辈传承以天下为己任、忧国忧民、以民为本的民族优秀传统文化精神，以马克思主义为核心，执着追求共产主义的崇高信念，成为红色文化保持和发挥恒久生命力的主要动力源头。红色文化不仅是一种生活情感，而且更是一种价值意义的信仰。在革命时代孕育成长起来，将共产主义的理想信念追求与建设美丽中国乡村、民族美好未来有机统一起来。这对乡村校园文化建设目标既具有较强的文化历史价值，又具有方向性和动力性的现实教育价值。红色文化的历史文化基点落脚于中国乡土和乡村，与中国的农村、农民有天然的联系，同时又与当下社会主义核心价值观高度契合。在价值目标上，红色文化能聚合乡村、城市、社会、民族以及国家的价值认同资源，成为传承民族文化、激发家国情怀、保证主流价值方向、提升个体理想信念层次的功能价值。红色文化资源在内容上，包含了爱国主义、集体主义、家国情怀、民族精神等政治信仰、责任担当等革命文化元素，可为乡村校园文化德育目标提供有力的支撑。红色文化资源广泛存留在各地乡村，具有丰富的可感真实的实物和历史叙事，可克服课程德育目标因其标准高深、抽象而形成的与农村学生生活体验的疏离感、枯燥感和倦怠感。因此，应充分发挥红色文化导向、引领和激励作用，为乡村校园文化目标的实现提供强大精神动力。

乡村校园文化德育价值认同，是一种以社会主义核心价值观为中心的政治认同、民族文化认同、法治道德认同、乡村文化认同等构成的价值认同体系。红色文化资源是增强社会主义核心价值观教育，增强德育价值认同吸引力和凝聚力的重要途径。

红色文化具有天然的与乡村文化自然融洽的特性。红色文化的精神形态如红船精神、井冈山精神、延安精神、西柏坡精神等精神谱系，它们许多离不开乡村文化孕育。红色文化是有根寻根的文化。广大的乡村村落乡土文化成为红色乡愁文化的根。那里孕育和寄托了几代共产党人为了乡村民众过上美好幸福生活的浓浓的革命者乡土情怀。价值观教育有一个循序渐进、整合融通的过程。乡村校园文化教育重视发挥红色文化资源的教化功能和实践功能，让学生从自觉感知乡村红色文化，凝聚起对家庭、家乡、社会、民族和国家的渐次价值的体认，逐步推进和引入社会主义核心价值观的培育与践行的层次上，以促发学生社会主义思想道德的道德自觉。

(二) 乡土文化

乡土文化是传统农村的基础,也是乡村精神文化、物质文化和生态文化的结合。乡土文化蕴含着善良淳朴、守望相助、亲情和睦、诗意存在、天人合一等文化价值。在城乡教育一体化背景下,城市文化和乡土文化之间的差异与冲突依然还未能消解,乡土文化融入乡村校园文化建设具有重要意义。它不仅有利于提升学生人文素养,丰富学生业余生活,更重要的可以滋养学生家国乡土情怀,增强学生乡土文化认同。乡土文化与乡村校园文化的融合,需要校园文化建设在思维观念、价值认同、制度规范、实践活动等环节做出整体性调适。显性与隐性相结合,将地方的特色乡土文化符号转化为校训、校徽、校歌,研发乡土教材和乡村课程,建设特色文化长廊、读书亭,组织学生社团,开展各类乡土文化竞赛、社会实践活动等,彰显别具一格的校园文化风格。如校园空间布局上体现文化特色,在厅廊、过道和室内,悬挂地方文化名人画像、名人名言、名家字画,或师生的书画、美工作品等,对学生的全面发展起到潜移默化的感染作用。

(三) 法治文化

法治是社会文明和进步的重要标志。法治文化融入校园文化建设,将法律内化为师生的行为模式,使法律成为一种生活方式和精神信仰。法治文化是指历史进程中积累下来并不断创新的有关法治的群体性认知、评价、心态和行为模式的总汇。[1] 法治文化是公平正义文化,法治的生命线是公平正义。公平正义也是新时代中国特色社会主义法治体系的内在要求。党的十八届三中全会通过的《中共中央关于全面深化改革若干重大问题的决定》把"促进公平正义""增进人民福祉"作为全面深化改革的出发点和落脚点,强调"让发展成果更多更公平惠及全体人民"。党的十九大提出,要实施乡村振兴战略,健全自治、法治、德治相结合的乡村治理体系。乡村校园文化的法治文化成为乡村法治建设体系一部分,同时校园法治文化也为培养乡村青少年法治意识提供文化教育支持。

第一,开展乡村校园普法活动,持续宣传《青少年法治教育大纲》。大纲宣传应根据乡村青少年认知的特点和认知的规律,科学地规划教学内容,形成以

---

[1] 张文显.法律文化的结构及功能分析[J].法律科学,1992(5):34.

宪法教育为核心,乡村义务普通教育、成人教育、职业教育全覆盖,并且有机衔接的学校法治教育的体系。第二,用好课堂主渠道,提升道德与法治的课程实效性。发挥课程教育在青少年法治教育的主渠道作用。第三,统筹各方面的资源,建立线上线下两个普法平台。协同司法部门和社区,建设青少年法治教育线上线下融合的实践示范平台和基地,充分利用数字化手段来寓教于乐,提高教育的针对性、趣味性、实效性。第四,丰富教育与活动的形式,提高普法及法律教育活动有效性。邀请公安、司法、法院等干警,开展法治进校活动,滋润童心。举办包括学生"学宪法、讲宪法"的活动,乡村青少年学生法治知识网络大赛,青少年法治教育宪法晨读活动。在乡村校园营造遵法、守法、学法、用法的良好氛围,推动青少年法治教育不断取得实效。

(四) 生态文化

乡村校园文化融入生态文化,加强乡村青少年生态文明意识宣传教育,使他们知道自己的日常行为对周围环境的影响。营造"洁净校园",培养学生环保意识。无乱扔纸屑、杂物现象,使校园始终保持干净整洁、文明和谐,成为师生工作、学习、休憩的理想场所。从一个学生影响一个家庭开始,多个学生影响多个家庭,进而影响到乡村乃至全社会,使乡村民众形成良好的行为习惯和环境道德风尚。学校要培训具有生态文化知识、意识和教育方法的教师;制订绿色学校考核指标,创建乡村绿色小学、绿色中学等各类绿色学校;结合乡村本土特点的自然资源、人文资源作为普及生态环境教育的内容,将生态教育作为学生素质教育的重要内容,利用各种各样适宜的方式开展教育;开展生态知识竞赛活动,使其从小就具有较强的生态文明意识。

第三节 乡村校园文化与乡村文化建设

乡村曾是自然生态、道德良善、田园生活的诗意精神家园,具有笃定的特质和自然的情态,是人们心灵栖居的地方,尤其是我们具有长久农业文化历史传统的社会。现代人的乡愁文化,正是由于现代社会生活急剧的流动性、竞争性、碎片化以及人与自然疏离的生活,使得现代人找不着精神家园,让人们产生了对传统乡村生活的留恋、伤感和回忆的文化情绪。乡村人在与自然的交往中,更贴近生命本真事实,更多地感受到生命的本真意义。乡村质朴的生活世界更是孕育出朴素的伦理道德人伦之爱和真诚,这是所有道德和价值的源头。乡村学校的知识启蒙,开启了乡村儿童的心智世界,激发了他们的求知意向。这些使得乡村教育、乡村校园伦理、校园文化与乡村文化成为血肉相连的内在关系,它们统一于乡村生活世界中。从乡村校园文化与乡村文化内在关系看,校园文化既是乡村文化独特部分,存在整体与部分、共性与个性、普遍与特殊的关系。乡村校园文化发展受到乡村文化制约和影响,乡村文化也会受校园文化的影响。如何促成它们积极联动,形成一种互动共生、互为促进关系,需要发现、挖掘它们之间的联动对接的有效路径。

一、乡村教师主体公共精神

乡村教师的公共精神体现在:作为乡村文化与农耕文明发展的引领者和化解乡村教育文化生活中冲突的劝说者角色,一是乡村教师要利用文化素质优势,弘扬民族精神和真、善、美思想,启蒙、开发与引领乡村文化的精神与灵魂。二是乡村教师要及时发现那些微小的、难以被人觉察的乡村文化希望,引导他人走出困惑与迷惘。三是促进异质文化之间的沟通和理解,倡导宽容,实现不同地区文化的融合。乡村教师应具有批判现实的意识与担当精神,就当前乡村社会普遍关注问题阐明思想,发表评论,表达意见。同时具有为公众服务的精神,以自己的道德良心、基本价值观,主动发现、提出并解释社会问题。积极参与乡村社会决策的制定,通过分析、研究某些特定社会问题的指标体系,从个别敏感性指标的异常变化中预示、发现和确认出某些乡村社区问题,提供有价值的对策建议,制定相应的预防性措施,从而缓解、控制或消除不良问题及其根源,促进乡村社会进入良性循环的轨道。

二、乡村教师的乡村文化自觉

乡村教师的乡村文化自觉。即乡村教师培养必备的"乡村素养",具有浓厚的乡村教育的情怀,形成与乡村文化进行对话、交流、传播的自觉。20 世纪二三十年代,梁漱溟、陶行知、晏阳初等饱学之士就热情投身乡村教育,开展了平民教育运动。他们的乡村建设理论和实践运动,对今天乡村教师乡村文化自觉仍具有重要启发价值。乡村建设的抓手从文化教育起,乡村教育要与文化重建,与乡村生活、乡村社会发展紧紧结合起来。乡村生活世界是以个人的家庭、乡村自然共同体等为基本生存空间,人们从中获取生存资源、生活体验,并形成习俗常识、伦理秩序等。乡村教师文化意义的担当,只有走进乡村生活世界,对乡土历史、乡风民俗、乡土伦理以及现代乡村发展保持热爱并理解,才能切实担负起引导乡村文化使命。通过调查研究,理解乡村社会发展现状,理解农民与乡村少年的生存境遇,并能够扎根于乡村社会。整合并善于吸收乡村社会的教育资源,在开启农民与乡村少年知识视野的同时,也能够引领农民与乡村少年的乡村情感与意识的觉悟,引导他们正确理解乡村世界,从而让他们不仅生活在对未来"跳出农门"的盼望之中,而且让他们能真实地有意义地生活在他们所栖居的乡村环境中,并且能重建乡村自信。

"乡村教师未必是本村人,但必定因完全浸润于学校所在乡土世界而成长为本村人。"[1]乡村教师也必定是乡村文化活动的实践参与人。乡村教师成为乡村社会的成员,需要得到乡村社会的理解与支持,得到乡村社会其他成员的认可与尊敬。因此,各级教育行政部门的管理者要积极创造条件使乡村教师参加到乡村社会文化生活中去,使乡村教师活跃在乡间,活跃在农民之中,而不仅仅只是为城市和城市文化服务。要构建以乡村教师为主导的村落文化型共同体,充分发挥乡村教师在乡村的知识核心作用;为教师创设图书室、实验室、活动室等可供教师开展学习的空间和条件;加大对乡村教师出外参加培训或校际教研活动的经费支持和保障;组织寓教于乐的社区活动、乡村活动,为乡村教师的发展创造良好的社会环境;让乡村教师负责管理乡村的文化设施与学习组织,充分发挥教师的教化作用及对当地文化建设的引领作用。

三、培养人格健全的乡村青少年

乡村青少年是乡村的未来,乡村青少年能否健康成长、健全发展关系到乡村社会的可持续发展。"简单地要求乡村少年留守乡村以传承乡村文化,无疑是有悖现代精神的偏狭的做法;同样,要求乡村少年离开乡村到城市接受教育,或是一味地使乡村本身城市化,也是带有某种文化优越感的居高临下。"[2]乡村教育要启迪乡村青少年寻求乡村社会的精神之根,从小就拥有健全的精

---

[1] 朱远妃,俞可.乡土情怀滋润乡村教师专业发展[N].中国教育报,2017-9-28(006).
[2] 刘铁芳.探寻乡村教育的基本精神[J].探索与争鸣,2021(4):15-18.

神文化生活。不管他们未来生活在城市或乡村,都能拥有更完全健全的人格。在他们的乡村生活经历中,人与自然的亲缘性、朴素的乡村情感、活泼生动的生活场景等,将始终作为他们生命体验和记忆,伴随他们的人生历程。完善的乡村教育一方面为乡村培养和输送人才,培养乡村青少年在乡村生活的能力,使其成为乡村发展的建设者;另一方面则要让乡村青少年理解乡村生活、热爱乡村生活,教给他们作为一个乡村居民的自信、自尊和自强之道,成为乡村文化的守护者。要把乡村青少年的发展置于现实生活场景中,以应对由于文化断裂而带来的成长过程中的人格自信的缺失。

乡村教育要培养乡村青少年对乡村文化的正确认知。一个人的健全人格是建立在外来文化知识与本土文化知识有机融合教育的基础之上的。本土文化可以相对全面地滋养、孕育乡村青少年的情感、态度以及价值观,提供个体独特个性生长的更多可能性。因为,在教育内容与教育过程中回归乡村,亲近乡村,促进个体与乡土之间的和谐互动,更容易形成乡村青少年的乡土认同、文化认同、民族认同,并在此基础上培养乡村青少年积极的自我认同。在这个意义上,乡土文化、地方性知识乃是促进个体自由发展,启迪良知生长,培育创造精神的不可或缺的知识形式。

乡村教育所传递的文化应该包括人们发展所需要的一切知识,既包括城市文化、乡村文化,还包括现代文化和优秀的传统文化。以静为基本特征的乡村文化是对以动为基本特征的现代文明的必要补充。乡村文化贴近自然,了解乡村文化与乡土价值,可以深化乡村青少年对自然以及基于自然的生活方式的理解,以避免过度地卷入当下物质主义、消费主义的价值观误区。乡村教育传承发展乡村文化要义,就是要与乡村生活保持密切的有机关联,将现代科学知识与传统乡村地方知识紧密结合,将乡村生产、生活技能与乡村情感教育相结合,引导乡村青少年确立正确的生存态度与生存价值观,促进乡村青少年的乡村文化的自觉与自信,从而帮助他们摆脱城市文化与现代性文明所带来的个体生存的迷失。

四、乡村学校与乡村社区文化共同体的融合

乡村学校在城乡二元结构体制下,乡村学校与乡村社区形成体制性隔离状态,教育与文化的互动上基本是稀缺的,缺乏内在动力。一方面,学校发展的人事、经费、物资设备等资源需求,在地方县各级政府的支持下得以维持,因

而缺乏与社区进行主动互动的动力;另一方面,乡村社区村干部,认为学校发展非自身责任范围,村民对学校的参与,基本是家长利益相关者角色。在城乡教育一体化背景下,相关学校与社区互动机制问题,还有待进一步解决,但乡村教育在乡村振兴上地位和作用已经得到社会关注。

乡村社会文化精神重建,需要以乡村教育为突破口,重视优秀的乡村传统文化,重塑乡村文化自信。"乡村教育问题的出发点是乡土价值的激活与重建,而乡村教育问题的中心则是乡村社会的健全发展与乡村社会健全生活方式的引导与培育。"[1]打破学校教育与乡村社会的隔离关系,形成乡村学校教育与乡村社会的互动,进行双向的知识交流、文化价值观视域融合。乡村生活世界价值意义的构建,需要乡村学校校园文化和乡村文化建设境界双向提升,相向而行。两者结合点便在于乡村教育,也是乡村学校与乡村社区文化共同体的融合点。

共同体建构的逻辑与事实前提在于价值观、道德情感的建构。乡村教育应避开过度城市化、功利化偏好的教育方式,建强乡村师资队伍,与乡村文化整体建设协同并进。让乡村教师队伍成长为乡村文化振兴的"新乡贤"力量,服务乡村发展。乡村学校需要确立根植乡村、引领乡村文化的身份认同,发现、挖掘与弘扬乡村生活世界的价值与意义,引导乡村人用自己的眼光去发现乡村世界,推动乡村人文生态环境的整体优化和乡村文化的创新发展。

思考与探讨

1. 校园文化与校园伦理有什么关系?
2. 如何认识乡村校园文化建设中乡村教师身份认同?
3. 乡土文化融合乡村校园文化对乡村师生乡村情怀生成有何意义?
4. 简论新时代乡村振兴战略背景下乡村校园文化与乡村文化互动共建的路径。
5. 课外阅读苏霍姆林基《帕夫雷什中学》及相关著作,撰写一篇关于苏霍姆林基教育观对乡村学校校园生态美育启示的小论文。

---

[1] 刘铁芳.乡土的逃离与回归[M].福州:福建教育出版社,2008:11-12.

拓展学习

1. 费孝通:《乡土中国 乡土重建》,生活·读书·新知三联书店,2020年。
2. 陆益龙:《后乡土中国》,商务印书馆,2017年。
3. 陶行知:《陶行知全集》,四川教育出版社,1991年版,(我们的信条、村教师应当做改造乡村生活的灵魂、师范教育下乡运动)。
4. 王正作:《名校长系列 新时代教育丛书 新时代乡土教育的传承与构建》,北京教育出版社,2021年版(第六章 新乡土学校的文化彰显)。
5. 陈旭峰:《乡村社会转型对教育转型影响的机制与路径研究》,浙江大学出版社,2016年版(乡村学校教育场域与文化开放)。
6. 徐继存、孟璨、王飞:《乡村文化的教育拆解》,《教育研究与实验》2019年第2期。
7. 吕叙杰、刘广乐:《论耕读文化的价值意蕴及启示》,《学校党建与思想教育》2022年第12期。
8. 钱民辉:《略论多元文化教育的理念与实践》,《北京大学学报(哲学社会科学版)》2011年第3期。
9. 宋晔:《校园文化的伦理审视》,《河南师范大学学报(哲学社会科学版)》2008年第5期。
10. 徐湘荷、谭春芳:《温德尔·拜瑞的乡村教育哲学》,《比较教育研究》2009年第1期。

后 记

　　党的十九大提出实施乡村振兴战略,同时指出要"优先发展教育事业,努力办好人民满意的教育"。党的十九届五中全会提出"优先发展农业农村,全面推进乡村振兴"。乡村教育发展是一项关涉乡村人才的培养和社会发展的系统工程。什么是好的乡村教育?乡村教育的根在哪里?如何使得乡村学生享有更公平有质量的受教育机会,获得创造美好生活的终身发展能力?最终还是要回到乡村、回到教育本身、回到人的发展问题。中国乡村教育取得了辉煌历史性成就,基于新发展理念下中国教育新发展格局和乡村特色,面向乡村教育现代化,从伦理视角较系统探讨乡村教育,是本书一个新的尝试和探索。

　　编写一本注重从现代教育伦理理论出发研究乡村教育教材,具有一定的现实意义。乡村教育伦理涉及教育学、伦理学、乡村社会学等多学科知识理论。我们为适应本专业人才培养和课程改革需要,强化具有知识理论的综合性、应用性、拓展性的课程建设。为适应培养乡村定向师范生对乡村教育、教育伦理学跨学科综合运用专业知识的能力,尤其是师范生乡村教师职业道德、乡村情怀培养需要。我们从思想政治教育专业乡师班2016级开始尝试开设乡村教育专题研究,2018级开设乡村教育伦理选修课程,旨在帮助学生对以往课程知识理论进行新的结构化整合,在综合运用、拓展和探究能力方面有新的提升,更重要的是学生结合见习实习实践环节,提升职前乡村教师的身份认同和乡村教育自信,培养教育情怀。在几年来的理论研究和教学实践基础上,我们编写了这本教材。

　　本书是团队智慧的结晶,是在共同研讨的基础上完成的。由宋敏、殷有敢、葛中儒担任主要编著事务。宋敏负责全书规划、审阅、定稿及第六章撰写等工作。殷有敢负责本书设计、统稿及第一至四章、第七章编著工作。葛中儒为南京师范大学盐城实验学校政治教师,在乡村中学讲台辛勤耕耘二十余载,作为江苏省首批援藏教师,曾获西藏拉萨市"优秀援藏教师"称号。他结合自己多年实践体验,负责撰写了第五章乡村教师职业伦理部分。马克思主义学院领导高汝伟教授、王志国教授,对书稿进行了审核工作,并提出许多宝贵建议。

  在本书的编写过程中,我们吸收了国内外最新的理论研究成果,引用和参考了诸多专家学者的相关论著和资料。本书出版过程中得到了我校江苏省示范马院和省重点建设学科"马克思主义理论"专项资金的资助,也得到南京大学出版社的大力支持。在此表示衷心的感谢!

编者

2022 年 6 月